AF464632

Original illisible

NF Z 43-120-10

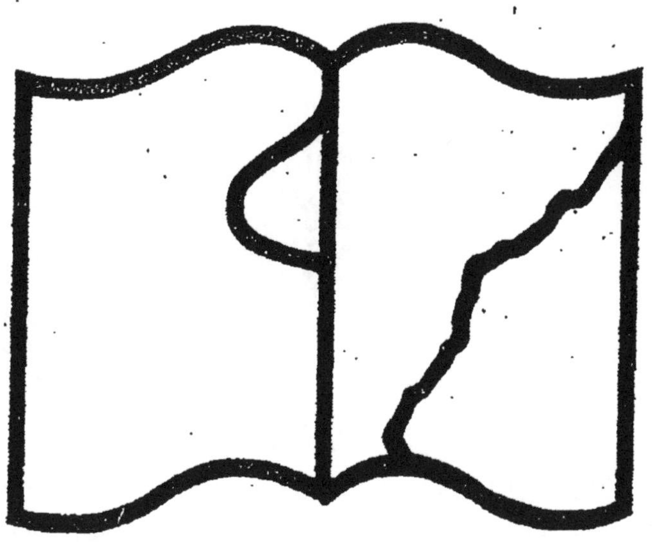

Texte détérioré — reliure défectueuse

NF Z 43-120-11

"VALABLE POUR TOUT OU PARTIE
DU DOCUMENT REPRODUIT".

SOUVENIRS

DE

MADAGASCAR

PAR

M. LE Dr H. LACAZE

VOYAGE A MADAGASCAR

HISTOIRE — POPULATION — MŒURS — INSTITUTIONS

AVEC UNE CARTE ET UNE PLANCHE

PARIS

BERGER-LEVRAULT ET Cie

Éditeurs de la Revue maritime et coloniale et de l'Annuaire de la Marine

5, RUE DES BEAUX-ARTS, 5

MÊME MAISON A NANCY

1881

11 K 271

SOUVENIRS DE MADAGASCAR

Lk11
271

SOUVENIRS

DE

MADAGASCAR

PAR

M. LE Dr H. LACAZE

VOYAGE A MADAGASCAR

HISTOIRE — POPULATION — MŒURS — INSTITUTIONS

AVEC UNE CARTE ET UNE PLANCHE

PARIS

BERGER-LEVRAULT ET Cie

Éditeurs de la Revue maritime et coloniale et de l'Annuaire de la Marine

5, RUE DES BEAUX-ARTS, 5

MÊME MAISON A NANCY

1881

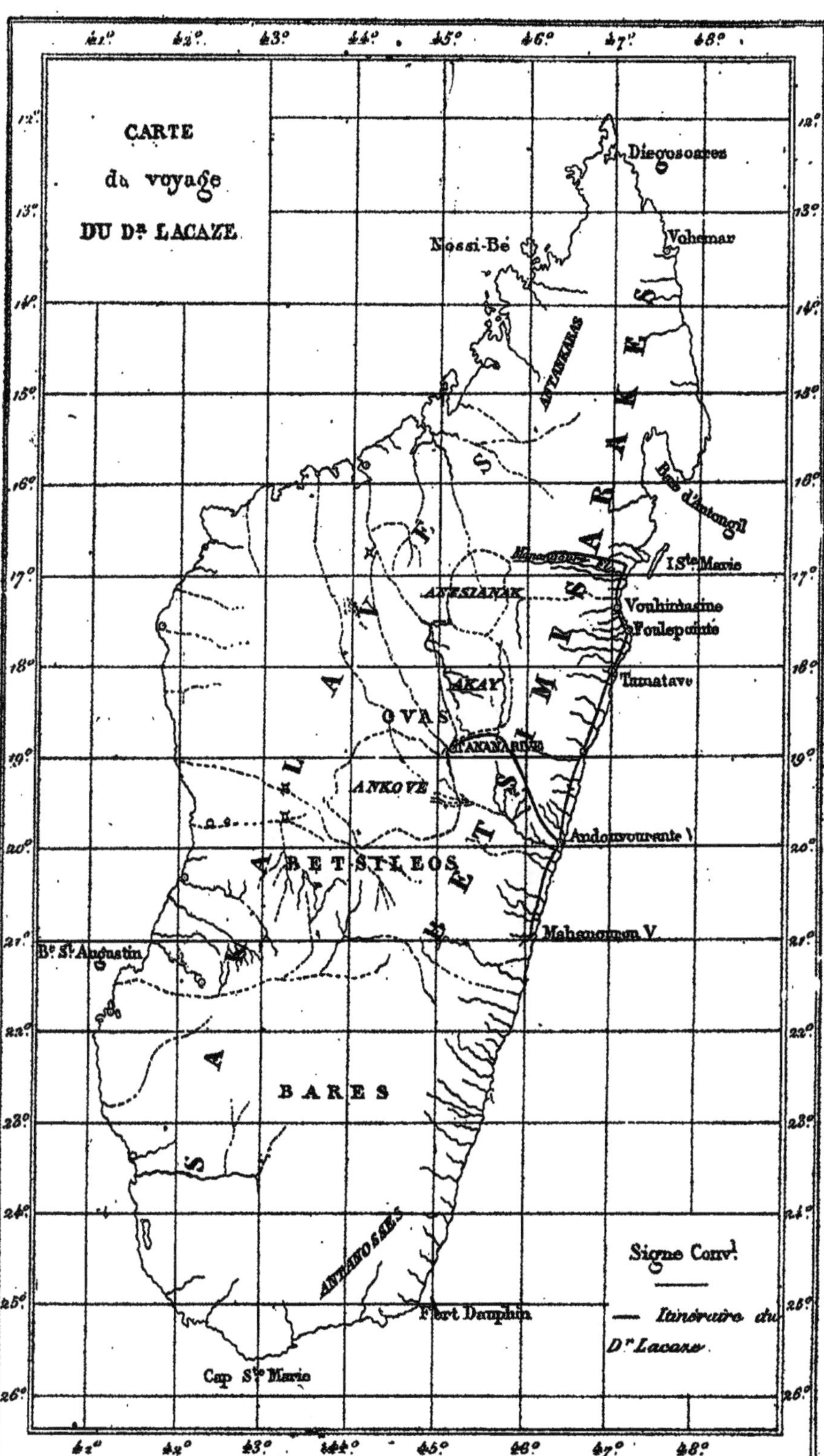

CARTE
du voyage
DU Dr LACAZE
Diegosoares
Vohemar
Nossi-Be
ANTANKARAS
Baie d'Antongil
I. Ste Marie
ANTSIANAK
Vouhimasine
Foulepointe
Tamatave
AKAY
OVAS
ANKOVE
Andouvourante
BETSILEOS
Be St Augustin
BARES
ANTANOSSES
Fort Dauphin
Cap Ste Marie
Signe Convl
Itinéraire du Dr Lacaze

PRÉFACE

Je fais précéder le récit de mon voyage d'un aperçu sommaire de la colonisation française à Madagascar. Je ne parle que de l'action de la France qui, seule, a eu quelque continuité, et conserve encore des idées de possession régulière. Les résultats ont toujours été nuls ou désastreux, et j'espère en faire sentir les causes dans mon récit et les réflexions qui suivent.

Mes observations et mes conversations avec les missionnaires français, anglais, les consuls et les Malgaches éclairés, m'ont permis de prendre une idée des races, des institutions et de l'influence que les religions diverses ont pu tenter ou prendre dans le pays. C'est ce que je développe aussi sommairement que possible dans les chapitres qui suivent le récit du voyage. — Il y aurait encore bien des réflexions à faire au point de vue ethnographique, de l'histoire naturelle, etc. — D'autres l'ont fait ou le feront dans des conditions plus favorables que les miennes. C'est le point de vue le plus riche de la grande île, et la plupart des voyageurs se sont arrêtés principalement sur cette partie si intéressante, négligeant les institutions et les grandes dissemblances de races.

Madagascar est une île dont il a été beaucoup parlé, et dont on a beaucoup exagéré l'importance et les richesses. Cette opinion résulte pour moi d'une manière évidente de tous les infructueux essais de colonisation, tant le rivage est marécageux et fiévreux ; il faut s'élever jusque dans les sommets et le centre de l'île pour rencontrer les terres vraiment fertiles et un climat sain. Les Hollandais, les Portugais, après y avoir séjourné peu de temps, l'ont abandonnée sans retour, les Anglais ne s'y sont jamais fixés sérieusement et ne font guère, jusqu'à présent, que surveiller les mers qui avoisinent la grande île. Pendant les guerres du premier Empire, et avant comme après, ils ne songent pas à s'y créer un port, une station si nécessaire à leur marine. Leur esprit pratique a depuis longtemps apprécié la valeur réelle des choses. C'est vers l'île de France que tendent tous leurs efforts; c'est le point dont ils s'emparent et qu'ils gardent en 1814. C'est leur port de la mer des Indes sérieux et qui grandit sous leur domination.

Madagascar, malgré les dangers de son séjour, a un grand charme pour ceux qui l'habitent : la vie y est facile, abondante; le vasa ou blanc y jouit d'une considération marquée parmi les naturels; les satisfactions matérielles y sont abondantes, et l'homme s'y animalise facilement dans l'indépendance et son amour-propre. Mais tous ceux qui y ont vécu, même dans des conditions exceptionnelles, n'y ont réalisé rien de stable, et la plupart ont fini par abandonner leurs grands projets de colonisation ou y sont morts, ne laissant rien derrière eux. A Maurice et à la Réunion, on ne cite pas une fortune faite à Madagascar.

L'appréciation de plusieurs personnes éclairées et compétentes me fait espérer que cette publication pourra être de quelque intérêt pour le lecteur. Heureux si mon récit et mes réflexions basés sur les faits observés diminuent les regrets ou font disparaître toute idée de colonisation nouvelle, idée qui surgit de temps en temps avec la pensée d'une grande conquête à faire et qui pourrait être menée à bonne fin si elle était bien conduite.

Il faudrait abandonner pour toujours cette illusion qui nous a déjà coûté tant de sacrifices.

D^r L.

INTRODUCTION

APERÇU SOMMAIRE DE LA COLONISATION FRANÇAISE A MADAGASCAR.

Après avoir passé le cap de Bonne-Espérance, les Européens rencontrèrent Madagascar, île considérable, qui devait être leur première étape vers les Indes orientales. Les anciens avaient connu sans doute cette grande terre si rapprochée du continent Africain. Pline et Ptolémée l'auraient désignée sous le nom de Cerné et de Taprobane. Il y a beaucoup d'incertitude sur la géographie ancienne de ces régions. Quant aux Arabes, avec leur navigation côtière qui remonte aux temps les plus reculés, ils ont connu Madagascar depuis longtemps, et, vers le VIIe siècle, ceux de la Mecque se seraient emparés des îles Comores et auraient étendu leur commerce sur toute la côte de la grande île. C'est leur langage, leur civilisation, leur religion qui y a dominé depuis des siècles et qui dominent encore à notre époque dans une grande partie de la population.

Le géographe arabe Édrisi, qui vivait en 1099 de notre ère, a laissé dans ses écrits la description de Madagascar qu'il nomme Zaledi. Cet auteur fait mention de l'émigration des Chinois ou Malais qui vinrent se fixer à Madagascar. Ces Indo-Chinois et Malais, venus à une époque qui n'est pas très-précise, mais qui n'est pas ancienne, sont devenus les Hovas qui ont dominé peu à peu toutes les autres peuplades de l'île, et se sont fixés principalement dans le centre élevé appelé Ankova.

Vers la fin du XVe siècle, Fernand Suarez visite la côte orientale, tandis que Tristan de Cunha parcourt la côte occidentale. A peine la grande terre est-elle connue que les imaginations et les convoitises s'exaltent ; de nombreuses expéditions suivent les premières, et on se figure qu'on a trouvé la terre de l'or, de l'argent, des pierres précieuses.

En 1540, les Portugais s'établirent dans un îlot du Sud-Ouest où les Français trouvèrent longtemps après des ruines de leurs constructions. Ils avaient commencé à y commercer, et firent sans doute quelques excursions dans l'île à la recherche des mines précieuses qu'on disait y exister. Beaucoup d'entre eux furent massacrés, et les débris de leur colonie profitèrent d'un navire de passage pour rentrer en Europe. D'autres tentatives de colonisation n'aboutirent à rien de bien, et les Portugais voyant que cette terre à si grandes promesses ne leur rapportait que ruine et mort, l'abandonnèrent. Les Hollandais leur succédèrent et ne furent pas plus heureux. Après divers essais d'établissement dans le Sud et dans le Nord à la baie d'Antongil, cette terre, appelée par eux le tombeau des Européens, fut délaissée, et ils ne s'occupèrent plus que de leurs comptoirs de l'Inde.

La France arrive à son tour. Patronnée par Richelieu, la *Société d'Orient* se forme. Le capitaine Rigault, de la Rochelle, son représentant, obtint le 22 janvier 1642 le privilége et la concession d'envoyer à Madagascar, et autres îles adjacentes, pour ériger colonies et commerce, ainsi qu'ils aviseraient être bon pour leur trafic, et en prendre possession au nom de Sa Majesté Très-Chrétienne (de Flacourt). Cette concession faite par le Conseil et le roi réservait à la Société d'Orient le droit exclusif de faire le commerce de Madagascar pendant dix années.

La Société étant organisée, nomma deux de ses commis, de Pronis et Foucquembourg, pour être à la tête de l'entreprise. Ils s'embarquèrent à Dieppe sur le *Saint-Louis*, capitaine Coquet, avec douze Français qui devaient former le noyau de la colonie (mars 1642). Ils arrivèrent à Madagascar en septembre, de là partirent pour prendre possession, au nom du roi, de Mascareigne, de Diego-Roys, de Sainte-Marie, de la baie d'Antongil. Ils s'établirent d'abord à Mangafia sur la côte orientale sud que les Européens appelaient Sainte-Luce. — Ce point est un peu plus au Nord de la baie de Fort-Dauphin qui devait être bientôt la résidence des Français.

Le *Saint-Louis*, chargé de bois d'ébène, heurta contre un rocher et s'entr'ouvrit. La cargaison fut perdue et le capitaine Coquet en mourut de chagrin.

En 1643. Le *Saint-Laurent*, capitaine Résimont, de Dieppe, amena un renfort de soixante-dix colons. Un mois après leur arrivée, le climat et la fièvre en avaient fait mourir vingt-six. Un chef de la province voisine, Dian-Ramach, avait d'abord manifesté des sentiments d'amitié à la colonie française; mais il ne tarda pas à agir comme il l'avait fait avec les Portugais, et des massacres eurent lieu: les colons ne pouvaient s'éloigner de leur fort sans courir des dangers. — Trouvant cette station malsaine, de Pronis se transporta un peu plus au Sud dans la presqu'île de Talangar et donna le nom de Fort-Dauphin à la nouvelle résidence (fin de 1643).

Cet endroit était mieux choisi ; la rade était belle et l'accès en était facile ; les navires allant dans l'Inde y abordaient plus aisément. Ces considérations décidèrent de Pronis à y fonder un établissement sérieux. Les causes qui avaient troublé son séjour à Sainte-Luce ne tardèrent pas à se reproduire, et les colons, obligés de chercher leur existence dans les provinces voisines, y portaient souvent le trouble ; ils étaient sans cesse en guerre ou en opposition avec les naturels. — On accusa l'administration du gouverneur ; elle laissait à désirer en effet. Un des vices de sa situation était la différence des croyances. De Pronis était protestant et contrariait l'action des missionnaires catholiques. Les naturels eux-mêmes trouvaient singulières ces croyances opposées et l'animosité qui en résultait. Les vivres manquaient, le pays ne produisait rien et la disette arriva. (Mémoire des Lazaristes.)

En 1644. Le *Royal*, capitaine l'Ormeil, arriva de Dieppe avec quatre-vingt-dix colons. — Après un séjour de dix-sept mois sur les côtes de Madagascar, le *Royal* rentre en France et donne passage à Foucquembourg, qui devait rendre compte à la Compagnie de l'état de la colonie. En se rendant de Saint-Malo à Paris, son compagnon de voyage l'assassina, croyant trouver sur lui des bijoux et des pierres précieuses ; ainsi furent perdus tous ses papiers, comptes, lettres et avis dont les seigneurs de la Compagnie furent bien fâchés. (De Flacourt.) Le mécontentement des colons continuait et des troubles survinrent, de Pronis est jeté en prison et un sieur Leroy, qui était à la tête des mécontents, prend le commandement de la colonie. Les choses en étaient là lorsqu'arriva le *Saint-Laurent*, capitaine Le Bourg, apportant quarante-quatre nouveaux colons. Les révoltés lui livrèrent de Pronis pour être ramené en France.

Le Bourg ne jugea pas convenable de continuer l'emprisonnement de de Pronis, et, après s'être entendu avec lui, le replaça à son poste. Il y eut à cette occasion une nouvelle révolte ; mais de Pronis agit avec adresse, et pour se débarrasser des principaux chefs de la révolte, leur donna des commandements dans des régions éloignées du Fort. — Leroy revint bientôt avec des idées de révolte plus marquées que jamais, et cette fois se joignit aux naturels pour attaquer de Pronis qui se disposait à résister. — Des pourparlers eurent lieu, une amnistie générale fut promise et la paix fut faite. Mais à peine maître des révoltés, de Pronis, manquant à sa parole, en fit arrêter douze auxquels il fit raser la barbe et « les cheveux, et fit faire amende honorable nu-pieds, en chemise, la torche au poing, et les envoya dans le navire où on leur mit les fers aux pieds, pour les dégrader en l'île de Mascareigne, après leur avoir fait faire leur procès. Ils furent déportés à Mascareigne, dont de Pronis avait déjà pris possession en 1642 ». (De Flacourt.)

A la même époque, les Anglais avaient tenté de s'établir dans la baie de Saint-Augustin. En 1644, ils voulurent y construire un fort afin d'y avoir une étape sur la route de l'Inde. — La fièvre les décima bientôt et ils quittèrent le pays. — Leur esprit pratique jugea vite qu'il n'y avait que déboire sur cette terre. Les Français, avec une aberration que les malheurs ne purent corriger, continuaient à y séjourner.

Les Portugais, les Hollandais, les Anglais, après avoir vu l'Inde n'hésitèrent pas à y porter toutes leurs ressources ; ils y trouvaient un peuple civilisé, commerçant, producteur, et un climat relativement beaucoup plus sain.

De Pronis avait une autorité déjà bien mal assise, quand une circonstance funeste vint compromettre complétement la position des Français. — Les Hollandais s'étaient emparés de l'île Maurice et voulaient la coloniser ; un de leurs navires vint chercher des esclaves au Fort-Dauphin. — De Pronis se refusa d'abord à leur en livrer ; mais le capitaine Le Bourg, y voyant un profit, s'entendit avec lui pour livrer les hommes qu'on demandait. — Au jour du marché, les Malgaches venus avec confiance furent saisis en assez grand nombre et conduits à bord du navire hollandais. — Cette trahison compromit plus que jamais le pouvoir des Français. — Ces malheureux périrent presque tous dans la traversée.

De Pronis, sans cesse en guerre ou en suspicion avec les naturels et les colons, ne pouvait avoir qu'une administration désastreuse. — Le capitaine Le Bourg, de retour en France sur le *Saint-Laurent*, apprit à la Compagnie cette triste situation, et fit pressentir la ruine prochaine de la colonie, — si on n'en changeait pas la direction. C'est alors qu'un des associés, de Flacourt, voulut bien accepter de partir pour Madagascar et d'y représenter la Compagnie.

Nous entrons dans une nouvelle phase de cette triste colonisation, plus durable, mieux dirigée, mais qui devait aboutir cependant aux mêmes résultats. Muni de tous les pouvoirs et instructions nécessaires, de Flacourt partit en avril 1648 : il avait avec lui deux prêtres de la Mission que saint Vincent avait accordés à la Compagnie. Il arrive en décembre après six mois de navigation au Fort-Dauphin sur le *Saint-Laurent*. De Pronis, en venant le recevoir à son bord, y apprit que la Compagnie lui envoyait un successeur.

Le lendemain de son arrivée, de Flacourt descend à terre et est reçu avec tous les honneurs de son rang. Il trouve la colonie dans une triste situation, les esprits troublés, la disette permanente, un pays désolé et ne produisant rien. Sa prudence, sa modération parvinrent à tout calmer pour le moment. — En janvier 1649, il envoya le capitaine Le Bourg à Sainte-Marie pour y prendre des vivres, de là il avait ordre de se rendre à Mascareigne pour y chercher les douze exilés. Le Bourg devait prendre de nouveau possession de l'île au nom du roi. — De Flacourt, malgré sa modération, ne tarda pas à subir une lutte permanente contre les chefs du pays qui ne pouvaient voir d'un œil satisfait des étrangers s'emparer de leur terres, y faire des excursions, prendre leurs troupeaux, leur riz, leurs bois. — Les missionnaires agissaient à leur manière et cherchaient à répandre la religion chrétienne, à moraliser les indigènes. On les accusait de trop de zèle, pourtant ils étaient bien accueillis, et les Malgaches acceptaient sans trop d'obstacles des croyances qu'ils ne comprenaient pas bien, mais qui ne blessaient pas leurs idées peu arrêtées ou presque nulles en matière de religion. — L'aigreur et les difficultés ne venaient pas d'eux. Les lettres du Père Nacquart publiées par la Mission sont très-remarquables, et donnent une idée simple et exacte du pays et de tout ce qui manquait pour la réussite. Les Français mettaient plus d'obstacles à la colonisation que les Malgaches. Les plaintes qu'ils suscitent ne cessent pas depuis le début jusqu'à la fin. — Le 19 février 1650, le *Saint-Laurent* retourne en France, et de Flacourt se débarrasse de quarante colons qui troublaient son administration, — de Pronis était du nombre. — Un tel état ne pouvait qu'encourager les naturels à la révolte, et elle est en effet permanente. Les Français sont obligés de se tenir nuit et jour en éveil contre leurs embûches.

Sans vivres, sans provisions, attendant un navire de France qui n'arrivait pas, de Flacourt en est aux expédients. Il se saisit de Dian Ramach sous un prétexte quelconque et ne le rend à la liberté que moyennant une rançon de cent bœufs. — Sainte-Marie est le grenier de Fort-Dauphin et il faut toujours des navires pour y aller chercher du riz ; toute la région du Fort était désolée, aride, ne produisait rien. — L'idée d'y rester se perpétue cependant malgré tant de déboires. — Les choses périclitaient de plus en plus pour la Compagnie ; on n'avait pas de nouvelles de France depuis longtemps, quand arrivent deux vaisseaux au duc de la Meilleraye annonçant que le duc, protégé de Mazarin, allait prendre la direction de la colonie et contribuer à fonder une grande entreprise. De Flacourt ne sachant plus trop que penser de ce nouvel incident, sans aucun renseignement de la Compagnie, résolut de retourner en France. Quelque temps avant de quitter Madagascar, il avait envoyé à Mascareigne un de ses officiers dont il voulait se débarrasser, dont il tait le nom et que les naturels appellent Dian-Maravaule. Cet homme était accompagné de sept autres qui avaient demandé à y aller cultiver le tabac. Ils avaient pour chef Ant. Thaureau et furent passagèrement les premiers colons de Mascareigne. — C'est de lui que nous avons la première relation écrite sur cette île appelée à devenir importante. De Flacourt donne dans son ouvrage des renseignements sur les colons.

De Pronis était revenu sur un des vaisseaux du duc. Pendant son séjour en France, il avait su capter la confiance de la Meilleraye et avait fait ressortir la mauvaise administration de la Compagnie d'Orient. La Forêt, commandant les deux vaisseaux du duc, était-il chargé de replacer de Pronis dans son ancienne position ? C'est probable ; de Flacourt reconnaissant son expérience l'engagea lui-même à lui substituer de Pronis après son départ. Il était facile d'accuser à distance, mais quand on se mettait à l'œuvre dans le pays, les difficultés apparaissaient, les accusations perdaient de leur importance. La colonie se trouve donc en présence de deux compétiteurs, la Compagnie qui veut perpétuer ses droits et le puissant de la Meilleraye qui veut se substituer à elle dans l'espoir de mieux faire. Il ne sera pas plus heureux dans ses épreuves et les désastres vont continuer. Les prêtres de la Mission exercent toujours leur ministère à Madagascar. Les Pères Nacquart et Gondré avaient succombé ; il en arrive d'autres pour les remplacer. On trouve dans les lettres de ces missionnaires une peinture intéressante des mœurs du pays. Les Malgaches, grands imitateurs, les édifiaient par la manière dont ils priaient et leur donnaient l'illusion de croyants fervents. L'action de ces Pères était douce, nullement pressante et compromettante, comme on l'a dit. Leurs lettres respirent, du reste, la plus grande bonne foi et simplicité. Aux Pères Nacquart et

Gondré succèdent les Pères Bourdaise et Mounier. Ils continuent leur mission avec un grand zèle, baptisent le plus qu'ils peuvent, en somme quelques malheureux, sans que leur influence s'étende bien loin. Leurs lettres constatent un fait permanent : le pays avoisinant Fort-Dauphin ne produit rien, et pour avoir des bestiaux, du riz, il faut aller dans l'intérieur des terres et surprendre le plus souvent les villages. Les Malgaches, pour éviter le pillage, s'enfuyaient le plus loin possible avec leurs troupeaux, et se vengeaient quand ils pouvaient. Voilà la cause permanente de nos désastres et de notre ruine ; ce sont les colons qui donnent l'exemple du désordre et du plus triste spectacle.

De Pronis ne conserva pas longtemps son nouveau commandement. Il tomba malade et mourut bientôt après. Le Père Bourdaise raconte cette mort, et cette narration simple et touchante caractérise les deux hommes. De Pronis était énergiquement trempé, et il eut à lutter sans doute contre des difficultés impossibles à conjurer. « Il mourut, ayant fort peu avancé l'œuvre de la colonisation française. Il m'a toujours témoigné beaucoup d'affection, à laquelle je tâchais de correspondre par tous les services qui étaient en mon pouvoir. Sa maladie était une colique néphrétique violente, qui dura vingt et un jours. Il m'envoya quérir à minuit, le jour d'avant sa mort, et en présence de tous les Français, me pria d'écouter ses dernières volontés, d'autant qu'il savait bien qu'il allait mourir. J'écrivis ce qu'il me dicta confusément, et ensuite je lui demandai conseil sur chaque affaire et particulièrement comment il fallait se gouverner avec ceux de la nation.

« Il me recommanda son enfant et me pria d'en prendre soin. Comme il éprouvait une grande difficulté à parler, on le pria de reposer un peu. Je lui jetai quelques mots touchant sa conversion à la foi catholique, comme j'avais déjà fait autrefois, sur quoi, ne m'ayant rien répondu, je crus que c'était à cause de quelques hérétiques qui étaient présents. C'est pourquoi j'offris intérieurement le saint sacrifice de la messe que j'allais bientôt célébrer afin que Dieu l'éclairât et disposât tout selon son bon plaisir. Le jour étant arrivé, je prends congé de lui, disant que j'allais prier Dieu pour lui, ce dont il me remercia et pria tous les Français d'en faire autant. Je célébrai donc la sainte messe et recommandai son salut à tous. Après la messe, il m'envoya quérir de nouveau et me remit sa petite fille entre les mains. Lui ayant dit adieu, me voyant seul avec lui, et brûlant du désir de son salut, je lui dis : Monsieur, vous savez l'affection que j'ai pour vous, je suis prêt à engager non-seulement ma vie, mais mon salut éternel pour les verités de l'Église romaine ; ce n'est pas ce que j'attends de vous qui me fait parler de la sorte, mais c'est votre bien que je recherche.

« Il pensa un peu et me dit qu'il savait bien ce qu'il avait à faire et me priait de le laisser mourir en repos. Je lui dis : Monsieur, c'est pour vous mettre en repos que je prends cette hardiesse de vous parler de l'affaire dont dépend votre éternité de bonheur ou de malheur pour vous. Il me répliqua : Monsieur, laissons tout cela, il n'est plus temps. Incontinent il perdit la parole et trépassa sur les onze heures du soir, le 23 mai 1656, sans donner aucun signe de conversion. »

Le duc de la Meilleraye, qui disposait de grandes ressources, arma de nouveaux navires pour Madagascar. Le 29 octobre 1655, quatre vaisseaux partent avec des missionnaires et des colons ; ils n'arrivent, après des relâches, à Sainte-Marie qu'à la fin de 1656. Le duc pensait à faire de Sainte-Marie le lieu principal de la colonisation. M. de la Roche, commandant de la flottille, arrivé à Sainte-Marie, informe de sa présence les Français de Fort-Dauphin.

Les missionnaires avec leur vie active et pleine de zèle sont les premiers à succomber. Leur ardeur à moraliser les deux populations éprouvait plus d'obstacles du côté des colons et ils le reconnaissent souvent. Ils en marient à des femmes Malgaches, qu'ils désignent sous le nom d'Indiennes et qu'ils disent être souvent pleines de mérite et de bonté pour leurs maris, la plupart ivrognes et crapuleux. Ces Pères avaient une charité admirable, douce, naïve ; je ne connais rien de touchant dans sa simplicité comme le testament du Père Bourdaise. Je vais en reproduire quelques parties qui serviront à donner une idée du peu de ressources qu'avaient ces malheureux : Il lègue à l'église, à ses serviteurs, tout ce qu'il a, son peu de linge, le peu de farine et de vin qu'il a en provision. « Pour témoigner l'amitié que je porte à M. Duperrier, notre gouverneur, je le supplie d'agréer que je lui laisse un quart de vin d'Espagne, un caleçon et une camisole de chamois neuve, le suppliant de contribuer toujours, autant qu'il pourra, au service de Dieu, etc. » Il pense aux malheureux, aux malades auxquels il donne un peu de vin, son peu de linge.

Comme si la colonisation de Madagascar n'avait pas assez d'obstacles par elle-même pour réussir, il y eut de 1655 à 1658 deux actions différentes et même opposées. La Compagnie agit de son côté, envoie ses colons et ses ordres. La Meilleraye aussi a ses navires et ses administrateurs. Cette double compétition rendait impossible la marche des choses. Aussi une entente, au moins apparente, ne tarda pas à se faire entre les deux compétiteurs. Il fut convenu que la Compagnie aurait un représentant qui s'entendrait avec le duc. Cazet était ce représentant; mais le duc avec son autorité, sa puissance n'en tint aucun compte et continua à faire des expéditions à ses frais et sans consulter l'agent de la Compagnie. Les résultats étaient tellement misérables qu'on comprend la pensée venue à un seigneur riche et à grandes idées de prendre en mains cette grande entreprise. Il y mit une ardeur et une conviction, une ténacité qui durèrent jusqu'à sa mort. Il fit partir à ses frais le *Saint-Jacques* avec 162 hommes. En 1660, il expédie d'autres navires sur lesquels se trouvaient le Père Étienne et le Frère Patte, chirurgien. Ces navires font naufrage au Cap et les passagers, en grande partie sauvés, retournent en Europe sur des vaisseaux hollandais. En 1663, le duc fait une nouvelle expédition et le Père Étienne part de nouveau. Pour arriver à une grande colonisation qui était son espoir, il n'épargna rien et il lui a fallu d'immenses ressources pour continuer pendant si longtemps des armements considérables qui n'aboutissaient qu'à des ruines. Malgré les nombreux envois d'hommes faits à différentes époques, la population française à Madagascar ne dépassait pas soixante-dix personnes, y compris les malades. La fièvre, la misère, les massacres les décimaient sans cesse. Quelques-uns, comme La Caze, s'étaient établis au milieu des naturels et y avaient pris une position élevée, c'était une preuve que ceux qui voulaient agir en protecteurs amis sur ces peuplades y étaient accueillis avec bienveillance. Les Malgaches reconnaissaient facilement la supériorité des Européens, mais ils ne pouvaient subir sans idées de vengeance et de représailles le pillage et le désordre que la plupart, il faut le reconnaître, amenaient avec eux. Le *Saint-Charles* arriva avec quatre-vingts passagers destinés à la colonisation, sous la direction d'un chef spécial, vingt artisans de différents métiers aux gages du Père Étienne, pour l'utilité de la mission. La Meilleraye donne le commandement de Fort-Dauphin à Chamargou. Les idées pratiques commencent à dominer et le duc se préparait à faire de nouveaux essais quand sa mort vint mettre un terme à ses projets et au nouveau système de colonisation qui aurait peut-être pu produire de meilleurs résultats. Les héritiers du duc renonçant à continuer son administration, Madagascar passe en 1664 entre les mains d'une nouvelle compagnie.

Dian-Manangue était un chef Malgache voisin de Fort-Dauphin avec lequel les Français s'étaient liés d'amitié. Chamargou, le Père Étienne, le voyaient souvent et il avait même promis au Père de se faire baptiser et de rester fidèle aux Français.

Ces bons rapports apparents ne durèrent pas longtemps. Il invite un jour le Père Étienne, le Frère Patte et leurs serviteurs à déjeuner et les empoisonne, ou les fait massacrer dans un bois, selon une autre version. Cette affreuse action est-elle due, comme on l'a dit, au zèle trop ardent du Père Étienne? Je ne le crois pas. En lisant Souchu de Rennefort et les manuscrits de l'époque, il ressort surtout que les Français pour vivre étaient obligés d'aller chercher des bœufs et du riz à des distances éloignées. Tout le pays avoisinant le Fort-Dauphin était inculte et dépeuplé [1]. Les idées de vengeance du peuple malgache étaient donc la conséquence forcée d'une situation fausse. Les administrateurs changeront encore et aboutiront toujours au même résultat. Dian-Manangue trouva naturellement beaucoup d'alliés quand il se révolta ouvertement contre les Français. L'état de faiblesse de ceux-ci rendait le moment favorable. Chamargou est assiégé dans Fort-Dauphin et sans les secours apportés par La Caze qui avait su acquérir un certain ascendant sur les peuplades malgaches, il était perdu. La Caze y amena des provisions dont ils avaient grand besoin et des secours qui permirent à la colonie réduite de subsister encore quelque temps.

Malgré tant de ruines et de désastres, la ténacité et l'énergie de la France augmentent. Aux compagnies qui succombent on en substitue d'autres plus considérables, plus appuyées par le gouvernement du roi, pour relever une colonie qu'on ne pouvait se décider à abandonner. Une nouvelle compagnie est instituée par Louis XIV sous le nom de Compagnie française pour le commerce des Indes orientales. Les privilèges, les secours sont plus grands que jamais. — Quelques difficultés survinrent dès le début entre l'ancienne Compagnie, les héritiers, La Meilleraye et la nouvelle Compagnie, à laquelle on demandait une indemnité. On ne tarda pas à s'arranger à l'amiable.

Il faut lire dans l'*Histoire de la Compagnie des Indes orientales* de Charpentier, avec quel enthousiasme se forme la nouvelle Compagnie en 1666. Un vaisseau, arrivé de Madagascar à Nantes chargé de peaux

---

[1] Commerson, dans son voyage à Madagascar, a compté plus de deux cents villages incendiés pendant les six ans du gouvernement de M. de Falcourt. Le pillage et l'incendie étaient permanents.

et de bois d'ébène, excite une véritable fièvre de colonisation. Le roi, la noblesse, les villes de commerce se stimulent à l'envi pour la formation d'une *nouvelle société*. Toutes les *grandes nations* de l'*Europe* avaient pris des positions importantes en Orient, l'Angleterre, l'Espagne, le Portugal, la Hollande, même la Suède ; la France seule resterait en l'arrière quand elle avait à sa disposition un continent renfermant toutes les richesses possibles! Des ouvriers sont embarqués ainsi que des agriculteurs avec l'outillage nécessaire ; ils devaient être payés moitié par la Compagnie, moitié par le produit de leur travail.

Des *statuts qui* règlent *leurs* rapports entre eux et avec les naturels semblent garantir tout conflit et assurer les bases d'une société morale et industrieuse. La Compagnie prend pour sceau un globe d'azur chargé de fleurs de lis d'or avec ces mots : *florebo quocumque feror*. La maison où s'assemble le conseil de la Compagnie portera sur sa façade un marbre noir avec ces mots écrits en gros caractères : « Compagnie des Indes orientales ». L'effervescence était à son comble et il y avait de quoi d'après la description qu'on en faisait à la Compagnie. Madagascar, devenue île Dauphine, était un vrai paradis terrestre où tous les fruits de la terre se trouvent en abondance. De plus, et c'est là le grand attrait, elle possède des mines d'or si abondantes que durant les grandes pluies et ravines d'eau, les veines d'or se dessinent d'elles-mêmes le long des coteaux et sur les montagnes.

Louis XIV accorda à la nouvelle Compagnie tous les privilèges, lui avança 3,500,000 livres sans intérêts et sans participer aux bénéfices pendant dix ans. Il consentit encore à supporter toutes les pertes éventuelles pendant le même temps. Sa Majesté promet à la Compagnie d'établir des ecclésiastiques auxdites îles, en telle quantité et qualité qu'elle voudra. Presque toutes les villes de France s'empressent de souscrire pour favoriser la Compagnie. Les armements sont poussés avec activité, des instructions spéciales sont indiquées pour le maintien de l'ordre et des bonnes mœurs.

Un nouveau conseil est nommé et M. de Beausse en est le président. Il part avec quatre vaisseaux pour Madagascar : sur l'un d'eux étaient les colons destinés à l'île Bourbon. M. de Beausse était très-âgé et ne tarda pas à succomber, laissant la colonie dans une situation précaire, incertaine.

En 1666, une grande expédition, sous les ordres de M. de Mondevergue, part de la Rochelle. La flotte touche à Bourbon pour y prendre des provisions et y déposer ses malades. Elle trouve à Saint-Paul Renault et ses compagnons qui y avaient été déposés par M. de Beausse. Plus de deux cents malades y restent, quatre cents personnes étaient mortes en route (Ruelle, Manuscrit du Jardin des Plantes). Mondevergue se dirige ensuite sur Fort-Dauphin, où il ne trouve que soixante hommes malades et sans vivres, à peine avaient-ils un peu de riz. Ils n'avaient plus ni farine, ni vin. Caron, qui avait acquis au service de la Compagnie hollandaise l'expérience des affaires, fut nommé administrateur par la nouvelle Compagnie, chargé d'organiser le commerce de Madagascar ; il donna un élan momentané à la colonisation, mais il ne tarda pas à éprouver de grandes désillusions sur ce pays dont on avait tant exagéré l'importance. — Ne voyant rien à faire sur cette terre ingrate, il partit pour Surate. Il donne à la Compagnie les renseignements dictés par une triste expérience : « La colonie ne vit que de pillage, le commerce et la culture sont nuls ; le Fort est sans eau : on est obligé d'aller en chercher à une lieue dans un étang à travers des sables. » — M. de Faye écrit à Colbert dans le même sens : « C'est un pays dépourvu de tout et il faut chercher à coloniser une autre partie. » Les catastrophes et les ruines semblaient d'autant plus promptes que les expéditions étaient plus considérables. — Celle-ci avait été désastreuse au début et nous avons vu que M. de Mondevergue avait perdu quatre cents hommes en route et avait laissé deux cents malades à Bourbon. Il fut accusé de tous les malheurs de la colonie et rappelé par le roi Mis en prison à son retour, il mourut peu de temps après.

En 1670, une nouvelle expédition plus considérable que les autres, part pour Madagascar sous les ordres de M. de la Haye qui remplace de Mondevergue avec le titre de vice-roi, et la grande île devient la France orientale. Les ruines, les désastres ne font que grandir les perspectives de la colonisation. M. de la Haye ne tarda pas à ressentir les mêmes ennuis et les mêmes obstacles que ses prédécesseurs. Son administration, qui cherchait à améliorer la situation, souleva les naturels avec lesquels il eut à lutter dès le commencement de son gouvernement. Ce lieu plein de déboires et d'obstacles le dégoûta promptement, et après un court séjour il se dirigea sur Bourbon dont il prit solennellement possession et se dirigea ensuite vers l'Inde. Chamargou était commandant du Fort-Dauphin, La Caze, major de l'île. Les relations entre les Français et les Malgaches étaient de plus en plus difficiles. Pour comble d'infortune, Chamargou, qui avait déjà l'expérience du pays, mourut en décembre 1672. Un nouveau commandant lui succéda ; ce fut Labretèche, destiné dans des circonstances aussi difficiles à être le témoin impuissant du dernier massacre.

La colonie recevait à peine des nouvelles de la mère-patrie ; elle diminuait tous les jours par la guerre, la misère, les maladies. Il arriva ce qui était à prévoir : les naturels cherchaient une occasion favorable pour en finir avec les Français. En août 1674 était arrivé un navire avec des jeunes filles destinées à la colonie de Bourbon. Pendant leur séjour à Fort-Dauphin, elles avaient fait naître des désirs d'union au milieu d'hommes privés de femmes européennes depuis longtemps. Des mariages eurent lieu et furent l'occasion de fêtes qui diminuèrent la vigilance des Français. Les Malgaches profitèrent de l'occasion pour en faire un massacre général. Il se trouvait heureusement sur rade un navire, le *Blanc-Pignon*, qui put recueillir les débris de la colonie. Ces restes d'une colonisation si malheureuse se répandirent un peu partout, à Mozambique, dans l'Inde, en France, à Bourbon. C'en était fait ; nous avions quitté Fort-Dauphin pour n'y plus revenir.

« La France, d'après nos calculs (Lazaristes), avait envoyé dans cette île à peu près 4,000 hommes, soldats ou colons ; les deux tiers étaient morts de maladie, de famine et dans les guerres, l'autre tiers est rentré en France ou bien a fourni le premier noyau de la colonie de Bourbon, fille de celle de Madagascar. »

Les documents de cette époque donnent à cet événement des aspects différents. La lettre de Labretèche au ministre et aux directeurs, les lettres des missionnaires sont à peu près les seules sources où l'on puisse puiser des renseignements. Ce massacre, si massacre il y a, n'a pas eu une importance aussi grande qu'on peut le penser dans la détermination de quitter Fort-Dauphin. Dès 1672, Labretèche eut à lutter contre l'indiscipline des soldats qui lui restaient et les demandes réitérées de départ des colons. Quelques-uns vont même jusqu'à lui dire que si on ne veut pas les embarquer pour quitter cet affreux pays, ils iraient chercher un navire portugais sur la côte ouest. Il parvient à les calmer et envoie au ministre une supplique des colons demandant au roi d'avoir pitié d'eux et de les retirer de ce pays. Il apprend qu'un navire anglais a vendu de la poudre à Dian-Manangue et aux populations de l'Ouest. Quant à lui, à peine s'il en avait et M. de Beauregard arrivé sur la *Dunkerquoise* ne veut pas lui en céder ;

son autorité était tellement méconnue, que Beauregard ne le reconnaît même pas comme gouverneur et lui refuse tout, même les moindres provisions. Labretèche fait un triste portrait de Beauregard et s'il était vraiment tel qu'il le dépeint, les malheureuses jeunes filles venues sous la conduite de Mlle de Laferrière pour Bourbon ont dû faire un bien triste voyage. Le naufrage du navire aurait pu être évité, et malgré les offres de Labretèche et d'autres colons qui voulaient venir au secours de la *Dunkerquoise*, Beauregard ne veut rien entendre et après s'être sauvé dans sa chaloupe avec ses biens personnels donne ordre de couper les câbles. Le chevalier de Roche est désigné comme ayant voulu aller au secours du navire. — (Lettre de Labretèche au ministre.)

Les lettres des Pères ne caractérisent pas ainsi Beauregard et se contentent de mentionner le naufrage. Les pères Roguet et Montmasson étaient embarqués sur la *Dunkerquoise* à destination de Bourbon et revinrent comme tous du reste à Fort-Dauphin. Ils font pressentir les tristes résultats de la colonisation dans leurs lettres au directeur de la mission.

Depuis le départ de de la Haye, ils sont dans la plus complète misère et se demandent comment les quelques Français qui restent au Fort, sans armes, sans munitions ont pu résister aux Malgaches. Quant à eux, ils sont à leurs dernières soutanes, à leurs derniers chapeaux ; ils n'ont plus ni bas, ni souliers. Enfin, tout leur manque. (Lettre de septembre 1671.) Dans une autre lettre du Père Roguet 1672 :

« Nous avons vu ici Dian-Manangue qui est l'homme de la plus sinistre figure que j'aie jamais vu. J'ai remarqué qu'il souffrait avec peine qu'on parlât de M. Étienne, et il fit taire son fils qui nous en disait quelque chose en français. »

Ce grand est parti assez content en apparence. Trente à quarante Français l'accompagnaient dans une entreprise contre nos ennemis et les siens. Quelle singulière situation avaient les Français alliés pour le moment avec leur ennemi avéré et qui leur avait fait déjà tant de mal! Quel chaos ! et qu'il est difficile de comprendre tout ce qui se passait exactement à cette époque! Après le massacre, sur lequel on n'a pas de détails, Labretèche dit seulement qu'il s'embarque avec les débris de la colonie sur le *Blanc-Pignon*, après avoir mis le feu aux magasins et encloué les canons. Les missionnaires mentionnent le massacre, mais ne précisent rien. Quant au voyage du *Blanc-Pignon*, capitaine

Baron, Labretèche dit seulement que, partis soixante-trois de Fort-Dauphin, ils arrivent vingt-deux à Mozambique. Pauvre cadet sans fortune, il ne peut se payer un passage sur un navire anglais et s'embarque avec sa famille pour Daman sur un navire portugais. Il veut emmener avec lui les jeunes filles qui restaient ; mais le gouverneur portugais s'y oppose formellement et défend aux navires sur rade de les prendre, disant qu'il voulait les garder pour les marier à des soldats de la forteresse, qu'elles seraient malheureuses dans l'Inde, où la France n'avait plus rien depuis la perte de San-Thomé par M. de la Haye qui, croyait-il, était mort. Cette lettre de Labretèche, qu'on peut lire aux Archives de la marine, est datée de Daman, 22 décembre 1675. Comment expliquer l'arrivée à Bourbon de deux des jeunes filles? Elles y sont venues sans doute par une autre voie ainsi que beaucoup de colons.

Les essais de colonisation qui reparaissent en projet ou à peine effectués se perpétuent jusqu'à nos jours toujours avec les mêmes résultats ; mais les grandes-expéditions sont finies. Dans le courant du XVIIe siècle, les prêtres Monet et Caulier apprennent le malgache et tentent de reprendre une position évangélique à Madagascar ; ils y renoncent bientôt et, après un court séjour chez les Malgaches, retournent à Bourbon et à l'île de France. Ils proposent cependant un nouveau plan de colonisation : se rendre à Foulpointe, s'allier au chef de la contrée et s'appuyer sur Bourbon et l'île de France. Ces projets ne se réalisèrent pas. Ils furent repris par Cossigny, Labourdonnais, de Modave, envoyé par le gouverneur de l'île de France, Laserre, Béniowski. Leurs tentatives plus ou moins suivies furent infructueuses. Jusqu'à nos jours les missionnaires ont abouti à semblable résultat ; à quelles causes peut-on l'attribuer? Est-ce à leur zèle excessif, comme on l'a dit? Évidemment non. — Il faut lire les lettres des premiers missionnaires écrites avec une bonne foi éclatante pour trouver les causes réelles de nos malheurs.

Le pays par lui-même n'avait offert que des déceptions à ceux qui avaient tenté de s'y fixer. Portugais, Hollandais, Anglais ont fui ce rivage où ils n'avaient récolté que la fièvre, la disette et les massacres. Le commerce y était nul et l'agriculture ne pouvait y prospérer faute d'hommes pouvant cultiver. Le Malgache est paresseux, a peu de besoins et ne travaille sérieusement que dans le centre de l'île où les terres sont bonnes, le climat moins débilitant.

Les Européens ensuite ne donnaient que le plus déplorable exemple aux naturels. Le pillage, le meurtre et l'ivrognerie formaient le fond de leur existence et les naturels fuyaient leur voisinage. Les lettres des missionnaires, même longtemps après nos désastres et les massacres, MM. Monet, Durocher et autres, annoncent qu'ils n'éprouvaient aucun obstacle de la part de la population qui acceptait facilement leur instruction religieuse. Ils reconnaissaient que les Français eux-mêmes étaient les principaux auteurs de leurs insuccès et de leurs malheurs.

Ce court résumé de nos tentatives de colonisation à Madagascar suffit pour en donner une idée exacte. Je ne parle pas de notre action toute moderne, qui a été éphémère et tout aussi triste. Le caractère n'en a jamais varié : mauvaise situation, pénurie de toutes choses, maladies, misères, pillage et finalement représailles terribles. De toutes ces déceptions malheureuses, il est sorti heureusement la colonisation de deux petites îles qui avoisinent la grande et auxquelles on donnait peu d'importance d'abord. Bourbon et l'île de France sont nées et ont grandi après la ruine de nos établissements de Madagascar.

Bourbon, la première étape, Maurice ensuite abandonnée par les Hollandais, colonisée par Bourbon et devenue île de France sous le pavillon français avec la malheureuse destinée de redevenir Maurice sous le gouvernement anglais.

L'anse Dauphine est le premier et principal endroit où les Français ont fait leur habitation depuis quarante années, que M. de la Meilleraye y envoya les premiers navires français et continua d'y envoyer de temps en temps quelques commandements. La Compagnie des Indes en prit ensuite possession sur l'espérance des profits qu'en promettait la relation faite par le sieur de Flacourt, qui y a demeuré longtemps, pour grossir son livre de quantité de faussetés. (*Journal du voyage des grandes Indes*, par de la Haye.)

Cette grande île de Madagascar a toujours donné lieu à de grandes exagérations et les officiers envoyés sur la côte nord pour étudier les ports, les baies et le pays reviennent avec de grandes déceptions. Les différentes peuplades annonçaient des mines d'or, de cuivre, de diamants qu'on n'a jamais trouvées. Le journal ajoute : « Ce n'est pas cette nation seule qui se repaît de rêveries. Nous entendons tous les jours des Français qui soutiennent chacun en leur particulier, le lieu où il aura fréquenté, être celui où la mine aura été découverte, si bien, qui voudra y ajouter foi, que cette île est la plus grande connue et la plus riche du monde..... J'ai ouï et vu et connu par expérience, en d'autres endroits de cette île qu'elle n'est rien moins que ce qu'en dit Flacourt.

« Les mêmes erreurs se sont propagées jusqu'à nos jours et périodiquement d'amères déceptions sont venues ruiner des individus et des compagnies. »

Ces réflexions, tirées de notes recueillies par de la Haye, sont parfaitement d'accord avec mes observations. La relation de mon voyage à Madagascar est absolument dans le même sens, et quand je l'ai faite je n'avais pas lu le livre de de la Haye. Les Malgaches et les Européens à l'époque actuelle diraient ce qu'ils disaient il y a plus de deux siècles : Nos richesses sont immenses, variées et encore inconnues ; des mines d'or, de cuivre, de fer, de houille, de pierres précieuses se trouvent dans telles régions : il ne s'agit que de les chercher, d'étudier le sol. Ces sources de richesses si variées sont comme les ombres que projettent les corps : à mesure qu'on avance pour les saisir, elles reculent indéfiniment.

SOUVENIRS

DE MADAGASCAR

(1868-1869)

BIBLIOTHÈQUE NATIONALE R.F. IMPRIMÉS

I.

TAMATAVE.

Départ de la Réunion. — Arrivée à Tamatave. — Vue des côtes de Madagascar. — Réception de l'agent consulaire de France. — Préparatifs de voyage pour la capitale. — Village. — Consuls. — Hospitalité. — Commerce d'importation envahi par les Américains. — Visite à la Batterie. — Présentation au commandant Rainimousoa. — Bal en l'honneur du couronnement de la Reine. — Traitants. — Mœurs. — Usages. — Départ pour Tananarive.

Je nourrissais depuis longtemps le projet d'un voyage à Madagascar. Sa proximité de l'île de la Réunion, que j'habite, tout ce que j'en avais lu et ouï dire alimentait et excitait mon désir de connaître cette grande terre. Mes occupations, la réputation d'insalubrité de ce pays m'avaient fait reculer bien souvent devant l'accomplissement du voyage. Attendant des circonstances qui ne se présentent pas toujours en temps opportun, je pris la résolution avec deux compagnons de partir sans trop nous arrêter aux empêchements inévitables et d'arriver si faire se pouvait jusqu'à Tananarive. Le gouverneur de la Réunion avait obtenu du gouvernement d'Émirne l'autorisation nécessaire pour nous permettre de voyager dans l'intérieur de l'île. Grâce à son obligeante intervention, on nous fit savoir que nous pouvions nous mettre en route sans crainte de rencontrer des obstacles. Il y a quelques années encore, c'était une affaire d'État que de se rendre à Émirne ; il fallait user de diplomatie, et souvent le voyageur soupçonné de quelque intrigue politique était tenu à distance de la capitale. Aujourd'hui c'est chose plus facile et le gouvernement hova est devenu beaucoup moins soupçonneux. Nos dispositions faites rapidement, nous prîmes passage sur le vapeur la *Somme* partant pour Tamatave le 6 septembre 1868. Je m'étais muni de lettres pour les représentants de la France et de l'Angleterre, les missionnaires catholiques. Embarqués à 7 heures du matin, nous fîmes escale à Saint-Paul, où le commandant avait à déposer des passagers, et nous ne pûmes nous mettre en bonne route que vers 11 heures. Le 9, à quatre heures du matin, j'étais sur le pont, cherchant à distinguer à travers les brumes de l'horizon la terre qui se dessinait devant nous et dont nous étions peu éloignés. Madagascar ne se voit pas de très-loin : ses côtes sont généralement basses et les montagnes élevées de l'intérieur sont toujours couvertes de nuages épais, d'un gris pâle, qui les dérobent aux regards : cette couleur peu accusée donne même aux sommets de l'île, vus de loin, un aspect assez triste. A mesure qu'on s'approche, on aperçoit une plage de sable jaune, avec de nombreux contours, des pointes boisées mais uniformes, limitant de grandes baies qui se succèdent. Dans le lointain, l'arête longitudinale des montagnes du centre s'appuie sur des collines qui vont en diminuant jusqu'à la mer et presque partout déboisées. Nous nous approchons de Tamatave ; laissant à notre droite l'île aux Prunes, qui semble un bouquet de verdure sorti du sein des eaux et limite au Nord la grande passe de la baie où nous allons mouiller, nous entrons par la passe du Sud-Est, qui est celle que prennent les navires venant de Maurice et de la Réunion.

La baie de Tamatave est une des plus commodes et faciles de Madagascar ; elle est formée par des récifs qui la dessinent parfaitement et l'abritent contre les vents et la grande mer. Les navires y mouillent très-près de terre et on débarque sur une plage de sable fin, où la lame vient mourir après avoir perdu toute agitation. Tamatave, vu de la rade, n'a pas un aspect bien riant. La plupart des maisons ou des cases sont cachées par des arbres ou des dunes de sable. Le fort, abrité par une petite forêt et à une certaine distance du rivage, ne laisse voir qu'un grand mât qui, à notre approche, arbora une grande bande blanche avec le nom de la reine écrit en lettres rouges. La demeure du consul anglais, l'église des Pères jésuites sont en bois et se détachent comme des monuments au milieu des autres constructions relativement basses et généralement couvertes en paille.

L'arrivée d'un aviso portant la malle cause toujours une certaine émotion à Tamatave, comme sur toutes les plages où les nouvelles ne viennent qu'à des intervalles éloignés. Tous les consuls hissent leurs pavillons ; la population se dirige vers le rivage ; les traitants se réunissent et on les reconnaît à leur parasol blanc et leur costume européen ; de nombreux spectres vêtus de blanc, en guenilles, semblent sortir des cases en paille qui avoisinent le rivage et viennent se ranger et s'asseoir contre les dunes de sable en face de la rade ; ce sont des Malgaches enveloppés de leurs lambas. Après avoir choisi leur position, ils s'accroupissent et restent immobiles comme des statues ; c'est l'aspect des peuples d'Orient avec leur costume restreint, les mouvements lents, paresseux, mais majestueux. Entre le fort et la mer se voit une forêt touffue d'arbres variés et principalement de badamiers. Les Hovas, depuis la dernière attaque des Français et des Anglais réunis en 1845, ont jugé prudent d'abriter leur fort. C'est aujourd'hui un véritable fourré d'un très-joli aspect et qui tranche avec l'aridité des terres voisines ; on y pénétrerait difficilement.

Nous avions jeté l'ancre depuis quelques moments quand nous reçûmes la visite de deux officiers de douane. Leur costume est assez singulier : pantalon blanc, habit rouge et bleu un peu informe, chapeau à plume rouge. Après avoir échangé quelques mots et bu un verre de vermouth avec le commandant, ils regagnèrent la terre en nous permettant de communiquer. Ces deux hommes étaient les représentants de la domination hova ; ils avaient les traits caractéristiques de la race conquérante la plus répandue et qui domine actuellement à Madagascar. Je retrouvais en eux le type malais complet, tel que nous en avons beaucoup à la Réunion. C'est le même aspect : cheveux noirs et lisses, face plate, pommettes saillantes, teint cuivré. Le vice-consul de France, M. Soumagne, vint à bord ; il était averti de notre arrivée et nous offrit l'hospitalité en attendant notre départ pour la capitale. Nous apprîmes de lui avec plaisir que les préparatifs de notre voyage seraient vite faits et que nous pourrions nous mettre en route le surlendemain. Nous prîmes congé du commandant et de nos compagnons de voyage qui allaient continuer leur route dans le Nord.

Ce n'est pas un facile voyage que celui de la capitale : il dure 10 jours en moyenne et il faut se munir de tout : porteurs, vivres, lit de campagne, batterie de cuisine, et d'une domesticité à peu près complète. En route, on ne trouve guère que du riz, de la volaille, des œufs et encore n'est-on pas toujours sûr d'en trouver. Nous avions bien apporté une grande partie des choses nécessaires, mais arrivé sur les lieux on apprend qu'il y en a beaucoup à ajouter ou à retrancher.

Les Malgaches font les paquets à leur manière ; il faut le plus souvent défaire ceux qui ont été déjà faits. Ce sont des détails dont il faut se préoccuper. Un homme de poids ordinaire a besoin de huit hommes choisis pour le porter dans un fitacon ou filanzane, petit fauteuil placé entre deux brancards dont on se sert pour les voyages. Les provisions et les bagages réclament un nombre de porteurs en rapport avec leur quantité. Un homme porte ordinairement une charge de 15 à 20 kilogr. Autant que possible, les *marmites* ou esclaves de charge divisent leurs paquets en deux parties égales et les portent aux extrémités d'un bambou en appuyant le centre sur une épaule. Le fitacon est porté par quatre hommes qui doivent se relever souvent. Ils vont toujours au pas de course, et ceux qui suivent sont obligés de prendre le pas comme eux pour être prêts à les remplacer à chaque instant. Un commandeur du nom de Faro devait diriger notre bande ; il prit note de tout ce que nous emportions et répondit des hommes qu'il était du reste chargé de nous procurer.

Le commandeur est un des rouages les plus importants du voyage; il doit avoir constamment l'œil à tout, s'occuper des étapes, des moyens d'existence, du coucher, etc.; il expédie tout son monde devant lui et ferme la marche afin de ramasser les retardataires, quelquefois aussi les bagages abandonnés sur la route par quelque paresseux. On nous avait recommandé de nous bien prémunir contre la chaleur, le soleil, la pluie. On ne saurait trop le répéter aux voyageurs qui entreprennent un semblable voyage : à un soleil brûlant succède une pluie battante et un vent violent, à une partie de nuit étouffante un air froid, glacé. Il faut donc avoir toujours à sa portée les vêtements que réclament des changements aussi brusques dans l'atmosphère. Quant aux malles, celles en fer-blanc, faites solidement, sont les meilleures; celles en cuir et en bois doivent être revêtues d'une enveloppe imperméable si on ne veut pas courir la chance d'avoir son linge trempé et abîmé. Chaque porteur coûte environ 15 fr. en temps ordinaire pour faire le voyage de la capitale; ils se nourrissent eux-mêmes. On doit de temps à autre, pour stimuler leur zèle, leur donner une petite gratification qu'ils dépensent immédiatement en bœuf, volaille et besabèse (boisson fermentée faite avec le jus de canne). Pour une troupe de 30 et quelques hommes une demi-piastre (2 fr. 50 c.) suffit pour une fois; avec la promesse de cette gratification, le Malgache ne connaît pas de fatigue et allonge sans peine son étape de 2 heures, sans diminuer son entrain, sa gaîté. Ces hommes, dont quelques-uns ont l'apparence assez grêle, sont admirables comme porteurs : ils franchissent tous les obstacles, appliquent un pied sûr et ferme au milieu de toutes les obstructions, et Dieu sait s'il s'en présente dans ce long trajet!

Il y a des flacons de différentes formes; les meilleurs sont, pour un long voyage, de petits fauteuils rotinés, à bras, qui une fois au repos peuvent servir de siéges. Cette considération n'est pas à dédaigner dans des villages où l'on n'a pour s'asseoir que des nattes étendues sur le plancher. Il y a deux sortes de porteurs, ceux de la côte et ceux d'Émirne. Les premiers sont plus vigoureux et font de grands pas qui sont de véritables sauts. Ils avancent davantage, mais leur manière de porter est fatigante et représente le trot dur d'un cheval; cependant l'habitude les fait préférer par les traitants de la côte qui ne se servent que d'eux. Ceux d'Émirne sont des hommes bien bâtis, mais d'une stature moins grande et d'apparence plus faible; ils marchent d'un pas égal, précipité, mais raccourci, qui représente l'amble de certains chevaux; le porté est moins secoué.

Ces marmites sont originaires de toutes les parties de l'île; beaucoup sont de la côte d'Afrique d'où on les fait venir comme esclaves. Ils sont ordinairement très-gais, riant toujours comme de grands enfants, fatiguant souvent par leur bavardage et leurs cris, mais doux et faciles quand on tient les promesses qu'on leur a faites. Leur fidélité, mise parfois en doute, m'a paru assez solide et nous n'avons jamais eu à nous plaindre de la moindre soustraction. Du reste, un bon commandeur, bien recommandé, est indispensable et on peut se fier à lui. On doit avoir avec soi des armes de chasse, mais je n'ai jamais constaté la nécessité d'armes défensives contre une population douce, facile, qui vient toujours au-devant de vous et ne désire qu'une chose, vendre contre un peu d'argent le peu qu'elle a à vous céder. Les voyageurs doivent être munis de pièces de 5 fr., les seules qui passent à Madagascar; on les coupe en morceaux de 1 fr. 25 c. et au-dessous. Les Malgaches ont tous avec eux une petite balance et aucun paiement ne se fait sans ce contrôle. C'est le commandeur qui est chargé d'acheter, de payer et il tient une note exacte de tout; le nôtre lisait et écrivait suffisamment pour la comptabilité qu'il avait à tenir. Parmi nos porteurs j'avais deux jeunes Malgaches parlant bien le français et qui devaient m'être d'une grande utilité. L'un avait été élevé à la Ressource de Saint-Denis, l'autre à Tananarive, par les Pères.

Tous les préliminaires arrêtés et convenus, notre hôte voulut bien se charger d'organiser tout ce qui concernait notre voyage. Dégagés de tous soins à ce sujet, nous pûmes employer notre temps à visiter, observer à notre aise le grand village sous toutes ses faces.

Tamatave a une assez grande étendue et renferme deux villages, celui des Betsimsarak, qui est le plus considérable, et le village hova, situé derrière la Batterie et occupé par les soldats hovas avec leurs familles. Celui-ci ne se voit pas du rivage, ni même de la rade; il est caché par l'enceinte du fort et le petit bois qui le protége. Presque toutes les cases sont en paille, quelques maisons sont construites en bois comme celles qu'on voit à Maurice et à la Réunion. L'habitation du consul anglais est à étage et domine toutes les autres; sans avoir rien d'extraordinaire, elle ressemble à un palais quand on la compare aux autres. Les emplacements sont enclos de palissades en planches ou en pieux. Ils sont contigus ou séparés par des ruelles étroites dans lesquelles on ne peut faire un pas sans enfoncer jusqu'à la cheville dans un sable mouvant. Ce sol toujours humide est favorable à la végétation : les orangers, les citronniers, les manguiers, les cocotiers viennent très-bien et embellissent, en les protégeant de leur feuillage, la plupart des maisons. Il n'y a pas longtemps encore, Tamatave était très-malsain, mais l'accroissement de la population a donné forcément de l'extension aux constructions; les marais nombreux qui empestaient le centre même des habitations ont diminué beaucoup et la fièvre qui y règne pendant tout l'hivernage a moins d'intensité qu'il y a 20 et 30 ans. Ce climat, mortel aux étrangers autrefois, est aujourd'hui supportable et les accès de fièvre y sont rarement pernicieux. Mais il ne faut pas aller bien loin pour retrouver les marais; ceux qui veulent se préserver sortent rarement de leurs demeures.

La concentration du commerce sur ce point y a appelé beaucoup de traitants de la Réunion, de Maurice surtout, et ils se font aujourd'hui une concurrence qui n'est plus en rapport avec l'importance des affaires. Ils habitent un peu dans tous les sens, mais principalement dans une rue qui conduit au marché; c'est la voie principale de Tamatave; elle conduit à l'église des Pères, aux consulats. Le marché est un espace irrégulier, assez large, sans constructions; deux morceaux de bois supportent une rabane servant d'abri aux objets en vente. Le bœuf y est étalé en plein soleil, couvert de mouches et de poussière; on le coupe en petites lanières, avec la peau, pour les Malgaches qui en achètent par petite quantité. Les viandes gâtées, le poisson frais ou salé, tout est pêle-mêle et répand une odeur infecte qui ne répugne pas aux Malgaches; leur estomac puissant digère tout.

Un peu plus loin on trouve un espace nu, irrégulier, qui sert de marché aux bœufs. C'est là et dans des parcs voisins qu'on rassemble ces animaux quand les navires ont à faire une cargaison. Un peu plus loin est le fort, qu'on nomme la Batterie; c'est une enceinte circulaire en sable, soutenue par des pieux extérieurement, avec une muraille intérieure en chaux et corail; un bois touffu que nous avons signalé en débarquant protége et masque le fort du côté de la mer; des canons de toutes les formes et assez grossièrement installés sont placés sur les parapets. La Batterie est la demeure du commandant de Tamatave et de sa famille. Le village hova est derrière et peu éloigné; il est habité par les officiers, les soldats, au nombre de 1,000 environ, et leurs familles; c'est une réunion de cases construites en paille, mais dans un autre style que les cases malgaches; le toit est plus aigu, surmontant parfois un étage avec une galerie autour. Tout ce village est enclos de palissades en bois, et des gardes sont placées aux entrées. Quelques mares verdâtres sont entretenues près de la Batterie pour fournir l'eau nécessaire à tous les besoins.

Le gouverneur Raharla, homme distingué et très-estimé, était mort quelque temps auparavant; le commandant en second, Rainimousoa, le remplaçait; c'est lui qui nous reçut quand, avec le vice-consul, nous allâmes faire notre visite. C'était jour de fête à la Batterie; il y avait danse et rafraîchissements en l'honneur du couronnement de la reine. M. Soumagne nous avait fait annoncer, et vers l'heure convenue, c'est-à-dire 4 heures, nous étions au rendez-vous. Au centre de la Batterie se trouve une vaste enceinte circulaire avec un grand mât au milieu; au fond, la demeure du commandant, maison en bois avec galerie et adossée au mur du fort. Un talus en pente et gazonné sert de limite circulaire à la cour intérieure; le public vient s'y asseoir. Cette enceinte prend alors l'aspect d'un amphithéâtre antique. Au centre, le grand mât déployait à son sommet une large bande blanche sur laquelle était écrit en lettres rouges : *Ranavala Manjaka II Madagascar*. A notre entrée dans la première enceinte, sous une porte basse, les soldats prirent les armes et firent leur salut au consul. Peu après un officier vint nous prendre pour nous conduire chez le commandant; aussitôt que nous fûmes aperçus de l'intérieur, la musique joua l'air national français, bientôt suivi de l'air de la reine malgache; aussitôt nous dûmes nous arrêter, nous découvrir, saluer et donner tous les signes du respect.

Un public nombreux à costumes variés était assis sur le talus du fort jusqu'au sommet; des chaises et des bancs étaient réservés plus bas pour les personnes de distinction; une compagnie de soldats était sous les armes, armés du fusil et la sagaye plantée devant chaque homme. Nous nous dirigeâmes vers la demeure du commandant. Après avoir traversé une salle dont les parois sont en terre et en chaux, nous arrivâmes par un obscur escalier à l'étage où le gouverneur nous attendait, nous fûmes présentés et des poignées de main se donnèrent sur toute la ligne. C'est l'usage, aussitôt qu'on se rencontre ici, de se serrer cordialement la main, même quand on n'est pas présenté.

Rainimousoa était entouré de ses aides de camp. C'était un homme de cinquante et quelques années, petit, de peau brune et d'origine évidemment malaise. Le costume de demi-apparat qu'il portait ce jour-là consistait en un habit bleu à grandes basques, à revers galonnés, complété par une casquette en cuir également galonnée; nous voyant avec des gants, il demanda les siens à un aide de camp qui lui en apporta une paire en coton blanc, mais il eut beaucoup de peine à les mettre, ne distinguant pas parfaitement le côté droit du côté gauche. D'autres officiers arrivèrent et échangèrent avec nous des poignées de mains. Les uns étaient en habit noir avec chapeau de feutre, des pantalons blancs ou de couleur, de forme surannée; les autres en chemise avec le lamba blanc, chapeau de paille et pieds nus. Un jeune Hova, aide de camp du gouverneur, était habillé ainsi et avait fort bonne mine. A chaque instant il allait se contempler dans une glace commune et étroite placée dans un des coins de la salle, arrangeant ses cheveux, son costume; il avait évidemment des intentions coquettes pour le bal qui allait commencer. Enveloppés gracieusement dans leur lamba, le Malgache et l'Hova, ce dernier surtout, ont un aspect majestueux qui ne manque pas de grâce, tandis que dans le costume européen d'emprunt, il n'en est pas de même.

L'enceinte du fort était garnie d'une population variée de races, de costumes et de couleurs; c'était un fort beau coup d'œil. Le bal allait commencer. Le gouverneur descendit avec nous et nous fit asseoir sur des chaises à côté de lui ; la musique joua des airs de danse, mélange de polka, de mazurka, etc. Les cavaliers prirent leurs danseuses et, les tenant par la main, par la taille tour à tour, firent une promenade circulaire qui rappelait la cracovienne. Ce mélange d'airs déformés, passant par des instruments qui étaient loin d'être irréprochables, n'était guère mélodieux ; mais j'avais des distractions assez grandes par ailleurs pour ne pas trop souffrir de cette musique discordante. Les cavaliers grand genre avaient pris le costume européen de même que ces dames; mais quels habits! quelles robes! Celui qui ouvrait la marche avait un chapeau noir passé, un habit noir avec une pièce dans le dos, un pantalon blanc très-court et des bottines bleues; c'était un officier assez grand, mince, de peau brune, danseur émérite et qui visait aux grâces et à la légèreté; sa danseuse, femme de haute noblesse, ayant rang de duchesse, épouse de l'ancien administrateur du Tanguin, était renommée par ses mœurs légères et sa facilité à passer du catholicisme au protestantisme selon les temps. On nous assura que c'était au poids de sa petite balance qu'elle mesurait la valeur de son culte. Quelques cavaliers qui avaient conservé leur costume national, présentaient un bien meilleur aspect : leurs mouvements ne manquaient pas de grâce et de noblesse. Les femmes me parurent généralement laides, sans type marqué. Après la danse des Hovas ou de l'aristocratie, vint la danse des Betsimsarak ; les femmes seules y prirent part. En face de nous, dans le fond, huit belles Malgaches se placèrent en face les unes des autres et dansèrent la danse des papangues. La papangue est un oiseau de proie très-redouté des basses-cours; c'est une espèce d'épervier qui plane sur tous les villages malgaches pour chercher à saisir volailles, canards, oies, tout ce qu'il peut. La papangue a un vol majestueux, tantôt les ailes agitées, tantôt étendues horizontalement et immobiles. Cette danse rappelle le vol de cet oiseau, et les femmes betsimsarak l'imitent avec le mouvement de leurs bras et de leurs mains; cette espèce de pantomime est très-gracieuse et mes regards se reposaient avec plaisir sur ce groupe d'une originalité franche et ne visant pas à copier une civilisation encore éloignée. Elle était accompagnée par le chant des femmes assises autour, chant monotone dont le rythme est appuyé et marqué par des battements de mains comme les danses populaires de l'Espagne.

Après chaque danse, les danseurs vinrent saluer le gouverneur et se retirèrent. Dans les intervalles, de jeunes officiers hovas servaient du vermouth et du porter. Les dames en buvaient très-volontiers. La fête devait durer encore longtemps et se prolonger même une partie de la nuit. Après en avoir vu suffisamment, nous prîmes congé du gouverneur, qui nous promit de nous envoyer le lendemain un sauf-conduit devant nous permettre de voyager sans entraves ; nous devions, avant d'entrer dans la capitale, faire parvenir aux ministres sa lettre, afin de ne pas éprouver de retard.

Nous rentrâmes en ville en passant par le Bazar et terminâmes notre soirée par des visites aux Pères jésuites et aux consuls.

Les Pères ont construit une église assez grande ; ils ont déjà une maison pour des sœurs de Saint-Joseph ; ils vont en construire une autre pour les frères. Leur résidence donne par un de ses côtés sur la mer, qui leur envoie toujours un air frais et dégagé des miasmes de la terre ; ils s'étendent peu à peu et finiront par posséder une large place à Tamatave.

Le consul britannique, M. Packhenam, nous reçut dans sa varangue élevée, d'où l'on domine toute la rade ; l'air y est toujours frais. Sa maison, la plus belle du village, est entourée d'orangers ; à force de fumier et de soins, il a pu faire venir dans le sable de la cour quelques légumes qui sont une rareté à Madagascar. J'avais une lettre pour lui. M. Packhenam se mit gracieusement à ma disposition pour tout ce dont je pourrais avoir besoin dans mon voyage. Il vit à Tamatave avec sa femme sans trop souffrir de la fièvre ; je crois devoir attribuer l'indemnité dont ils jouissent, à leur habitation exceptionnelle et à une vie d'une sobriété et d'une régularité remarquables. M. Packhenam a un filtre anglais qui purifie autant que possible l'eau saumâtre du pays.

Le consul américain, ancien major de l'armée du Nord, vit à Madagascar avec sa femme, sa fille et son fils ; le major est toujours malade, mais ses enfants semblent assez bien se porter. Le jeune homme fait le commerce et reçoit des marchandises en consignation. Ne visant en aucune façon à la moralisation du peuple malgache, le consul ne demande que la protection des droits commerciaux et cela suffira, je crois, aux Américains pour s'emparer du marché de Tamatave. Tous les consuls vivent entre eux en assez bonne intelligence. L'existence de leurs femmes est bien triste et toutes aspirent à quitter ce séjour monotone et malsain. On remarque cependant que les dames sont moins sujettes à la fièvre que les hommes; est-ce dû à leur organisation ou à leur régime en général plus sobre?

On trouve dans deux ou trois maisons des pianos qui ne sont jamais accordés et qui subissent l'influence d'une humidité permanente; je laisse à penser quels sons harmonieux on peut en tirer; cependant ils servent de temps en temps à réunir quelques personnes et à jouer des quadrilles, des valses et des polkas. Après une journée assez bien employée, nous avions besoin de repos, et l'hospitalité de M. et Mme Soumagne est si facile, si agréable qu'on n'est pas longtemps à se sentir chez eux parfaitement à l'aise. Nous fîmes un dîner très-gai et vers la fin de la soirée notre commandeur Faro nous amena des musiciens malgaches; le concert était composé de deux vallya[1] et d'une petite flûte, accompagnés par deux ou trois hommes frappant la mesure dans leurs mains. Je réclamai de suite les airs nationaux et quelques-uns me plurent beaucoup, entre autres une valse et l'air des Hovas.

Le lendemain, nous retirâmes de la douane tous nos bagages.

Cette douane est sur le bord de la mer, en face du débarcadère; toutes les marchandises débarquées sont mises dans une sorte d'entrepôt et paient en nature au gouvernement 10 p. 100; cet impôt, que se partagent les officiers selon leur grade, est transporté en grande partie à Tananarive. Le plus fort revenu douanier de la reine est perçu à Tamatave. C'est là qu'on embarque la plupart des bœufs destinés à Maurice et à la Réunion. Le riz et les autres produits n'y sont que secondaires. Il s'exporte tous les ans d'avril à novembre à peu près 10,000 à 12,000 bœufs qui valent, rendus à bord, 15 *f* (75 fr.). Le gouvernement perçoit trois piastres ou 15 fr. par chaque bœuf embarqué. La Réunion les achète contre des pièces de 5 fr. Maurice, avant la fréquentation des navires américains, y apportait des marchandises anglaises échangées contre les produits malgaches; mais les toiles américaines ont envahi le marché et elles se vendent à un prix inférieur à celui des toiles anglaises; de plus, elles sont préférées par les naturels; il en résulte que, aujourd'hui, Maurice comme la Réunion, est obligé d'arriver à Madagascar avec de l'argent. Le rhum de Maurice seul reste à peu près sans concurrent. Tout celui qu'on

---

[1] Le vallya représente un peu les sons de la guitare. C'est un gros bambou dont l'écorce soulevée et soutenue par une sorte de chevalet et pincée avec les doigts donne des sons variés.

consomme vient de cette provenance; il est détestable mais se vend à vil prix; les palais malgaches n'en demandent pas davantage. Pour 65 à 70 centimes on a un litre de rhum dans les cantines de Tamatave.

Les Américains ont pris de suite une position commerciale importante à Madagascar et leur présence a amené un changement profond dans les affaires. Les nombreux traitants de Maurice ne trouvent plus à écouler leurs marchandises; les Malgaches préfèrent naturellement celles d'Amérique qui coûtent meilleur marché; la toile à lamba américaine, d'un tissu fait dans le goût du pays, est très-appréciée. Ils paient avec leur argent amassé depuis longtemps, ce qui leur est pénible, mais le bon marché les attire. Cette année (1868) deux navires américains ont enlevé à peu près 100,000 piastres à Tamatave en pièces de 5 fr. contre des toiles, des farines, des meubles, des conserves, etc. L'argent monnayé étant rare aux États-Unis, ces navires ont pu céder leurs marchandises à un prix inférieur en se rattrapant sur l'agio des pièces de 5 fr. Cette forte saignée monétaire faite à une population habituée à vendre ses produits contre de l'argent, à conserver, thésauriser, l'a épuisée pour le moment. Les traitants ont leurs maisons pleines de toiles et ne peuvent les écouler; ils attribuent à une cause politique cette stagnation des affaires qui ne dépend évidemment que de cette quantité considérable de marchandises américaines qui a envahi le marché. Les besoins de cette population sont très-restreints; avec un morceau de toile ils se font un costume complet et qui sert presque constamment; ils n'ont, jusqu'à présent du moins, aucun besoin de luxe et de bien-être. Le bœuf, le riz, le manioc, sont fournis par le pays facilement et abondamment. Ils n'usent pas de vin en général, et le rhum infect venu de Maurice, avec lequel ils s'enivrent volontiers, est à vil prix. On suppose à beaucoup de Malgaches une fortune qu'ils n'ont pas; comme on ne peut que la supposer, car rien ne l'indique d'une manière précise, l'imagination l'exagère considérablement, et quand on considère les choses froidement, il est impossible d'admettre que même les thésauriseurs puissent avoir un grand capital.

Maurice et la Réunion sont les deux points principaux, sinon à peu près exclusifs, qui viennent prendre des bœufs et du riz à Madagascar. Je ne parle pas du reste, car les porcs, les volailles, les oies, les rabanes ne peuvent être considérés que pour une faible somme : ces deux colonies achètent ces produits en y apportant annuellement

1,200,000 à 1,500,000 fr. en argent ou en marchandises; le rhum, le vin, les boissons alcooliques telles qu'absinthe et vermouth, les farines, les toiles, y entrent pour une bonne part. Ce qui reste en argent, joint au droit prélevé par la reine sur chaque tête de bœuf exporté, se partage proportionnellement entre les officiers et va se concentrer chez le premier ministre ou ses proches. Il n'est donc pas étonnant que 500,000 fr. enlevés dans une année aient amené un arrêt presque complet dans les achats. Le Malgache Betsimsarak ne peut compter parmi les consommateurs : du riz, du manioc et de temps à autre un peu de bœuf, voilà sa seule nourriture. Quoique le rhum soit à bon marché, il n'en boit que dans ses beaux jours et quand il a pu gagner un peu d'argent. Son costume est à peu près nul : un morceau de rabane ou de toile, voilà tout son bagage protecteur. L'Hova a généralement plus de besoins, du moins il a le désir de gagner, de posséder; il possède plus ou moins, mais il est surtout économe, avare même et n'achète que lorsqu'il ne peut faire autrement. Tous sont commerçants, courtiers, bagnans et les officiers, même d'un grade élevé, font la commission; il faudra encore beaucoup de temps sans doute avant de faire naître chez ces peuples des besoins de luxe qui augmenteraient nécessairement les transactions. Les Américains pourraient bien envahir tout le commerce de Tamatave et ne laisser aux Anglais et aux Français que les points secondaires. Ils ne visent pas à la politique comme ceux-ci; vendre est toute leur affaire. Depuis 1866, ils y ont établi un consul, et un traité entièrement et exclusivement commercial a été signé entre le gouvernement d'Émirne et les États-Unis.

Les traitants se plaignent amèrement et regrettent le temps passé; mais leur malaise dépend beaucoup aussi de ce que maintenant ils sont trop nombreux pour un marché restreint; ils sont là quelques-uns comme des épaves de naufrage et ne peuvent souvent en sortir. Tamatave a un consul américain, un consul anglais et un agent consulaire français; le consul étant à Tananarive, forcément notre consulat s'y transportera avant longtemps. Chaque jour des contestations s'élèvent entre les Hovas, les traitants, les capitaines de navires; l'intervention consulaire est à tout moment nécessaire et suffit souvent pour aplanir les difficultés. Le consul est tout : agent des postes, de police, commercial. Avec un gouvernement souvent inepte à comprendre les rouages de la civilisation et d'un autre côté des nationaux qui ne sont pas toujours très-purs, le rôle des consuls est des plus épineux ; et il leur est bien difficile de contenter tout le monde ; leur toute-puissance les fait quelquefois accuser de despotisme et d'arbitraire ; ils sont souvent obligés de faire de la justice sommaire et d'agir avec sévérité.

Ce paiement des droits en nature commence à paraître difficile, et le gouvernement hova pense à imiter les nations civilisées qui perçoivent leurs impôts en argent ; mais ils se laisseront difficilement aller, avec leur méfiance si grande, à cette innovation ; ils comprennent qu'on pourrait les tromper largement sur la valeur des marchandises.

Dans un pays restreint où les blancs ou les mulâtres sont relativement peu nombreux, les distinctions sociales s'effacent, du moins en apparence ; tous sont sur le pied de la camaraderie ; on se réunit au café, au bord de la mer. Le capitaine en retraite, le matelot, le charpentier, le traitant, l'homme débarqué un peu forcément sur cette plage, tous se fréquentent, boivent le vermouth fraternellement, jouent aux dominos, aux cartes, au billard, sans distinction de couleur et de rang. Au premier abord, c'est la fraternité ; mais il ne faut pas attendre longtemps pour recevoir des confidences peu rassurantes des uns et des autres. L'un vous dira : Ne fréquentez pas trop tel individu, vous auriez peut-être à vous en repentir, et alors on vous étale un passé, un présent et un avenir avec des couleurs inquiétantes. Vous avez à peine remercié votre officieux ami des avis qu'il vient de vous donner, que vous le rencontrez en rires et en termes de bonne camaraderie chez cette même personne qu'il vient de si bien habiller. Peu de temps suffit pour vous mettre au courant de ces mœurs. Partout les opinions sont diverses, les jugements ne sont pas les mêmes sur les choses et les hommes, mais je doute qu'on puisse rencontrer un pays où il y ait plus de contradictions ; c'est à désespérer d'y voir clair, et après avoir interrogé beaucoup de traitants sur les affaires, sur les institutions, sur les relations diverses des uns et des autres, on arrive souvent à la confusion, au chaos. L'un vous assurera que tout le mal vient de ces coquins d'Hovas, l'autre vous en dira tout le bien possible ; celui-ci, que cet affreux gouvernement paralyse le commerce, l'industrie, l'agriculture qui naîtraient ou se développeraient sans son oppression funeste ; celui-là, que ce même gouvernement laisse chacun parfaitement libre de faire, de prendre autant de terre qu'on veut et de la cultiver à son aise et sans entrave. La même personne souvent change d'opinion à un court intervalle. Cela doit dépendre de bien des causes ; mais, en somme, c'est peut-être l'exagération naturelle du côté faible des sociétés humaines, plus sensible dans un milieu restreint.

L'ivrognerie a des autels dans chaque case du village malgache. Dans toutes presque on aperçoit une grande barrique peinte en rouge; ce sont celles qui contiennent le rhum venu de Maurice; un robinet en bambou laisse couler le liquide, et des femmes, des hommes sont assis à côté, consomment ou servent les consommateurs ; à chaque instant on en voit qui absorbent l'affreuse boisson à grandes gorgées. Le Malgache avale un demi-litre de rhum d'un trait sans s'émouvoir; aussi rencontre-t-on à chaque pas des hommes, des femmes aux yeux humides, langoureux, qui sourient avec béatitude ; ils vont, viennent, se tiennent droit, ont l'air de n'avoir rien à faire et vivent *in intoxication*, comme disent les Anglais.

Dans la classe des traitants, on consomme des spiritueux, mais généralement si on rencontre parmi eux des hommes un peu surexcités, je n'en ai pas vu à un degré qui touche à l'ivrognerie; on se *canne* de temps à autre, c'est l'expression adoptée. Certaines natures peuvent tenir longtemps à ce régime, à ce qu'il paraît; cependant j'ai vu peu de vieillards à Madagascar, dans les villages et à Tamatave ; quand j'ai fait cette réflexion, on me disait que les vieillards avaient l'habitude de se retirer dans les campagnes éloignées.

Les Jésuites commencent à prendre une assez large assiette à Tamatave ; leur église, assez grande, n'attire encore qu'un nombre restreint de fidèles ; mais ils augmentent tous les jours leurs prosélytes. Ils ont adjoint à leur maison une petite école dirigée par des sœurs de Saint-Joseph ; les petites filles malgaches y viennent avec leurs esclaves qui assistent aux classes. Leur local est trop petit, mais on construisait un bâtiment à étage qui leur permettra d'avoir plus d'élèves. Ces enfants lisent, écrivent déjà assez bien ; elles sont bien organisées pour la musique et chantent des cantiques avec beaucoup d'ensemble et de justesse. Les Frères de la Doctrine chrétienne viendront bientôt compléter l'œuvre et rendront les plus grands services. En attendant, les Pères ont affecté dans leur résidence une chambre où les jeunes garçons viennent à l'école. Les Pères et les Sœurs se multiplient à l'envi, charpentent, jardinent, sont souvent en course pour aller porter aux malades des soins et des médicaments ; on abuse souvent de leur zèle qui ne marchande jamais les peines et les fatigues. J'ai vu la Mère chargée des malades appelée plusieurs fois la nuit, le jour ; elle accourait, et comme il arrive souvent, ces soins, ces médicaments donnés gratis étaient demandés avec d'autant plus d'instances et sans scrupule ; le sommeil de la pauvre Mère n'était compté pour rien ; il en est résulté qu'épuisée de fatigue et de fièvre, elle a été obligée d'abandonner son poste et de venir recouvrer ses forces à la Réunion. Les Pères, un grand bâton à la main, arpentent le sable et vont nuit et jour porter leurs soins dans les cases malgaches, heureux quand ils peuvent récolter un baptême sur leur route. Je ne sais trop s'ils exploitent un terrain digne de leur zèle.

Les anglicans ont depuis peu à Tamatave un temple et une école où ils attirent la classe dominante principalement ; j'ai assisté à leurs offices et je n'y ai généralement vu que des Hovas. Le gouvernement, sans avoir de religion arrêtée, penche pour le protestantisme. Ceux qui font partie des honneurs, des emplois et leur suite ont pris la même marche, à part quelques exceptions. Le Malgache, sans croyance, sans besoin de culte, vivant de la vie matérielle, animale, ne considère l'église, le temple, qu'avec un œil de curieux. Le maître enverra son esclave à l'école dans le but d'en tirer plus de profits. Lui-même, il ira au temple ou à l'église dans l'espoir d'en recueillir les bénéfices matériels, mais au fond les mœurs, les croyances ne changent guère. L'œuvre commence, il est vrai, et si elle peut durer et se continuer sans interruption, elle devra porter nécessairement des fruits. Les deux religions sont en présence et la lutte est vive ; c'est à qui aura le plus de prosélytes.

Les Pères, les Sœurs n'ont ni l'aspect, ni la vie que donne la fortune ; des chapelets, des images, quelques médicaments, sont leurs dons habituels. Les Pères étendent déjà assez loin sur le rivage leur résidence et ils l'agrandissent tous les jours ; ils ont choisi comme partout une belle situation qui leur permet une extension graduelle. Ils paraissent satisfaits du progrès de la religion à Tamatave et disent avoir obtenu déjà une grande amélioration dans les mœurs ; mais les choses vont, je crois, comme par le passé. On finit par s'habituer au milieu dans lequel on vit et les choses qui révoltent tout d'abord, vues chaque jour, à chaque heure, finissent par ne plus choquer les yeux et l'esprit. L'immoralité de certains usages qui indigneraient ailleurs s'étale ici en plein jour, comme une chose toute naturelle. Une modification inévitable dans les mœurs aura lieu quand l'instruction sera plus répandue et lorsque la mission se sera adjoint une école régulière, pouvant attirer beaucoup d'élèves ; elle en retirera nécessairement des bienfaits qui ne peuvent encore être réalisés par le peu de temps de son action.

On ne connait pas exactement la population de Tamatave, mais elle doit être au moins de 3,000 âmes, sans compter le village hova [1]. La population flottante y est assez considérable ; c'est le point commercial le plus important, et les Malgaches de toutes les régions y viennent pour vendre les produits du pays ; c'est là le grand débouché des bœufs, des volailles, des oies, des dindes qui viennent de l'intérieur ; c'est là aussi qu'on trouve les esclaves ou marmites que leurs maîtres envoient chercher leur existence et leur rapporter ce qu'ils peuvent recevoir pour leur travail. On voit sur le rivage une quantité de petites cases en paille très-basses, où vit ce peuple d'esclaves nomades ; ils sont dix ou douze parqués sur des nattes dans ces étroites demeures où ils viennent coucher. Pendant le jour, ils se promènent par les rues ou sont couchés sur le sable ; leur meilleure chance est d'être employés comme porteurs de bagages ou de voyageurs ; c'est une fête pour eux, car ils vont avoir des vivres réguliers, un peu d'argent et de quoi faire bombance pendant quelques jours. Il est si rare pour eux de posséder quelques morceaux d'argent qu'ils acceptent avec joie les circonstances qui peuvent leur en procurer. Ces hommes sont susceptibles d'une dépense énorme de fatigue et de force ; mais il ne faut pas que cela soit continu ; ils aiment le travail par moments et ensuite dorment des jours entiers. Comme porteurs ils sont admirables ; généralement sales, galeux, à peine vêtus, leur vie est insouciante à l'excès ; quand on a besoin d'eux, on n'a qu'à faire un appel, il en arrive plus qu'on n'en veut. J'eus la bonne chance de trouver parmi mes marmites deux hommes jeunes, intelligents, d'Émirne, d'un aspect assez grêle, mais admirables porteurs et m'offrant l'avantage de parler bien le français.

L'étranger qui débarque à Tamatave doit accepter l'hospitalité d'un habitant : il n'y trouve pas d'hôtel, mais il est sûr d'être accueilli, surtout avec la moindre recommandation. La vie est si monotone qu'on est heureux souvent de la varier par la présence d'un étranger. Ensuite toutes les choses nécessaires à la vie matérielle sont à vil prix et la

[1] Depuis 10 ans elle a augmenté beaucoup, par suite des relations plus suivies, avec Maurice surtout.

présence d'un hôte ne constitue guère une dépense. Les logements sont simples, sans luxe ; de simples cases tendues de rabane. Quant à la nourriture, elle est presque partout abondante et facile. Tous ceux pour qui j'avais des lettres m'ont offert une chambre, un pavillon avec empressement, mais je ne pouvais désirer mieux que l'hospitalité de M. et Mme Soumagne ; non-seulement nous y passâmes de joyeux moments, mais ils nous aidèrent beaucoup dans l'installation de notre voyage. Le 10 au soir, tout était prêt, grâce à leurs soins ; nos hommes étaient choisis, nos bagages installés et nous pouvions partir le lendemain sans inquiétude. Les courriers, porteurs de la malle, étaient expédiés depuis la veille pour la capitale, où nous étions annoncés. Nous fîmes nos adieux à nos nouvelles connaissances, qui nous souhaitèrent bonne chance et surtout beau temps.

II.

De Tamatave a Tananarive.

Départ de Tamatave. — La rivière Ivondrou. — Antémérano. — Lacs magnifiques de Nossi-Bé et d'Iranga. — Forêts de copaliers. — Vavoni. — Lappa, famille malgache. — Andévorante. — Le ministre anglican. — La rivière d'Andévorante remontée en pirogue. — Maroumby. — Ranemafano, source d'eau thermale sulfureuse. — Ambatoarano. — Béfourme, grand village. — Forêt de l'Alamazotra. — Village de l'Alamazotra. — Invasion d'énormes rats. — Babakoutes. — Plaine d'Ankaï, marché de Mouramangue. — Les monts Foudi et Angave. — L'Ankove. — A Soatsimanampiovana, création industrielle tombée en ruine. — Travaux d'art remarquables. — Beaux lacs. — Grands villages réguliers, culture améliorée. — Tananarive. — Arrivée sur la place d'Andahalo. — Réception de M. Laborde.

Le 11, à 7 heures du matin, notre commandeur expédiait nos porteurs de bagages ; nous partîmes une heure après, certains de les rattraper avant la fin de l'étape. Installés dans nos ficatons, nous fûmes enlevés au milieu des cris et des chants de nos marmites. Nous prîmes de suite par l'intérieur des terres, traversant un sol irrégulier, sablonneux et aride ; la route n'est pas tracée, nous passons sur des dunes, dans des mares ; de temps à autre, nous rencontrons quelques bois, et dans le fond du paysage, adossés aux collines qui s'élèvent peu à peu jusqu'aux montagnes, on voit de grands arbres dénudés, tristes débris des forêts incendiées. Aux approches d'Ivondrou, le pays devient moins sombre : des manguiers, des copaliers nombreux ombragent la route ; quelques cases malgaches construites auprès de mares assez étendues où on plante du riz. Après deux heures de marche, nous arrivions à Ivondrou, grand village betsimsarak avec chef malgache et son grand mât représentant le pouvoir hova.

Nous mettons pied à terre sur les bords d'une crique qui communique avec la rivière. De nombreuses pirogues sont installées pour recevoir tous nos hommes et nos bagages. Notre commandeur est sans cesse en mouvement, préside à tout et lutte contre les cris, le tumulte de tout ce monde qui fait un tapage infernal. Nous sommes enfin assis dans nos pirogues ; sept ou huit nous sont consacrées ; les marmites sont sur leurs bancs et sont armés d'une palette (pagaye) avec laquelle ils doivent faire marcher la barque. Près de son embouchure, l'Ivondrou n'est plus une rivière, mais une vaste étendue d'eau ressemblant à un lac avec des îles nombreuses et de toute grandeur, boisées, bordées de songes aux feuilles énormes. Le rivage qui touche à la mer est ombragé par une épaisse forêt. Ce spectacle est ravissant : nous sommes au milieu du fleuve ; nos longues pirogues glissent sur l'eau ; le bruit des pagayes enfoncées dans l'eau et retirées avec ensemble ; les chants, les cris des Malgaches ; cette vaste étendue d'eau parcourue ainsi au milieu de tous ses contours ; le bruit de la mer qui gronde à l'Est et que cachent les bois, tout contribue à l'enchantement qui commence. Cette rivière, si large à son embouchure, a de nombreux embranchements et se rétrécit beaucoup à quelques kilomètres plus haut ; l'espace par lequel elle se rend à la mer est à peine sensible ; de nombreuses dunes de sable arrêtent les eaux qui s'échappent par un chenal de quelques mètres de largeur. Dans un fond de colline d'un fort bel aspect, on aperçoit l'établissement de Massoua et Belle-Vue ayant appartenu à M. De Lastelle qui l'exploitait en société avec la reine ; aujourd'hui c'est Mlle Juliette Fiche qui a hérité des droits de M. De Lastelle. Cet établissement, où l'on fait du rhum, fonctionne encore ; mais depuis la mort de celui qui l'a créé, tout tombe en ruine, et de loin on aperçoit des toits délabrés.

Il faut bien une demi-heure à trois quarts d'heure en pirogue pour traverser l'Ivondrou. Le temps paraît court et l'on arrive avec regrets. Nous étions dans une grande pirogue creusée dans un tronc d'arbre qui avait dû être de grande proportion ; sa marche, sous l'impulsion énergique des pagayeurs, était parfois très-rapide. Notre nautonier, placé derrière et debout, était un homme magnifique, d'une peau lisse, d'une belle figure avec des formes modelées et gracieuses; sa pose était naturellement majestueuse; c'était un beau type de Betsimsarak.

Débarqués sur la rive droite, il fallut réinstaller nos bagages et nos porteurs, après quoi nous nous remîmes en route. Une heure après, nous nous arrêtions pour déjeuner dans un petit village de quelques cases; malgré son peu d'importance, nous y trouvâmes cependant la case ouverte aux voyageurs. Dans les villages où l'on stationne, il y a ordinairement un abri plus ou moins vaste qu'on appelle le lappa, ou la case de la reine; on peut s'y installer le jour, la nuit; on n'y trouve aucun meuble; le plancher est revêtu de nattes que les habitants ont soin de renouveler quand ils aperçoivent des étrangers de quelque valeur. Notre cuisinier, qui devait toujours nous précéder, avait acheté du riz, des œufs, de la volaille, et notre déjeuner fut vite préparé. Il faut s'attendre pendant tout le voyage à manger assis ou accroupis par terre; on ne rencontre ni chaise, ni table; c'est fatigant, mais en voyage, l'appétit et la nouveauté viennent en aide au confortable qui manque le plus souvent.

Le temps était magnifique, le ciel d'une pureté complète, le soleil ardent; cette nature tropicale resplendissait sous ses rayons éclatants. La route commence à devenir plus intéressante et plus pittoresque; elle traverse des bois souvent touffus, longe des lacs, des prairies; le mugissement de la mer se fait toujours entendre à gauche, mais un rideau épais de filaos, de badamiers, de pandanus-vacoa en masque la vue. Le sol est toujours sablonneux, les pâturages sont maigres et les bœufs paissent çà et là toujours accompagnés d'un charmant héron blanc, le carapatier, qui les débarrasse de leurs insectes. Ces deux animaux se suivent toujours, et quand on voit l'un, l'autre n'est pas loin. Le bœuf reconnaissant le service que lui rend le héron, lui livre sa tête, ses oreilles, sa queue : l'oiseau avec son bec enlève les carapates qui lui servent de nourriture.

A 6 heures du soir, nous arrivâmes à Ampanérano, village situé sur le bord d'un lac, et nous y couchâmes. Le ciel était toujours serein, mais la chaleur était excessive; pendant la nuit nous entendîmes quelques grains sur notre toit de paille. Le 12 au matin, le temps avait un assez vilain aspect; le vent était au Sud et froid; nous nous mîmes en route cependant, espérant que peu à peu le ciel reprendrait son aspect serein. A 7 heures du matin, à peine sortis de notre station, nous reçûmes une pluie violente chassée par un vent du Sud glacé ; nous ne pouvions tenir nos parapluies ouverts ; les paletots, les couvertures ne suffisaient plus pour nous garantir ; nous étions trempés et nos hommes ne pouvaient plus aller ; ils voulaient s'arrêter et coucher dans les cases les plus prochaines que nous rencontrerions. Il fallut mettre pied à terre pour exciter leur zèle ; les porteurs de bagages étaient disséminés et notre commandeur était resté loin derrière pour ramasser les retardataires. Il était plus de midi quand nous atteignîmes Vavoni, assez grand village situé sur les bords du lac Nossi-Bé ; nous étions les premiers arrivés, mouillés jusqu'aux os, sans linge de rechange et sans nos provisions. La case de la reine, grande et assez bien abritée, n'avait pas de foyer, et nous avions besoin absolument de feu pour nous réchauffer et nous sécher. Nous allâmes dans une case en face où la fumée qui s'échappait par le toit indiquait ce que nous désirions le plus. Les Malgaches sont très-hospitaliers et ont surtout un grand respect pour les *vasa* ou blancs ; aussitôt notre entrée dans sa case, la propriétaire, vieille femme d'une bonne figure, débarrassa la chambre où nous étions des objets qui l'encombraient, mit des nattes propres sur le plancher et augmenta son feu ; ces braves gens nous regardaient avec respect et allaient au-devant de nos désirs. Nous pûmes avoir quelques patates pour calmer notre appétit, et après nous être dépouillés de notre linge mouillé, nous nous chauffâmes en attendant nos hommes et nos provisions.

Le temps était toujours affreux et nous commencions à avoir des inquiétudes sur notre suite ; ce n'est que vers 3 heures qu'ils purent nous rejoindre les uns après les autres. Notre commandeur avait été obligé de remplacer quelques porteurs qui avaient abandonné leurs paquets sur la route. Il fallut coucher à Vavoni, quoique notre itinéraire nous eût indiqué un village plus éloigné. Vers le soir, nous pûmes sortir un peu et admirer le lac, ses contours, les îles, les bois touffus au milieu desquels l'eau forme de nombreux canaux ; avec ses angles multipliés et inattendus, cette nappe d'eau m'a rappelé le lac des Quatre-Cantons, en Suisse. Dans les moments d'embellie, nous ne cessions d'admirer ce site magnifique. Nous sommes ici en pleine région des lacs ; le lac Franga fait suite au Nossi-Bé ; on en suit les origines dans les forêts qui les bordent. A chaque pas, une nappe d'eau éclate au milieu des forêts ou des plages de sable. La route passe parfois au bord de la mer, mais le plus souvent dans les bois qui l'avoisinent.

Vers le soir, quand on nous vit entourés d'un certain bien-être, nous reçûmes la visite du chef du village, accompagné d'hommes et de femmes. C'est un usage qui se perd, mais qu'on retrouve encore assez souvent chez les Malgaches, surtout quand ils espèrent qu'il peut y avoir réciprocité de bons procédés. Ils viennent faire le compliment et le cadeau de bienvenue pour l'étranger. Après leur entrée, ils s'accroupissent tous devant vous, et quand ils ont bien pris leur place dans l'ordre voulu, le chef prononce un discours que traduit l'interprète : « Il est heureux de vous voir, vous souhaite santé, longue vie et vous offre quelques volailles, des œufs ou des fruits ; c'est de bon cœur qu'on vous donne. » Ce speech dure au moins 5 minutes ; il est dit avec une grande impassibilité ; sans un geste même de physionomie ; le Malgache est prolixe et abuse de sa facilité de parole ; il se répète et emploie beaucoup de phrases pour exprimer peu de choses. Par l'intermédiaire de notre interprète, nous les remerciâmes et leur manifestâmes notre satisfaction d'être si bien reçus, etc.; après quoi ils se retirèrent en nous donnant tous une poignée de main. Il ne faut pas tarder, en signe de reconnaissance, à leur envoyer un peu d'argent ; c'est ce qu'ils désirent avant tout. L'aspect de cette monnaie taillée en petits morceaux irréguliers les rend ivres de joie. Nos hommes reçurent à Vavoni un acompte de leur paie ; tout le village fut en émoi et on voyait dans chaque case, les hommes, les femmes, leur petite balance à la main, peser l'argent donné ; il y eut toute la nuit des chants, des danses et on consomma beaucoup de besabèse. Le Malgache s'enivre le plus souvent avec cette liqueur faite avec le jus de canne fermenté, auquel on ajoute des écorces aromatiques pour en relever le goût. Cette boisson blanchâtre est assez mauvaise au goût, mais les gens du pays en sont très-friands.

Vavoni est un village important où l'on peut se procurer des provisions variées, volailles, oies, canards, poissons ; nous mangeâmes à dîner un poisson du lac appelé machevoutok, une espèce de carpe à chair très-fine qu'on prend dans des paniers appelés vouves. Ceux pris dans les eaux profondes sont excellents ; on en fait sécher et fumer. Ces villages n'ont ordinairement qu'une rue qui fait suite à la route ; de chaque côté sont des cases construites en paille ayant leur plancher élevé d'un demi-mètre au-dessus du sol. Cet exhaussement permet d'éviter l'humidité ; de plus, cet espace entre le plancher et le sol sert de refuge aux animaux. Toutes ces cases sont à peine fermées et faites presque complétement avec le ravenal (*Urania speciosa*), ou arbre du voyageur; des nattes recouvrent le plancher et ses nombreux interstices; à un des coins se trouve une petite caisse de sable d'un mètre carré environ; c'est le foyer surmonté des salazes ou bois qui servent à suspendre les viandes qu'on veut conserver; trois touques en pierre supportent le vase où l'on fait cuire le riz. Nous faisons installer nos lits dans un des coins du lappa; nos bagages et nos marmites occupent le reste de l'espace. Aussitôt notre dîner fini, notre commandeur installe notre couchette, les hommes mangent et peu après tout le monde est endormi. Le matin au jour, réveil général; les porteurs de bagages sont expédiés les premiers et nous suivons bientôt après.

Le 13, le temps s'améliore et nous partons à 7 heures du matin; à 9 heures, nous sommes devant un bras du lac Nossi-Bé que nous passons en pirogue; l'eau est magnifique, verte et limpide. Sur l'autre bord, nous traversons le village d'Andavecmerano. Le pays avoisinant est fertile et la population s'en ressent; nous constatons des hommes, des femmes d'un bel aspect. Des deux côtés, des forêts d'une végétation variée: des copaliers nombreux, des pandanus aux larges et longues feuilles, des fougères de toute sorte et des orchidées implantées sur les troncs des arbres. L'*Angrecum superbum*, le *Sesquipedale* étalent leurs beaux panaches de fleurs blanches et jaunes et forment d'élégantes guirlandes autour des troncs des arbres. C'est un splendide spectacle au milieu de ces forêts touffues où le soleil ne pénètre jamais. Les lianes, les fougères, les angrecques se mêlent à cette luxuriante végétation qui s'élance dans tous les sens. Le sol est un sable de grès, de quartz toujours humide et le sentier parcouru est à peine marqué. Sur toute la route, quand cessent les lacs, on passe à côté de marais envahis par les joncs, les songes gigantesques, les palmiers et entourés d'arbres. Nous sommes dans une saison favorable, mais dans deux ou trois mois, la chaleur excessive doit amener nécessairement un développement de miasmes dangereux dans une région où les lacs et les marais ne discontinuent pas.

A midi, nous arrivons à Andévorante et notre guide nous conduit à l'emplacement de Mlle Juliette Fiche; c'est la plus grande habitation du village. La case où nous nous installons, comme beaucoup d'autres, est en général ouverte aux étrangers; elles ne contiennent ordinairement que des nattes; ici nous trouvons cependant quelques chaises. Après avoir déjeuné, nous fîmes nos dispositions pour remonter la rivière d'Andévorante en pirogue. Nous devions aller coucher à Maroumby, mais le vent était encore assez violent et des grains survenaient de temps en temps. Les Malgaches ne veulent jamais s'aventurer sur l'eau. Il y a un endroit très-large où la brise de mer soulève les flots et rend dangereux le passage en pirogue. Il n'y eut pas moyen de décider les hommes à partir. Je comprends leur frayeur. Ces frêles embarcations sont très-peu appuyées sur l'eau et si elles venaient à chavirer, la rivière est remplie de crocodiles qui ne feraient pas grâce aux victimes. J'avais une lettre pour le ministre anglican fixé à Andévorante ; il se mit à notre disposition, nous offrit sa pirogue mieux construite, mais il ne put nous trouver des rameurs. Il fallut donc attendre au lendemain.

Andévorante est un grand village situé à l'embouchure de la rivière, qui est très-large à cet endroit et s'étend de tous côtés, retenue par un banc de sable jaune, quartzeux, à gros grains. Nous en suivîmes les bords parallèles à la mer jusqu'à l'espace resserré par où les eaux s'écoulent. Le fond boisé où elles se perdent sur la rive droite est charmant ; on aperçoit sur un plateau de verdure un village admirablement situé, Tanemane. C'est là qu'en 1867 la reine Rasohaérina séjourna quelque temps avec sa cour pour voir la mer et chercher, dit-on, un passage assez grand pour permettre aux bateaux de faire communiquer la mer et la rivière. Le plus souvent, l'embouchure est fermée et à peine si une pirogue pourrait passer. Andévorante, plus rapprochée de la capitale, serait un entrepôt plus commode que Tamatave ; mais la mer y est moins accessible et les navires d'un grand tonnage y trouveraient difficilement un mouillage. La reine et ses ministres retournèrent à Tananarive désillusionnés de leur projet.

Andévorante a une population de 2,000 âmes environ, mais son aspect est triste comme ses habitants abrutis par la misère et l'ivrognerie. Cette plage est aride, sans végétation et inondée dans la saison des pluies ; la fièvre y est très-forte et les deux ou trois traitants créoles de Maurice qui y vivent sont presque constamment malades ; l'un d'eux, supposant que nous devions en avoir en provision, vint nous demander du sulfate de quinine. Il nous fit un bien sombre tableau de la misère de cette région. A Tamatave, les traitants se plaignent, mais ici c'est la misère et le désespoir ; les Malgaches y ont des figures amaigries, affreuses et passent leurs journées à boire du besabèse et du rhum. M. Mandrel, ministre anglican, y est installé depuis

1866. Les missionnaires de cette secte n'ont pas encore gagné la capitale et se sont fixés sur le rivage. Celui qui habite et dessert actuellement Andévorante est un jeune homme marié à une jeune anglaise de Maurice qui partage avec lui les tristesses de ce séjour. Leur maison en paille est modestement meublée, mais d'une propreté exquise. Tout auprès, une salle en paille sert en même temps de chapelle et d'école. M. et Mme Mandrel souffrent beaucoup du climat et, malgré leur zèle, retirent bien peu de profit de leurs peines. Ils ont déjà essayé d'autres points de la côte et désespèrent de pouvoir enseigner et moraliser ses habitants; ils sentent que pour faire quelque chose il faut être à la capitale ; mais là ils ont des rivaux établis depuis longtemps et puissants par leurs ressources.

Nous dînâmes le soir avec M. et Mme Mandrel, pour lesquels j'avais une lettre du consul anglais. Mme Mandrel parle parfaitement le français et nous pûmes causer à notre aise avec eux du pays, de leur mission. Le temps s'améliorait et nous faisait espérer de pouvoir remonter la rivière le lendemain matin. Nous nous retirâmes d'assez bonne heure pour nous reposer et être prêts à nous installer dans les pirogues à 5 heures du matin.

Le lendemain, la brise était calmée et les eaux du fleuve avaient repris leur aspect de lac paisible. Tout était prêt pour notre départ et nos pirogues furent poussées. La rivière d'Andévorante a un tout autre aspect que l'Ivondrou; elle est plus large, plus grandiose, moins coquette pour ainsi dire. Il faut la remonter pendant trois heures pour arriver à Maroumby. Après avoir dépassé une grande île, on se trouve en face de tous les embranchements et on aperçoit une nappe d'eau très-étendue, d'un coup d'œil magnifique. De chaque côté, des plateaux presque toujours recouverts d'eau et ornés d'une véritable forêt de songes gigantesques : les feuilles en sont énormes, les troncs semblent une colonnade serrée; les fleurs et les fruits, grands en proportion, émergent du sommet de la plante pour s'incliner ensuite. Quelques cases malgaches disséminées au milieu de ces marais annoncent la présence de l'homme. La culture doit y être très-pénible, car pendant la saison de la crue des eaux, le sol y est complétement submergé. On voit çà et là quelques champs de cannes et des moulins à bras pour en extraire le jus qui sert à faire le besabèse. C'est un tronc d'arbre arrondi, de 3 mètres de long au moins, placé à une certaine hauteur sur une large pièce de bois au milieu de laquelle on a creusé un canal ; aux extrémités se tiennent des hommes qui roulent le cylindre tantôt dans un sens, tantôt dans un autre. Les cannes sont mises sous le cylindre qui les écrase assez grossièrement, et le jus qui s'écoule à une des extrémités est recueilli dans des jarres et des bambous.

A mesure qu'on s'élève, les aspects variés de l'embouchure disparaissent et les bords deviennent monotones. Les villages sont à peu près les mêmes; rares, mais bien situés; la culture est peu développée : quelques rizières, des patates, du manioc, des cannes, mais tout cela restreint, sans ordre et sentant un peuple primitif, sauvage. Ces plaines, drainées et bien cultivées, pourraient donner de grands produits. La canne y vient très-bien; j'en ai vu de fort belles. Le sol est toujours composé de tuf et d'un sable de grès et de quartz et ne serait pas bien fertile sans les conditions particulières où il se trouve. La chaleur et l'humidité permanentes y sont tellement actives que la végétation n'y éprouve jamais d'arrêt. Nous rencontrons de nombreuses pirogues qui descendent le cours de la rivière, tandis que nous la remontons; elles sont chargées de riz, d'animaux qui vont à Tamatave. Des troupes de canards sauvages, de sarcelles passent sur nos têtes ou se posent sur le rivage. Nous apercevons sur le sable un énorme boa; mais nous cherchons en vain des yeux les crocodiles. Malgré qu'ils soient, dit-on, très-nombreux, le bruit de nos pagayes les fait fuir et cacher au fond de l'eau. Nos Malgaches en ont tellement peur qu'ils cherchent toujours à se rapprocher du bord pour pouvoir fuir en cas de danger. Cette immense étendue d'eau se rétrécit peu à peu à mesure qu'on s'élève et à 8 ou 10 kilomètres du rivage se diminue comme toutes les rivières de Madagascar; à peine si à Maroumby les deux rives sont distantes de 50 mètres. Des bois noirs, des manguiers, des baobabs forment de temps à autre quelques groupes touffus. On s'extasie beaucoup sur tout ce qui est tropical et on oublie trop nos rivières et nos fleuves d'Europe qui offrent souvent un spectacle autrement beau et d'une utilité plus pratique et moins dangereuse.

Un chenal conduit au débarcadère de Maroumby. A 9 heures, nous y débarquons et reprenons nos filacons; nous entrons dans la région des collines arides, tristes et constamment accidentées; la position du porté n'est plus aussi commode; il faut suivre tous les mouvements des hommes, se pencher en avant, en arrière selon qu'on monte ou descend.

A 11 heures, nous nous arrêtons pour déjeuner à Manambonitro, petit village situé au milieu d'un pays dénudé dont les fonds ne présentent que la verdure du ravenal. Nous partons à 1 heure de Manambonitro ; la route s'élève dans un pays de plus en plus accidenté ; c'est une série de mamelons qu'il faut constamment monter et descendre. Ces mamelons de grès, de quartz, de tuf, sont recouverts d'une herbe peu épaisse. Pendant des lieues on ne rencontre aucune habitation ; quelques fonds pouvant être irrigués sont plantés en riz. Nous arrivons à 4 heures à Ranemafano ; nous nous y arrêtons pour visiter une source thermale d'eau sulfureuse qui émerge du lit d'une rivière au milieu de cailloux de quartz et de silex roulés ; à un demi-mètre du courant d'eau froide, on voit bouillonner l'eau sulfureuse. Le sol environnant est tellement brûlant que les Malgaches ne peuvent y poser les pieds. La source est très-abondante et d'une température de 90° centigrades à peu près ; elle exhale une odeur de soufre marquée, son goût est celui des eaux sulfureuses, et des vapeurs s'élèvent à une certaine hauteur de la surface du sol. Tout autour se voient des traces de sacrifices : des têtes de coq, des pattes de poule, des cornes de bœuf attachées au sommet de morceaux de bois plantés dans le sable. Des bambous remplis de besabèse sont placés à côté ; ce sont des ex-voto en mémoire de guérisons sans doute opérées par cette eau qui doit être efficace dans bien des maladies. Nous rencontrons souvent sur la route des espèces d'idoles auxquelles les Malgaches rendent une sorte de culte. Ce sont des pierres au nombre de deux ou trois au plus, une d'elles toujours plus grande que les autres. Quelquefois des arbres sont aussi consacrés; on voit près de ces roches ou de ces arbres des traces de feu, des bambous contenant du besabèse ; des débris d'animaux qui annoncent des sacrifices religieux. On y représente, dit-on, les bons et les mauvais esprits, auxquels le Malgache voue le même respect. On m'avait assuré à Tamatave que nous observerions des signes de respect dans le voisinage de ces pierres et de ces arbres, mais je ne l'ai jamais constaté ; nos marmites passaient auprès sans rien manifester et ils ne se rendent pas bien compte de ce qu'on y fait. Un de nos porteurs, homme intelligent et s'exprimant bien, n'a jamais pu me donner un renseignement exact. « Ce sont ces bêtes de Malgaches qui mettent tout cela sur le chemin, me disait-il. » C'est cependant une représentation grossière d'un culte quelconque, et la plupart croient se rendre favorables le bon et le mauvais esprit en venant dans ces endroits faire des sacrifices en raison de leur fortune plus ou moins considérable. Quand les grands veulent s'attirer la protection de Dieu sur leurs projets ou leurs entreprises, ils tuent des bœufs qu'on partage sur place au peuple : les malheureux sacrifient une poule, un coq, une oie. On m'avait dit à Tamatave que les Malgaches, en passant près de ces roches, allaient les caresser, les enduire de suif; ceux qui étaient avec nous n'ont jamais fait aucun acte semblable, ni manifesté aucun respect pour ces idoles. Cette source de Ranemafano (*Rane*, eau, *mafano*, chaude) a dû soulager et guérir des malades, et là comme dans d'autres pays civilisés on lui a voué un culte de reconnaissance.

Après avoir quitté Ranemafano, nous traversons une rivière coulant au milieu d'une forêt de mouflas, palmiers très-abondants dans cette région et dont les feuilles servent à tisser les rabanes, les chapeaux, etc. La route continue toujours avec le même caractère jusqu'à Ambatoarano, où nous arrivâmes pour dîner et coucher. Les gorges sont plus profondes, les montagnes s'élèvent peu à peu et les chemins sont de plus en plus difficiles. Ambatoarano est un charmant village situé au fond d'une vallée à rizières; le sol s'améliore, quelques roches balsatiques apparaissent et forment la base des terrains. Aussitôt qu'un terrain peut donner du riz, on est sûr d'y trouver un village et des habitants présentant un aspect de bien-être et d'aisance toujours en rapport avec la quantité de riz qu'on peut récolter. Le moufla est très-abondant à Ambatoarano, et dans toutes les cases les femmes sont occupées à préparer ses feuilles et à tisser des rabanes; c'est la feuille encore jeune et non épanouie qui sert; avec un couteau on enlève l'épiderme qui la recouvre et la trame qui reste est mise à sécher avant de servir; ce travail est fait avec une prestesse merveilleuse. Le moufla, qu'on ne rencontre plus dans les régions plus élevées, est un important objet d'exportation de ces villages à Émirne. On voit souvent sur la route des hommes portant aux extrémités d'un bambou, appuyé sur l'épaule deux énormes ballots ; ce sont des provisions de feuilles de moufla qui doivent être travaillées à Tananarive ou dans les villages voisins. Tous les travaux de grande finesse sont faits à la capitale.

Le matin avant de partir, nous fîmes la connaissance du chef de village, un vieux Betsimsarak d'un aspect magnifique et âgé de 75 à 80 ans ; il est encore fort, vigoureux; enveloppé dans un lamba de rabane, il avait l'air majestueux; c'est un riche fermier qui a des bœufs, des esclaves, des rizières, et lui-même passe ses journées dans les champs. Il s'excusa de n'avoir pu nous recevoir à notre arrivée, il n'était pas encore rentré, mais nous fit promettre à notre retour de coucher dans sa case. J'aperçus sur le sommet d'une colline un bois touffu qui en formait comme la couronne ; ce bois était remarquable par son aspect vert et gracieux au milieu de plaines et de coteaux dénudés. Le vieux chef nous apprit que c'était le lieu réservé aux morts ; c'est là qu'on abritait les sépultures du village. L'usage ici n'est pas d'enterrer les morts ; on les met dans un tronc d'arbre creusé après les avoir enveloppés et le cercueil est appuyé contre un arbre. La distance qui sépare cet endroit du village en rend les émanations peu nuisibles. Les villages betsimsaraks ont tous à peu près ce bois réservé pour leur sépulture. On retrouve ici la vie patriarcale ; le maître, l'esclave, le riche, le pauvre, vivent à peu près de la même manière ; le maître va aux champs avec ses esclaves et souvent travaille avec eux. J'en ai vu qui habitaient la même case, mangeaient et dormaient sur la même natte. Les hommes préparent la terre pour planter le riz ; les femmes le pilent pour en ôter la paille quand il doit être consommé ; elles s'occupent à peu près exclusivement de la confection des vêtements. On les voit assises à côté d'un métier à navette avec lequel elles fabriquent les rabanes. La vie est à peu près commune, et au centre du village on voit toujours un hangar plus ou moins grand et élevé au-dessus du sol ; c'est le magasin à provisions de riz ; c'est aussi là que se trouve le dépôt de la dîme payée à la reine. Autour de ce grenier, par terre, sont placés des bois qui servent de bancs où viennent s'asseoir ou s'accroupir les habitants ; j'ai tort de dire s'asseoir, car le Malgache ne s'assied pas, il s'accroupit le plus ordinairement en rapprochant ses genoux de sa figure, le lamba qui l'enveloppe couvre son visage jusqu'au-dessus du nez ; dans cette position, il a l'air grave et regarde devant lui sans avoir l'air de jamais parler à son voisin. Rarement le Malgache porte un chapeau, excepté dans les villes ou les grands villages ; il est le plus souvent nu-tête ou n'a qu'un petit bonnet de paille. Cette petite toque appelée satouk, que portaient la plupart de nos hommes, sert à tous les usages ; ils prennent avec de l'eau pour boire en passant une rivière ou la remplissent de riz, de manioc ou de patates pour manger en route.

Le 15 au matin, après avoir serré la main à notre vieux chef, nous partîmes vers les 7 heures pour Ampassimbé. Nous traversons des terrains de quartz, de tuf rouge ; la trace de la route, qui se perd et se retrouve à chaque instant et qu'on reconnaît à sa couleur toujours rouge, monte et descend incessamment; c'est monotone et fatigant. Nous sommes, à 10 heures, à Ampassimbé pour déjeuner; c'est un grand village où l'on fait beaucoup de rabane. Toutes les cases ont un métier à navette que les femmes font marcher. Dans les fonds, on plante du riz, sur le flanc des coteaux, des patates. La population est affreuse; nous parcourons les ruelles, les cases sans trouver une figure passable.

Départ à midi; à 3 heures, nous traversons, près du petit village de Mazane, une rivière charmante enveloppée d'arbres et coulant à travers des roches basaltiques, sur des cailloux de quartz et de silex roulés. Nous traversons quelques forêts belles mais de peu d'étendue, des vallées d'un joli aspect où l'herbe est verte et touffue. A 4 heures et demie, nous débouchons dans une plaine assez vaste, marécageuse, où nos hommes s'enfoncent jusqu'aux hanches; la terre est glaise, collante, toujours humide et laisse voir de nombreuses marques de culture de riz abandonnées. Ce sol peu riche ne peut produire plusieurs années de suite et il lui faut de grandes préparations pour que le riz y donne de belles récoltes. Quand on a planté quelque temps une portion du terrain, on l'abandonne pour planter dans des terres reposées. Nous apercevons un grand village à l'extrémité de la plaine, c'est Béfourme, où il y a, comme à Ampassimbé, un chef représentant le pouvoir hova. Sur tous les coteaux nous voyons encore les traces des nombreux campements de la reine et de sa suite pendant son voyage de l'année 1867; la reine voyageait à petites journées et elle mit un mois pour se rendre de la capitale à la côte. La population se ressentait encore des corvées et des vivres qu'elle avait été obligée de fournir à cette réunion assez considérable d'hommes qui ne vivaient qu'aux dépens des pays parcourus. Béfourme est situé dans une région très-malsaine, et on le comprend à la vue de tous ces marais qui dégagent constamment des vapeurs et des brouillards. Le chef du village vint nous faire le cadeau de bienvenue; après, arrivèrent une dizaine de femmes tenant devant elles un long bambou sur lequel elles frappaient avec un petit bois; elles s'accompagnaient en chantant ainsi un air monotone et insignifiant. Pour nous débarrasser de cet affreux concert, je leur fis donner de suite un peu d'argent, mais elles n'étaient pas disposées à s'en aller et présumaient sans doute que nous étions charmés de leurs chants. Il fallut leur faire dire que nous en avions assez. On sent que nous sommes dans une contrée d'une certaine importance. Sur la place, au milieu du village, il y a un petit marché permanent;

on y débite du bœuf, des tissus américains, du savon d'Émirne, de la chandelle de suif de bœuf. La population commence à se mêler : des hommes à peau jaune vivent dans les cases avec les Betsimsarak. Notre commandeur nous dit que nous étions dans un village où il y avait beaucoup de voleurs,et nous recommanda de ne rien laisser près de la porte de la case où nous devions coucher. Nous ne prîmes pas plus de précautions qu'ailleurs et on ne nous prit rien.

Le 16, toute la plaine était obscurcie par un brouillard épais ; nous fûmes obligés d'attendre que le soleil l'eût dissipé pour nous mettre en route. A 7 heures par un temps humide et froid, nous partons et arrivons à 10 heures, à Ambavanias, où nous déjeunons. C'est un petit village de quelques cases, situé sur une colline à l'entrée de la grande forêt de l'Alamazotra. Nous le quittons à midi. La pluie avait détrempé le sol et la route était glissante ; à chaque pas, nos hommes avaient besoin de prendre toutes les précautions pour pouvoir marcher et souvent se frayer un chemin nouveau. Nous étions en pleine forêt et le sentier que nous parcourions, fréquenté par les hommes et les troupeaux de bœufs qui viennent de l'intérieur est quelque chose d'inimaginable. Quand on n'a pas l'habitude de tels chemins, on est effrayé à chaque instant. On se demande avec inquiétude comment porteurs et portés ne tombent pas dans les fondrières et les abîmes qu'on rencontre à chaque pas. On s'y habitue peu à peu, et ceux qui portent ont le pas tellement sûr, sont tellement habiles à surmonter une difficulté, qu'on prend confiance en eux. Si par hasard il y en a un qui vient à glisser ou tomber, immédiatement son voisin s'empare du brancard tandis que le premier se relève et reprend sa place sans qu'aucun accident ne puisse arriver, sans même qu'on ait eu le temps de raisonner sa frayeur.

Le porteur de filanzane est, selon moi, un des phénomènes les plus extraordinaires de Madagascar : il monte à pic, descend tout droit dans un fond sans jamais faire un contour pour éviter une difficulté, s'enfonce jusqu'à mi-corps dans l'eau, la vase, grimpe sur un rocher, sur un tronc d'arbre, toujours alerte, sûr, riant, bavardant comme en se jouant, quand le voyageur effrayé s'accroche aux bras de son fauteuil avec énergie pour ne pas perdre l'équilibre. Cette route de la forêt par un temps de pluie est abominable et on se demande, après l'avoir faite, comment on a pu réussir à la franchir sans encombre. Si elle est la plus pénible, elle est aussi la partie la plus majestueuse, la plus magnifique du voyage. Ces arbres immenses serrés les uns contre les autres, qui cachent le ciel, ces lianes gigantesques qui s'élancent jusqu'au sommet des branches pour redescendre vers le sol comme les cordages d'un vaisseau, des palmiers d'une hauteur prodigieuse, des bambous flexibles qui viennent comme une guirlande contourner les troncs des arbres pour se pencher sur la route, le bruit du torrent dans un abîme qu'on ne voit pas, le chant des oiseaux de toutes sortes, leur plumage éclatant et varié, les concerts de babakoutes qui semblent une troupe d'enfants criant, chantant sur tous les tons, le mystère des grandes forêts vierges, tout dans cette traversée impressionne l'âme et les sens profondément. On s'arrête de temps en temps pour contempler ce spectacle, jouir des détails, ramasser une roche, une fleur, tuer un oiseau au brillant plumage, saisir un papillon aux ailes éclatantes. Mais le temps presse, il faut s'arracher à ces lieux grandioses pour atteindre le village où l'on doit arriver avant la nuit.

Il était tard quand nous atteignîmes le village de l'Alamazotra où nous devions coucher. La grande forêt finit ici et les collines dénudées commencent à reparaître. Les constructions sont un peu moins primitives, les cases ont des portes en bois grossièrement travaillées, la température est fraîche et on sent le besoin d'être plus clos. Le ravenal a disparu et le bois sert davantage. Les lambris, les planchers sont en pièces trouvées facilement dans la forêt voisine, et à peine travaillées. Nous recevons la visite du chef du village, qui fait restaurer de son mieux le lappa assez sale où nous devions coucher. Toute la nuit nous avons à lutter contre des rats énormes qui se promènent sur nous sans la moindre hésitation; ils sentent nos provisions et rêvent bombance et festin ; c'est un sabbat qui nous tient éveillés toute la nuit; on nous avait parlé de leur audace et on nous avait même dit à Tamatave qu'il leur arrivait de venir arracher aux fumeurs la pipe de la bouche. Leur insolence n'a pas été jusque-là pour nous; mais ils nous ont laissé assez de dégoût et d'insomnie dans le souvenir pour que nous notions ce village d'une manière particulière. Ici commence un autre peuple : les hommes sont plus grêles, plus fins; leurs cheveux sont ondés, leur teint est jaune, leur physionomie douce, passive. Nous sommes dans le pays des Bezonzones ; ce ne sont pas des Malais ; je les crois venus en général d'un mélange de sang malgache, mais avec des races conquérantes anciennes.

Le 17, nous nous mettons en route à 7 heures du matin ; le temps est beau et le soleil éclaire la forêt. La route se déboise, les collines sont en grande partie arides. La forêt reparaît une demi-heure avant d'arriver à Simoune, mais amoindrie et n'ayant plus le caractère grandiose de l'Alamazotra. Nous déjeunons au petit village de Simoune. A la grande joie des habitants, nous tuons quelques popanges. Ces oiseaux de proie y sont d'une audace étonnante ; ils viennent jusque sur le seuil des portes enlever les volailles et à chaque instant les femmes, les enfants poussent des cris pour les effaroucher. Le manque d'armes à feu les rend audacieux.

Nous quittons Simoune à midi. La route est triste ; nous ne rencontrons plus un arbre jusqu'à la plaine d'Ankaï. Des collines arides, quelques fonds marécageux et monotones, nulle trace d'habitation. A 3 heures, nous découvrons la plaine d'Ankaï. Le point de vue est magnifique. Après les défilés et les accidents de la route qu'on vient de parcourir, ce vaste espace où la vue n'a que des bornes lointaines impressionne et je comprends les cris d'enthousiasme de beaucoup de voyageurs arrivés à ce point de la route ; mais là doit s'arrêter l'admiration ; en somme, c'est un désert ; dans tous les sens elle est bornée par de grandes montagnes ; la vue s'étend au loin sans obstacle ; mais la plaine comme les monts qui l'enceignent ont un aspect terne, monotone ; les lieux habités y sont rares. A part le grand village de Mouramangue où nous arrivons, c'est un désert sans habitation. C'était grand jour de marché ; chaque jeudi tous les villages, même ceux d'Émirne, viennent vendre leurs produits à Mouramangue. On s'y donne rendez-vous de tous côtés pour y acheter et vendre les produits variés des régions éloignées ; c'est un point central. Le moufia et le ravenal ont disparu dans cette région ; des feuilles préparées pour être tissées y sont apportées en grande quantité. On y trouve aussi les poteries et les fers travaillés d'Émirne, les toiles, les bois à sagaye et à labour. En parcourant le marché, nous eûmes l'occasion de voir des hommes de toutes les provenances de la côte, de l'intérieur. Le rhum, le besabèse sont consommés en grande quantité, et à chaque pas on rencontre des hommes, des femmes qui sourient, vous tendent la main et lient conversation ; c'est jour de foire et de fête : l'ivresse est générale.

Après avoir stationné une heure à Mouramangue, nous reprîmes notre route. Nous n'avons plus d'obstacles, plus de fatigue : nos porteurs trottent dans des chemins plats, sablonneux, sans végétation, mais sans les accidents de terrains auxquels nous sommes habitués depuis notre départ. Au milieu de la plaine, nous rencontrons un assez vaste marais rempli de crocodiles; la chasse y est fructueuse: des sarcelles, des canards sauvages s'offrent abondamment aux chasseurs. Le soir, nous couchons à Androcoubrac, petit village situé à l'extrémité de la plaine. Tout ce sol est composé de sable blanc quartzeux, de fonds marneux. En fait de végétation, on n'y voit qu'une herbe courte desséchée, quelques joncs dans les marais. L'aspect des habitants du village où nous nous arrêtons se ressent de ce milieu misérable; ils sont grêles, ont la peau jaune avec les cheveux lisses ou ondés; ils sont de la race des Bezonzones, douce, passive et facilement conquise, mais on y sent plus d'intelligence que dans les races noires de la côte. Leurs cases sont construites avec plus d'art et avec le sentiment de plus de besoin. On y trouve des portes qui ferment, des foyers, des couchettes; s'ils habitaient un pays moins déshérité, ils progresseraient évidemment. Pour faire venir les cannes, le manioc, la patate dont ils se nourrissent, ils parquent leurs bœufs dans un certain espace pendant une année; quand le terrain a été suffisamment fumé, ils parquent leurs bêtes dans un autre terrain et plantent dans l'endroit fumé et amélioré. Sans les déjections animales, ce sol de sable et de marne calcaire ne produit rien. L'eau y est rare et on n'en trouve guère que dans les marais. Cette plaine n'a donc pour elle que le point de vue d'arrivée. Ce qu'on en a écrit de merveilleux n'est qu'imaginaire.

Le 18, partis à 7 heures du matin d'Androcoubrac, nous traversâmes la rivière de Mangoure à 8 heures et demie; cette rivière est peu large dans la saison sèche, mais elle devient considérable dans le temps des pluies. Le Mangoure est un des grands cours d'eau de Madagascar, et, après avoir traversé le centre de l'île, va se jeter sur la côte Est. Des voyageurs ont en vain essayé de le remonter: de nombreux rapides rendent le voyage impossible après quelques étapes. Après avoir passé le Mangoure, le terrain devient très-ferrugineux et on marche constamment sur des croûtes de pyrites et de roches rougeâtres, lourdes, dures, contenant presque exclusivement du fer oxydé. Nous gravissons des montagnes élevées et déboisées, puis nous descendons par un sentier accore, une pente vertigineuse à Ambodinifoudi. De là nous traversons une plaine assez étendue, accidentée et marécageuse. Nous nous embourbons à chaque instant dans des terrains humides à terre glaise et préparée pour le riz. Des bœufs d'un assez bel aspect paissent çà et là; ils sont plus beaux que ceux que nous avons rencontrés jusqu'ici. Le pâturage est meilleur, plus gras que sur la côte.

A midi, nous sommes à Amboudinimangue, au pied des monts Angave et nous y déjeunons. Nous sommes arrivés aux frontières de l'Émirne et le pouvoir hova est ici exclusif; les villages n'ont plus de chef indigène betsimsarak ou autre. Nous sommes dans la case d'une femme de rang élevé et qui se dit parente de la reine. Elle nous livre la chambre d'entrée où fermentent deux grandes jarres de besabèse; nos marmites y boivent à même et vont à l'étage s'enivrer avec la princesse, tandis que nous déjeunons. Nous avons toutes les peines du monde à rallier notre monde au moment du départ; le rhum et le besabèse bus chez notre hôtesse attachaient nos hommes à sa demeure. Le commandeur put enfin les rallier et à 4 heures nous étions en route.

Nous gravissons des montagnes difficiles, au milieu des roches, des ravins, de précipices effrayants; nos porteurs ruissellent de sueur, sont essoufflés, mais vont toujours. Nous sommes dans un pays accidenté, boisé, à sentiers difficiles; nous traversons une rivière délicieuse, encaissée au milieu de collines élevées, cachées par d'épaisses forêts. De nombreux oiseaux viennent se poser sur notre route : le mary, un grimpeur au plumage d'un bleu magnifique, mais dont le cri est rauque et désagréable, le cardinal, l'oiseau-mouche, des merles, tous viennent se poser presque sur nous.

A 6 heures, nous avons vaincu toutes les difficultés du chemin et nous nous arrêtons sur un plateau d'où nous avons un magnifique point de vue; d'un côté, les forêts, les montagnes que nous venons de traverser; de l'autre, l'Ankove qui apparaît avec ses collines dénudées et un horizon assez vaste. Ces collines rappellent celles du début de notre voyage. Nous ne tardons pas à arriver à Ankeramadine, premier village de l'Ankove que nous rencontrons; il est assez peuplé, dans une jolie situation et renommé par les pommes de terre que produit le sol environnant. C'est le seul endroit à peu près où l'on récolte ce précieux tubercule qui est une rareté sur les tables de Madagascar.

Le 19, départ à 7 heures; la matinée est très-froide, le brouillard est épais et mêlé d'une petite pluie fine; l'air est tellement vif que nous sommes obligés de mettre pied à terre pour nous donner du mouvement et nous réchauffer. La route parcourt une série de mamelons très-rapprochés, arides, sans lieux habités; à peine si, de loin en loin, on aperçoit quelques cases dans des fonds à rizières. Le sol est presque entièrement ferrugineux, rougeâtre; nous passons par un terrain marneux, marécageux, où nos porteurs ont de la peine à marcher ; les pieds s'enfoncent constamment dans l'eau et la boue. A 10 heures, nous apercevons, à une certaine distance, des maisons assez nombreuses, des toits élevés, des constructions considérables en ruine; tout nous annonce notre arrivée dans, un lieu d'une importance exceptionnelle à laquelle nous ne sommes pas habitués depuis notre départ; nous sommes à Soatsimanampiovana, l'ancienne habitation de M. Laborde. Cet établissement est bâti dans une enceinte de collines où coule une petite rivière, avec des lacs nombreux dont la surface lisse éclate au loin.

Une grande maison en bois, récouverte en chaume, entourée d'arbres à fleurs roses, le zahama, espèce de laurier, avec une enceinte à terre rouge, domine le sommet d'une colline. Nous arrivons à la porte extérieure et nous pénétrons dans la cour; un ancien domestique du propriétaire, seul habitant aujourd'hui de cette grande demeure, nous reçoit au nom de son maître qui, averti de notre arrivée, avait fait tout préparer pour nous recevoir. On nous donne à chacun une chambre avec lit, table, chaise ; nos bagages sont déposés dans une grande salle au milieu, qui sert en même temps de salle à manger et de salon de réception. On ne saurait croire le bien-être qu'on éprouve en retrouvant le confortable, les objets usuels de chaque jour, après en avoir été privé pendant quelque temps. Nous allons manger sur une table, nous avons des fauteuils pour nous asseoir, un lit avec matelas pour nous coucher. Il était convenu que nous nous arrêterions chez M. Laborde pour attendre la réponse à l'annonce de notre arrivée et à la demande d'entrée dans la capitale. J'envoyai immédiatement un courrier à Tananarive avec une lettre pour le consul de France. Il faut 7 heures pour s'y rendre ; nous espérions bien avoir le lendemain la réponse qui devait nous permettre de nous mettre en route.

Nous étions à peine installés et un peu reposés que M. Poucet, le noir de confiance de la maison, entouré des domestiques, arriva avec deux énormes dindes et deux belles poules qu'on nous offrait comme cadeau de bienvenue au nom de M. Laborde; nous remerciâmes comme à l'ordinaire à la mode malgache. Après le déjeuner, nous visitâmes la maison, ses dépendances, tous les environs. M. Poucet est un petit homme de peau très-noire, né à la côte d'Afrique et appartenant à M. Laborde depuis son enfance; il parle bien français et fut pour nous un excellent cicerone. Il avait assisté à la création des lieux que nous voulions parcourir et pouvait nous donner des détails intéressants. La maison est grande, construite en beau bois, entourée de varangues; elle est inhabitée depuis longtemps et on sent l'abandon et le délabrement de tous côtés. Des débris de treille, des moulins à moudre différents grains, une cuisine immense avec un foyer où se trouvent encore des marmites qui font présumer des festins dignes de l'antiquité homérique. Dans les chambres et le salon, des tableaux représentant les batailles de Napoléon, les scènes de Malek-Adel. En dehors de l'enceinte, de nombreuses dépendances. Soatsimanampiovana est entièrement la création de M. Laborde, sous le règne de Ranavalo Ier. Il en avait fait non seulement une ville industrielle, mais encore un séjour de plaisirs et de fêtes. Sur une colline voisine de celle où se trouve la maison que nous habitons, on voit un grand village abandonné ainsi qu'un petit palais de plaisance pour la reine; les officiers, les soldats, la suite, habitaient les cases qui l'entourent. Les toits sont enlevés pour la plupart et il ne reste plus que des murs en terre rouge. Dans la plaine, on aperçoit une jolie maison à étage ayant appartenu à Radama II, quand il n'était encore que prince, de grandes constructions, un grand canal de dérivation de la rivière dont l'eau faisait mouvoir de nombreuses roues. Ces maisons, ces bâtiments industriels faits avec les ressources exclusives du pays renfermaient une fonderie, une fabrique d'armes, de chaux, de tuiles, de verre, de poterie. Aujourd'hui, ce ne sont plus que de magnifiques ruines.

C'est en 1841 que M. Laborde créa ce vaste établissement; des écussons surmontés d'une couronne à pointes divergentes portent ce millésime avec les noms de la reine et les initiales J. L. Pendant quelques années, la cour aimait à y séjourner : ce grand mouvement de l'industrie, dans un pays d'assez triste aspect, une nombreuse population, 5,000 ou 6,000 hommes, occupés à transporter les différents minerais, les bois, les fêtes répétées, tout concourait à donner de la vie à cette habitation aujourd'hui silencieuse et morte. M. Laborde, exilé en 1857, après la conspiration à laquelle il était accusé d'avoir pris part, fut obligé de tout laisser et quelques années ont suffi pour transformer en ruines ce monument de l'intelligence et de l'industrie d'un homme; c'est avec tristesse qu'on parcourt ces belles constructions. Des aqueducs en granit conduisaient l'eau aux roues des usines; la grande fonderie est entièrement construite en pierres granitiques de couleur grise; elle est recouverte en tuiles; les portes, les fenêtres sont cintrées avec un art qu'on ne trouve pas supérieur dans les pays civilisés. Parti jeune d'Europe, jeté par un naufrage sur la côte d'Afrique, M. Laborde, par les seuls efforts de son intelligence, aidé de quelques manuels, s'est fait architecte, ingénieur et par la force de sa volonté a pu communiquer à des hommes incultes l'adresse nécessaire pour l'aider à créer toutes les industries. Après le départ du créateur et promoteur, tout est tombé, et aujourd'hui on se demande si un siècle de vendalisme n'a pas passé sur ces ruines. Le sol de toute cette région est rouge, composé d'un tuf ocreux et de glaise tellement compacte qu'on en fait des murailles solides qui servent à la construction des maisons et de leur entourage. Les montagnes environnantes sont, à ce qu'il paraît, riches en minerais de fer et de cuivre. Le bois servait de combustible et comme il se trouvait très-éloigné, il fallait une légion d'esclaves ne recevant aucun salaire pour pouvoir construire et fabriquer sans se ruiner.

Sur un coteau voisin de la demeure royale est le tombeau du frère de M. Laborde, monument en granit quartzeux, carré, haut de 3 mètres au moins, sur 4 de côtés et surmonté d'une colonne et d'un paratonnerre. Du côté opposé, sur la rive gauche de la rivière, le tombeau de Rainesoha, grand'mère de Radama, et de quelques parents de la reine. La chasse est abondante au milieu de tous ces lacs; des pluviers, des canards, des sarcelles, des hérons, se présentent par bandes nombreuses. Non loin de l'habitation de M. Laborde, et caché par des collines, se trouve un lac magnifique, agrandi et arrangé pour la conservation des eaux à l'époque de la sécheresse, afin que les usines ne pussent jamais chômer.

Après une journée de fatigues, de promenades et un dîner copieux en gibiers variés, nous nous couchâmes avec bonheur dans nos lits. Il fallut se bien couvrir, car il faisait froid. A quatre heures du matin, on vint me réveiller pour m'annonçer que M. Laborde m'adressait une lettre en réponse à la mienne, par un de ses officiers. Je ne me réveillai pas sans peine; M. Laborde m'annonçait que nous pouvions nous mettre en route et faire notre entrée à la capitale le lendemain 20. Des ordres étaient donnés aux postes pour qu'on nous laissât passer.

Le 20, départ à 6 heures. Le temps est froid, brumeux, humide; la route s'améliore et présente des traces plus régulières; elle circule toujours au milieu de collines arides et rapprochées. Après deux heures de marche, nous arrivons au village d'Ambatoumanga (montagne bleue), situé sur un sommet granitique, entouré de fossés et de palissades. Une jolie construction en bois, à étage, domine toutes les autres; c'est le premier type d'architecture de haute classe qui s'offre à nous.

C'est gracieux, léger et rappelle le style chinois. De près, le désenchantement survient bien vite : cette maison tombe en ruine, est d'une saleté complète ; elle est habitée par un 14ᵉ ou 15ᵉ honneur, parent de la famille royale : nous demandons à lui faire visite. Dans la salle d'entrée, des femmes sont étendues par terre, sur des nattes ; au fond, un buffet noir et crasseux avec quelques plats et assiettes mêlés à des bibles anglaises de toutes grandeurs. Le maître, sur notre invitation, sort d'une chambre voisine et se présente à nous ; il est à moitié ivre, a l'air abruti; il ne parle ni anglais ni français. A l'aide d'un interprète, nous échangeons quelques mots. Il a l'air de mauvaise humeur et n'a rien à nous faire voir ; nous nous quittons en nous donnant la poignée de main d'usage. En sortant de cette demeure, je fais la rencontre d'un homme de mine superbe, vêtu d'un lamba blanc et d'un chapeau de paille à larges bords ; sa peau est assez brune, sa pose majestueuse, sa figure est large avec de grands yeux, un nez presque aquilin, une tête bien conformée, enfin un type qu'aucune race supérieure n'aurait renié. C'était un officier appartenant à la maison ou à la famille du 15ᵉ honneur. Nous causâmes quelques instants, à l'aide d'un de mes porteurs ; cet homme me parut très-intelligent et de manières nobles ; ce n'était pas un type malais, pas plus que le maître du palais en ruine; il me rappelait les beaux types juifs des tableaux de Vernet. Tout proche du village, on voit un tombeau dans le genre de celui du frère de M. Laborde, placé sur un énorme bloc de granit à angles arrondis. Ce tombeau renferme les restes d'un Radama appartenant à la famille royale.

La route traverse sur un pont grossier un fossé profond et descend par une pente rapide pour remonter comme toujours. Le pays continue à être d'un aspect triste, mais on sent un peuple différent de celui que nous venons de quitter; on sent aussi l'approche d'un grand centre. Les villages sont plus nombreux et situés sur le flanc ou au sommet des collines. Ils présentent une construction particulière : les murs sont en terre rouge ou brune, les toits aigus sont recouverts de chaume avec de très-petites ouvertures. Ils sont tous entourés d'un mur en terre tassée et durcie et d'un fossé plus ou moins profond. Le riz est cultivé avec un soin et des détails qui annoncent un peuple moins passif, une civilisation relative plus marquée. Le moindre filet d'eau suintant entre deux collines est employé à malaxer la glaise, le tuf ou la marne pour y planter le riz. Ces étages de rizières d'un vert tendre entre deux collines arides sont d'un aspect charmant et reposent agréablement la vue au milieu de cette nature triste, désolée. La route est généralement moins mauvaise ; on voit que le gouvernement hova commence à se sentir en sûreté derrière tous les obstacles qu'on rencontre jusqu'ici. Il se sent tout à fait chez lui derrière ces montagnes difficiles à franchir. Le sol est partout granitique et ferrugineux, le quartz est moins pur, moins abondant. Nous sommes au centre de l'Ankove, pays à l'abri des invasions, et on le sent à la sécurité des habitants, dont les demeures s'accumulent de plus en plus à mesure que nous avançons. La population est plus dense, la culture plus soignée. Des bœufs, des moutons à grosse queue paissent dans les fonds à rizières. Enfin nous arrivons sur une hauteur d'où nous découvrons Tananarive ; nos hommes poussent un cri de joie : Tananarive ! Tananarive ! Nous apercevons le grand palais qui se détache d'une manière très-nette sur le sommet d'une arête de montagne élevée ; d'autres palais de même style, mais beaucoup moins considérables, se voient à côté, et sur les flancs de la montagne une véritable ruche de cases de couleur sombre. A l'une des extrémités, un clocher en pierres jaunes se détache d'une manière gracieuse en forme de pyramide ; c'est un temple méthodiste. Il semble, de là où nous sommes, que nous n'avons plus qu'à marcher une heure pour atteindre les bases du rocher ; il nous faut encore trois heures.

Cependant la route est moins accidentée, mais elle fait encore de nombreux détours au milieu de collines plus espacées que celles que nous venons de parcourir. Peu à peu, nous distinguons les vallons couverts de cultures : riz, cannes à sucre, manioc, patates. Les villages sont considérables et se touchent presque. Nous passons à côté d'un pont délabré ; à peine s'il en reste une arche : on le laisse tomber en ruine. Le Malgache préfère passer dans l'eau quand il n'a pas à craindre les crocodiles. Ici on n'en voit que rarement ; le froid les empêche de vivre dans les eaux de cette région élevée. La route prend un caractère plus régulier ; de nombreux tombeaux la bordent de chaque côté : ce sont des carrés revêtus d'une grande pierre plate en granit, en grès ou crépis avec de la terre glaise et de la chaux ; cela rappelle les anciennes voies romaines. Nous approchons, et après avoir gravi un ravin effondré qui est pourtant une rue, nous arrivons à une porte grossière où des soldats nu-pieds et en chemise montent la garde. On nous laisse entrer sans nous rien dire. De nombreuses cases en terre couvertes en paille sont accumulées les unes à côté des autres ; une nombreuse population va et vient au milieu de ce chaos de constructions, de rochers et de ruelles. Nos porteurs peuvent cependant nous tenir sur leurs épaules malgré les difficultés de ces sentiers impossibles, au milieu de ces cases sales et délabrées ; nous n'avions jamais parcouru des chemins plus détestables. Enfin nous débouchons sur une place irrégulière où se tient un marché. C'est la place d'Andohala et on nous montre à l'extrémité opposée la demeure de M. Laborde, où nous arrivons à une heure.

M. Laborde et son neveu, M. Campan, nous reçurent très-courtoisement. Le déjeuner était servi et on nous attendait. Nous entrons dans une assez grande maison en bois, recouverte en tôle galvanisée ; nous échangeons des nouvelles, faisons un peu connaissance. Après un repas copieux et avoir remis à un autre moment la suite de notre conversation que nous avions de la peine à suspendre, M. Laborde nous fit conduire dans les chambres qu'on avait préparées pour nous dans un pavillon voisin. Nous allâmes nous reposer un peu et surtout faire une toilette un peu plus complète que celle à laquelle nous étions réduits depuis dix jours. L'inaction était impossible ; nous étions à Tananarive, le but de notre voyage ; nous allions voir par nous-mêmes des lieux si étranges dont on nous avait parlé tant de fois et de tant de manières. Nous ne restâmes pas longtemps dans nos chambres ; il fallut se mettre de suite en mouvement.

III.

TANANARIVE.

Tananarive à vol d'oiseau. — Installation chez le consul de France. — Visite au commissaire du gouvernement français. — Faubourgs parcourus. — Visite des malades. — Réception du premier ministre. — Départ de la reine pour Ambonimangue : grande cérémonie. — Églises, temples, écoles. — Déjeuner à Ambonipo. — Déjeuner au jardin de M. Laborde. — Promenade au jardin de la reine, au palais de Radama Ier, au tombeau de la famille de Rainilaiarivony. — Visite à l'hôpital du Dr Davidson. — Le grand marché. — L'imprimerie anglaise. — Le grand palais. — Visite à la nièce de la reine et à sa famille. — Le sikidi de Ranavalo Ier. — Départ d'une députation de la capitale portant les fruits de la terre à la reine. — Inquiétude à la capitale. — Départ.

Tananarive est bâtie sur le sommet et les flancs d'une montagne de granit ; l'arête supérieure, quoique un peu arrondie en dos d'âne, n'offre pas une large surface ; les flancs sont à pentes abruptes. L'ensemble représente assez un prisme à angles arrondis et irréguliers dont la base irait se perdre dans les accidents des terrains voisins. De loin l'aspect en est grandiose et original ; on ne voit d'abord à une assez grande distance que le grand palais de couleur grise qui domine tout ; peu à peu les autres palais du sommet se dégagent ainsi que les clochers des temples méthodistes. Il y en a déjà plusieurs dont les flèches s'aperçoivent distinctement de loin ; ce sont ceux qu'on a bâtis sur les angles saillants du sommet. A mesure qu'on approche, on aperçoit les cases qui envahissent la montagne dans tous les sens ; ces cases, bâties en terre glaise en général, ont une couleur sombre et sont recouvertes en paille. Quand on arrive par la route de l'Est, on a en face de soi la partie la moins peuplée et la moins bien habitée de Tananarive. Sur le versant opposé, les habitations sont plus serrées et de plus bel aspect ; à partir du grand palais jusqu'à la place d'Andohalo sont les demeures des grands, des ministres, des commandants. De la place d'Andohalo, en descendant, on rencontre quelques jolies demeures, des maisons en bois, un petit palais en granit et bois, à colonnes anguleuses dans le genre vénitien, des églises, des temples jusqu'au Champ-de-Mars. Une sorte de boulevard continue la place jusqu'au bas de la ville ; des canons placés sur le sol sont tournés vers la plaine. Une porte en pierres assez bien taillées indique une ancienne limite de la ville et sert aujourd'hui d'entrée à l'imprimerie anglaise. Toutes les maisons sont entassées les unes à côté des autres, sans ordre ; il y a entre elles souvent des passages très-difficiles plutôt que des rues. La ville féodale s'est concentrée sur les hauteurs, mais l'extension forcée que prennent les capitales a fait dépasser de beaucoup aujourd'hui les anciennes limites et les constructions gagnent dans la plaine au point de se confondre avec les villages voisins.

Il y a eu un temps d'arrêt dans l'accroissement de Tananarive depuis la fin du règne de Ranavalo Ire jusqu'à nos jours. Pendant la pleine prospérité du règne de la vieille reine, comme on l'appelle, l'attraction était grande vers la capitale : les fêtes, les plaisirs, le luxe éclataient autour du trône. M. Laborde, qui avait alors une grande influence, se multipliait et des fêtes à l'instar de celles d'Europe donnaient à Tananarive et aux villes voisines un grand charme, disparu depuis. Le retour des missionnaires semble ramener la vie dans Émirne : des temples magnifiques ont été construits, des églises plus modestes s'élèvent aussi dans les différentes parties de la ville et des villages voisins. La plupart des maisons sont couvertes en paille, les palais sont en bois et recouverts en bardeaux ; quelques-uns, mais depuis peu, ont leur toit en tôle galvanisée. Partout s'élèvent des flèches de paratonnerres pour les protéger contre la foudre qui tombe fréquemment dans la saison d'été. C'est à M. Laborde qu'on doit cette importation si nécessaire dans ce pays. Cette montagne de fer et de granit possède une attraction électrique très-puissante. Avant les paratonnerres, les naturels, qui avaient observé la puissance attractive des pointes, surmontaient les deux angles opposés de leur toit de deux bois croisés à l'extrémité desquels on peut voir encore un oiseau en fer ou en cuivre. Les murs de clôture sont en pierres et le plus souvent en terre glaise tassée qui durcit comme de la brique. Cette terre est tellement compacte qu'après l'avoir malaxée on lui donne la forme qu'on veut, et le contact de l'air la rend complétement dure et d'une consistance homogène. A peine aperçoit-on quelques arbres ou arbrisseaux sur ce rocher. L'eau y est très-rare : un filet qui sourd à travers les fissures granitiques est une richesse dont on se dispute la possession. Comment cette eau arrive-t-elle sur ce sommet ? Est-elle due à l'infiltration ou à une sorte de syphon qui communiquerait avec les lacs éloignés ? Je crois plutôt à des infiltrations entretenues par des réservoirs qui, placés dans des excavations imperméables conservent l'eau. Ce manque d'eau et le genre des constructions rendent les incendies terribles à Tananarive. M. Laborde avait eu, quelques années auparavant, sa maison détruite par le feu ; celle qu'il habite aujourd'hui a été reconstruite en bois et recouverte en tôle galvanisée. Les maisons sont coûteuses à bâtir, même pour ceux qui se contentent d'une demeure très-simple. Le bois et les feuilles qui servent à les faire viennent de si loin qu'il est onéreux d'aller les chercher ; ces dépenses ne sont même possibles que pour ceux qui ont de nombreux esclaves à leur disposition.

Description de Tananarive. — Du haut de la ville on a une vue magnifique ; c'est un immense panorama avec des lacs et des rizières qui s'étendent autant que la vue, et à l'horizon, des montagnes d'une teinte bleue. Tout le pays est complétement déboisé ; on n'aperçoit pas même à de grandes distances une forêt, un bois de quelque importance. Des collines dénudées, excepté à leur base humide, qui s'élèvent graduellement jusqu'aux montagnes qui enceignent à l'horizon le bassin d'Émirne ; de nombreux et importants villages qui se touchent, avec leur aspect sombre, mais régulier, voilà l'ensemble du panorama qui se déroule aux yeux quand on se place au sommet de la capitale. Ici les plaines sont habitées. Sous la protection du pouvoir central et incontesté, les positions défensives ont disparu et les populations se sont rapprochées des lieux cultivés. Ce pays d'Émirne doit sans doute être la plus belle et la plus riche partie de Madagascar. Le nombre de ses habitants, l'immense étendue des rizières, la beauté des bœufs et le nombre considérable de volailles, dindes, oies, canards qu'on y consomme ou qu'on exporte l'indiqueraient assez si le choix qui en a été fait par la race la plus intelligente ne le prouvait pas aussi. Incontestablement ce pays a une supériorité bien marquée sur tous ceux que j'ai parcourus.

Une seule voie présente un peu d'espace malgré son irrégularité et ses effondrements : elle va du grand palais à la place sacrée d'Andohalo, se continue ensuite par un boulevard vers le bas de la montagne. Cette voie est dallée irrégulièrement. Dans certaines parties, on y voit d'énormes travertins en granit rappelant les belles et larges pierres des voies romaines ; c'est la grande voie sacrée qui conduit à Ambonimangue et dans le Nord-Ouest ; c'est par elle que les rois reviennent de la ville de leurs ancêtres après le séjour de consécration qu'ils sont obligés d'y faire à l'époque de leur couronnement. C'est sur la place d'Andohalo qu'ils viennent prendre la couronne et la mettre sur leur tête, debout sur la pierre sacrée qu'on aperçoit dans une dépression du sol. Au Sud, et entouré de collines, un plateau irrégulier où pousse une herbe verte que paissent en temps ordinaire des bœufs, des chevaux, sert de Champ-de-Mars et de manœuvre ; ce plateau s'appelle Imahamassina. Après la consécration, le souverain se place avec sa cour sur la large pierre circulaire qui est au milieu. Radama y était entouré des représentants de France et d'Angleterre lors de son couronnement. Une autre voie ou plutôt un sentier escarpé et se dirigeant vers le Nord, celui par lequel nous arrivâmes, est aussi consacré ; c'est le chemin par lequel Andrianaponemerina, le désiré d'Émirne, pénétra à Tananarive. Le roi ou la reine, après sa consécration, se rend à Ambonimangue par cette voie ; la cour et les souverains n'y passent que dans cette circonstance solennelle en mémoire de la victoire d'un de leurs ancêtres. Le retour se fait par la grande voie qui mène directement au grand palais.

En somme, une montagne escarpée avec des palais d'une assez belle architecture au sommet ; sur les flancs, des aspérités et des anfractuosités irrégulières, des cases de toutes formes, entassées les unes sur les autres, séparées par des espaces étroits qui ne peuvent avoir aucun nom; la malpropreté et l'aridité à peu près partout; dans ces rues et ces maisons, une population qui a toujours l'air de se promener, de ne rien faire, la plupart, hommes et femmes, vêtus de blanc, nu-pieds, marchant solennellement ou accroupis le long des murailles; quelques-uns portés par des esclaves sur leurs filanzanes; des peaux jaunes, noires, cuivrées; rien n'indiquant la souffrance, le malaise; des figures d'un aspect peu gracieux en général; les uns avec des airs d'autorité, les autres plus humbles, à l'air doux, passif; du sommet de la ville et de tous côtés, mais surtout vers le Sud un spectacle magnifique et une des plus belles vues qu'on puisse rêver, tel est le tableau offert par Tananarive.

Après avoir jeté ce rapide coup d'œil d'ensemble sur la capitale, nous allons la parcourir en détail, et nous suivrons pour cela notre itinéraire de chaque jour pendant le temps que nous l'avons visitée.

A peine installés chez M. Laborde, celui-ci nous invita à assister à la bénédiction du Saint-Sacrement dans l'église des Pères jésuites qui touche à sa demeure. Cette église en bois est très-simple; construite provisoirement, elle fait partie d'un grand établissement qui est le siége principal de la mission de Tananarive. L'espace est restreint, mais les Pères ont su tirer parti du moindre repli de terrain; le roc lui-même a été régularisé et sert d'assiette à des pavillons, des jardins. En nous rapprochant de l'église, nous entendions des cantiques chantés en chœur par les jeunes Malgaches; les voix étaient justes, harmonieuses; tout le centre de l'église était occupé par les élèves des Frères de la Doctrine et des Sœurs de Saint-Joseph; les bas côtés étaient envahis par les hommes très-pressés et nous eûmes de la peine à traverser leurs rangs compactes pour arriver près de l'autel où se trouvaient les siéges qui nous attendaient.

Les chants continuaient et j'étais frappé de l'ensemble et de la précision des voix; chaque partie était exécutée avec une mesure rigoureuse. Les Malgaches ont des dispositions innées pour la musique. Le timbre de leur voix cependant a quelque chose de désagréable par une émission trop horizontale et de gorge; un peu d'art rectifierait facilement ce défaut.

Après la cérémonie, nous allâmes faire visite au plénipotentiaire français, M. Garnier, sa demeure n'étant pas éloignée de l'église; elle est située sur une hauteur où l'on arrive par un escalier de pierre. M. Garnier nous reçut dans le salon d'entrée servant en même temps de salle à manger, comme c'est l'usage à Madagascar. Cet appartement assez grand, bien tapissé, avec un lustre au plafond, des rideaux aux portes, présente un luxe tout particulier. J'appris que cette maison appartenait à l'ancienne favorite de Radama II, la célèbre Mary, et qu'elle avait servi plus d'une fois aux débauches de ce prince et de ses amis. Un étranger et surtout des compatriotes arrivant à la capitale est un bonheur inattendu, exceptionnel ; aussi y a-t-il joie et émotion parmi la colonie européenne quand on annonce qu'un voyageur va monter. M. Garnier savait notre arrivée et était impatient de causer avec nous. Notre conversation se prolongea assez tard et le jour avait disparu quand nous nous quittâmes. Après de nombreuses séances, des pourparlers difficiles, un traité avait été conclu entre la reine de Madagascar et l'empereur des Français ; ce traité était parti par la dernière malle pour recevoir la ratification du gouvernement français ; M. Garnier attendait avec impatience la fin de sa mission pour rentrer en France ; la tristesse le gagnait, car cette vie isolée, enfermée, sans distraction, même celle de la promenade, lui était devenue insupportable. On ne peut se promener à pied à Tananarive ; le terrain est tellement accidenté qu'il n'y a qu'une manière de circuler, c'est le tacon ou filanzane ; même dans la plaine on rencontre à chaque pas des mares, des canaux, des fondrières que les Malgaches seuls ont le privilége de franchir avec aisance.

Le froid était vif quand nous sortîmes et nous aurions revêtu facilement un bon pardessus d'hiver. Un clair de lune magnifique reflétait ses rayons sur les lacs de la plaine, la ville étagée était éclairée, les montagnes se dessinaient en lignes sombres à l'horizon ; c'était un spectacle splendide dont nous aurions joui volontiers plus longtemps du haut de la terrasse où nous étions ; mais M. Laborde nous attendait pour dîner.

Ce repas se passa en conversation sur Madagascar ; notre curiosité ne tarissait pas. Notre hôte et son neveu, chancelier du consulat de France, allaient au-devant de nos désirs et nous traçaient les dispositions de nos journées de façon à nous faire voir et connaître le plus de choses possible pendant notre séjour à la capitale. Tous deux parfaitement renseignés, parlant la langue du pays, étaient complétement aptes à nous guider, à nous instruire, à nous servir d'interprètes.

La nouvelle maison de M. Laborde est en bois et assez grande ; la salle à manger, qui sert aussi de salon, est vaste et aérée et doit être froide en hiver ; même pendant la saison où nous étions, fin de septembre, aux journées chaudes succédaient des nuits et des matinées très-froides. On s'habitue à ce qu'il paraît, à ces oppositions de climat et comme il est impossible d'être installé pour les deux extrêmes, c'est l'habitation des pays chauds qui est en usage ; aussi les appartements sont vastes et peu clos. Les mouches sont un véritable fléau à Tananarive ; pendant les repas, quatre domestiques armés de balais étaient occupés à les chasser, la salle en était envahie et le plafond tout noir. Nous étions logés dans un pavillon très-confortable où nous retrouvions le bien-être complet que nous avions perdu depuis plusieurs jours. Nous pûmes ouvrir nos malles et y puiser à notre aise ; en route à peine si nous pouvions les ouvrir, elles étaient tellement cordées, attachées aux bambous que les hommes mettaient sur leurs épaules que nous y regardions avant de défaire cette installation compliquée. La nuit fut très-froide, le temps très-sec, le ciel sans un nuage. A 6 heures du matin, le 21, le thermomètre marquait + 4°.

On savait qu'un docteur français était arrivé et dès le matin les Pères, les Sœurs m'amenaient leurs malades ; il y en avait beaucoup. Privés de médecin et assaillis de demandes de secours, de soins, les Pères ont confié à l'un d'eux, le Père Ailloud, l'exercice de la médecine et de la pharmacie. L'arrivée d'un médecin français était une bonne fortune pour lui et je fus très-heureux de pouvoir lui prêter mon concours. Tananarive est une ville de malades ; outre les affections ordinaires, il y en a dans toutes les familles qui sont la conséquence du vice, de la malpropreté et du manque de soins. Le lamba de toile blanche y recouvre presque toujours la gale, des dartres, des ulcères, des altérations plus ou moins profondes. Les Pères font ce qu'ils peuvent, mais pour un si vaste hôpital il faudrait des conditions de traitement autres, que ne permettent pas leurs faibles ressources. Les méthodistes ont depuis quelque temps un médecin, un hôpital bien organisé où les malades reçoivent gratis les soins, les médicaments.

Après avoir vu quelques malades avec le Père Ailloud, nous prîmes rendez-vous dans la journée pour aller visiter ensemble quelques-uns qui ne pouvaient sortir de chez eux. Je devais en profiter pour observer les mœurs du pays, connaître les différentes situations de Tananarive. Le Père Ailloud parle parfaitement le malgache et était pour moi un interprète très-utile.

Les Frères de la Doctrine chrétienne dans leur modeste ministère rendent de grands services, plus grands que ceux des Pères. Ces peuples primitifs, sans culture, comprennent difficilement l'esthétique de la religion, tandis qu'ils apprécient de suite une belle écriture, un dessin bien fait. Ils acceptent le baptême, le plus souvent sans trop savoir ce qu'on leur donne, tandis qu'une religion qui se traduit par des manifestations saisissables les touche bien davantage. A notre arrivée on citait à l'appui de cette opinion un fait tout récent. Un jeune Malgache, élève des Frères, âgé de 14 ans, avait copié le traité fait avec la France; l'écriture en était parfaite, ornée de ces enjolivements qui se font si bien à l'école des Frères. La reine en a été tellement enchantée qu'elle a donné à l'enfant 80 piastres, deux esclaves et le riz annuel pour la consommation de sa famille. Les Pères sentent le parti qu'ils pourront tirer de cette institution et leur projet est d'augmenter autant que possible les écoles chrétiennes. Une imprimerie commence à fonctionner et avant mon départ j'ai pu avoir une grammaire et un dictionnaire malgaches imprimés chez les Pères. L'un d'eux est organiste, musicien et enseigne la musique; une Sœur l'apprend aussi aux jeunes filles malgaches. Les méthodistes sont jaloux des succès musicaux de leurs rivaux et ils en sentent l'importance chez un peuple fou de musique. Les jours de fête, les églises sont pleines et les portes sont assiégées par une population nombreuse attirée par le plaisir d'entendre les chants catholiques. Les méthodistes en ont bien aussi, mais ils avouent la supériorité musicale des Pères.

J'avais pour le premier ministre une lettre d'un médecin de la Réunion, qui avait été appelé à Tananarive en 1857 pour une opération. Je priai M. Laborde de la lui faire parvenir et de lui demander une audience. Mon hôte, ancien ami de la famille de Rainilaiarivony, lui fit remettre ma lettre et s'occupa lui-même de nous faciliter l'entrée du palais. Le moment n'était pas favorable : la reine venait d'être couronnée et elle se disposait, ainsi que la cour, à partir pour Ambonimangue, la ville sacrée des ancêtres. Les préparatifs de départ de tous les grands personnages, la crainte de laisser la capitale et de voir surgir une insurrection violente, les partis encore agités par la dernière révolution, tout rendait difficile l'approche de la cour et du palais. La réponse du premier ministre se fit attendre; il semblait avoir besoin d'étudier la conduite des nouveaux venus avant de leur donner audience.

Pendant le déjeuner, je ne cessai d'écouter M. Laborde, qui habite Madagascar depuis quarante ans; son existence aventureuse mériterait un livre à part; ami de tous les Hovas qui se sont succédé au pouvoir, le « vieux », comme ils l'appellent, a eu une grande influence sous le règne de Ranavalo et de Radama II ; il a passé souvent pour sorcier au milieu de ces hommes qu'émerveillait son esprit inventif. Avec une grande intelligence, une souplesse toute gasconne, il créait toutes les industries, tout en s'occupant de danses, de plaisirs, d'équitation. Souvent la reine et son entourage passaient des nuits à l'entendre raconter quelque histoire des Mille et une Nuits de son invention; comme dans le conte arabe, il ne fallait pas que l'histoire eut de fin, et le narrateur s'évertuait pendant le jour à réunir ses souvenirs, à les joindre à quelques lectures pour en faire un amalgame plus ou moins intéressant. La vieille reine était dans le ravissement, à ce qu'il paraît, et croyait à des facultés surnaturelles chez le Français. Il avait voyagé dans toute l'île au service du gouvernement hova, chassant les Sakalaves de leurs positions avoisinantes, étudiant les terrains, les productions du pays. Si la méfiance d'un pouvoir oligarchique ne l'avait pas arrêté, il aurait pu soumettre une grande partie des peuples encore indépendants, et toute l'île serait aujourd'hui sous la domination des Hovas.

Le Père Ailloud m'attendait avec les filanzanes et les porteurs. Nous nous dirigeâmes vers l'extrémité de la ville, où une vieille Malgache de grande famille réclamait mes soins.

Je vis quelques autres malades dans le voisinage, la plupart incurables, vivant dans la misère et le dénûment. Le plus souvent, même dans les familles aisées, une case n'a pour meubles que des nattes; ses hôtes s'y couchent pêle-mêle; un coffre quelquefois, pas de siéges, on s'asseoit par terre. Ils mangent aussi par terre dans la même chambre, le plus souvent avec des feuilles pour assiettes, cuillères, etc. Cependant on fabrique ici une vaisselle grossière de terre vernie dont quelques-uns font usage.

Dans un coin on aperçoit un petit espace carré de sable ou de terre entouré de planches; c'est le foyer où l'on fait cuire le riz et ce qu'ils appellent le rôt, c'est-à-dire des morceaux de bœuf ou de viande quelconque bouillis dans un vase contenant de l'eau. Quand ils mangent le riz, ils l'arrosent avec cette eau de viande. Leur garde-robe est aussi restreinte que possible : pour les femmes, un petit gilet serré qui va de la taille au-dessus de la gorge, c'est le canzou, une chemise ou une jupe, et le lamba. Pour les hommes, le simbou, morceau de toile dont ils s'enveloppent le bas du corps, une chemise et un pantalon chez les riches, et par-dessus le lamba : ce lamba est une grande pièce de toile blanche dont ils s'entourent gracieusement et qui prend toutes les formes. Quand ils veulent avoir les mouvements libres, ils s'en font une large ceinture autour du corps ; pour dormir, ils le développent et s'en couvrent de la tête aux pieds ; les coins servent à garder leurs monnaies, leur tabac. Tous, femmes et hommes, ont la lèvre inférieure un peu pendante et baveuse. De temps en temps, ils se passent le cornet à tabac, en mettent dans le creux de la main et le jettent dans la bouche entre les dents et la lèvre inférieure. Ils fument peu, ce serait un embarras que la pipe et son attirail. Le Malgache simplifie tout ; on dirait que c'est là la grande affaire de son existence.

En sortant de cette case, nous traversâmes un espace irrégulier, dépourvu de constructions, c'est la place du grand marché qui se tient tous les vendredis. Les marchands, les populations du voisinage viennent s'y installer ce jour-là et leurs petites baraques, faites en rabanes protectrices, s'étendent jusque sur la grande voie qui conduit à la place d'Andohalo.

En regardant vers le Nord, j'aperçus une maison blanche assez belle et d'apparence particulière, c'était la maison du docteur Davidson et son hôpital ; un peu au delà, un temple méthodiste en pierre, presque terminé et d'une architecture à peu près semblable aux autres, avec un grand clocher en pyramide sur le côté. Nous arrivâmes par des sentiers remplis de crevasses, étroits, jusque dans la plaine d'Imahamassina, le Champ-de-Mars, visitant toujours sur notre chemin des cases à malades. Nous nous arrêtâmes à l'église de Saint-Joseph, en construction à la base du rocher qui domine la plaine ; elle est placée juste au-dessous de l'établissement principal des Pères, et les deux communiquent par un sentier raide et difficile. Il y a là trois Pères, quelques Frères, une école sous un hangar provisoire. L'église n'était pas encore consacrée ; sa nef intérieure est lambrissée et ornementée en bois sculpté de différentes nuances d'un très-joli effet. Quant au corps du bâtiment, les Pères n'étant pas assez riches pour envoyer chercher au loin la pierre et le granit, ont fait des murs en terre malaxée et pilée ; ces murs durcis à l'air, ils ont taillé dans leurs parois des portes, des fenêtres cintrées. Ce mastic est tellement compacte qu'on le travaille comme on ferait de la pierre. Cette construction sera d'un très-bel effet quand elle sera terminée.

Nous regagnâmes les hauteurs par le sentier abrupt; les porteurs de tacon sont assez habiles pour vous y transporter sans qu'on soit forcé de mettre pied à terre. Nous arrivâmes à une plate-forme en création sur le flanc d'un rocher. Là se trouve un filet d'eau que les Pères utilisent pour entretenir un petit potager. A Tananarive, on ne trouve pas de légumes; le riz et la viande, voilà la nourriture à peu près exclusive du Malgache. Les Européens souffrent de ce régime et les Pères prévoient avec plaisir le moment où ils pourront jouir d'un peu de verdure dans leur jardin. Je trouvai là le Père Jouan, assis sous une petite varangue qui domine l'abîme; je m'arrêtai un instant avec lui pour contempler un magnifique coucher de soleil qui éclairait d'une manière remarquable et mélancolique la plaine et les montagnes de l'horizon. Ces rizières, ces lacs, ces nombreux villages aux couleurs sombres semblent comme inhabités. La campagne, ici, n'offre pas le mouvement des exploitations agricoles d'Europe. Nulle trace de charrue, d'animaux; quelques spectres blancs aux mouvements lents indiquent qu'il y a là des hommes. Pas une voix, pas un bruit; le silence dans un ensemble immense, majestueux. Je laissai le Père à ses méditations, car il me fallait rentrer pour rejoindre mes compagnons et aller dîner chez le commissaire impérial.

M. Garnier nous attendait dans son salon et nous fûmes bientôt assis autour d'une table servie à l'européenne. Son cuisinier blanc, après nous avoir préparé un excellent repas, nous servit à table; pas une figure indigène : nous ne nous serions pas cru à Madagascar si la conversation n'avait pas roulé exclusivement sur ce pays. Le prédécesseur de M. Garnier était mort d'une maladie acquise par de grandes fatigues et des imprudences de voyage, mais ici les morts naturelles sont souvent attribuées au poison. On avait parlé pour M. de Louvière d'un accident de ce genre. Je comprends qu'avec ce soupçon le ministre de France actuel se soit précautionné contre toute immixtion malgache chez lui; ses autres domestiques venaient de Sainte-Marie, colonie française; c'étaient des gardes indigènes nommés cavasses, du gouvernement de la cette île. Ces hommes sont Malgaches, mais tout autres que les Hovas et même différents de ceux de la côte. M. Garnier nous parla beaucoup du nouveau traité qu'il venait de conclure avec le gouvernement hova et qui venait de partir pour être ratifié par la France; il en augurait bien : le premier ministre semblait entrer dans une voie nouvelle, libérale, et favoriser le progrès. Quelques jours auparavant, le 3 septembre, avait eu lieu la cérémonie du couronnement de la reine que l'on me raconta.

Une estrade avait été placée au fond de la place d'Andohalo, près de la pierre sacrée. C'est une roche grossière enfouie dans le sol et à peine visible. Dès le lever du soleil, les tambours, les canons, la musique annonçaient la grande cérémonie. Toute la population de la ville, des villages voisins, les députations de l'Est, de l'Ouest, du Nord, du Sud étaient accourues pour prêter le serment d'obéissance à la reine. Cette foule immense remplissait la place et les gradins du voisinage ; chaque quartier, chaque village, chaque députation ayant sa place désignée et chacun dans un ordre établi et que rien ne devait troubler. A 9 heures, la garde de la reine accompagnée de musique, de chanteuses, débouche sur la place et annonce la venue de Sa Majesté et de sa cour. Les missionnaires, les consuls avaient pris place sur la tribune où se tenait la Cour. La reine y monte aussi suivie de ses ministres, des princes, des princesses vêtus de rouge, couleur dynastique. Une acclamation immense se fait entendre. La reine est portée sur un taçon en forme de nacelle ; elle est suivie de ses chanteuses et protégée de deux parasols rouges. Elle prend place devant tous et tenant une sorte de sceptre à la main, la tête couverte d'une couronne d'or avec des pointes divergentes autour ; elle prononce son discours ; sa voix est douce mais assurée. De temps en temps, en brandissant son petit bâton doré, elle s'écriait : « N'est-ce pas ainsi, vous avez confiance en moi ! ô mes 100,000 hommes ; » et la foule de répondre comme un seul homme : « *Enizène,* oui c'est cela. » Cette parole prononcée avec beaucoup de précision et comme dans un chœur préparé, produisait un grand effet. A la reine succéda le premier ministre, tête nue et tenant une épée à la main. Il prononça un discours éloquent qui dura longtemps, avec des gestes dramatiques et une assurance qui aurait indiqué un homme habitué aux succès de la tribune. De temps en temps aussi, comme la reine, il se servait de la forme interrogative, prenait à témoin le peuple qui répondait : « *Enizène,* oui c'est cela », toujours avec le même ensemble. La musique se faisait entendre dans les intermèdes.

Après le premier ministre vinrent les douze femmes d'Andriaponemerina, elles n'existent plus, mais sont toujours représentées comme un symbole. Ces douze femmes caractérisent les douze principautés d'Emirne qu'Andriaponemerina avait soumises. Depuis cette époque, les douze femmes du premier roi de la dynastie actuelle sont toujours annoncées quoique n'existant plus. Puis vinrent les députations des différents peuples soumis avec leurs costumes, leurs gestes variés, tous prêtant le serment de fidélité et affirmant à la reine qu'ils arriveraient avec leurs sagayes, leurs lances, leurs boucliers si la souveraine avait besoin de leur aide. Les discours finis, Sa Majesté, la couronne sur la tête, descendit de l'estrade et vint se mettre debout sur la pierre sacrée; elle était entourée de sa cour. C'est là, en face du peuple et prenant Dieu à témoin, que son titre est devenu réel, indélébile, sacré.

Cette cérémonie dura presque toute la journée. Le lendemain, il y eut grande assemblée au Champ-de-Mars où la reine dut encore se mettre sur une pierre consacrée, au milieu du peuple. La musique, les danses des différentes peuplades venues en députation, les simulacres de combat remplirent cette journée. La reine rentra à son palais vers le soir. Il ne lui manquait plus pour compléter sa consécration que le voyage et le séjour à Ambonimangue, patrie de ses ancêtres. Nous fûmes assez heureux pour assister à cette dernière cérémonie et nous la décrirons plus tard. Comme on le voit, tout cela ne manque pas d'une certaine grandeur et d'idées arrêtées. Les témoins de ces deux journées parlaient avec une émotion encore vivement sentie; ils ne cessaient de vanter l'assurance, l'éloquence facile du premier ministre. Les Malgaches ont une grande facilité d'élocution, et ils aiment à pérorer dans toutes les occasions, les mots naissent sur leurs lèvres aussitôt que viennent les idées et on me répétait souvent que jamais l'expression ne leur manquait; j'eus occasion de m'en convaincre par la suite.

Il était tard quand nous sortîmes de chez le commissaire: les gardes nous crièrent plus d'une fois le qui-vive malgache; mais la police était avertie de notre présence et on nous laissa passer sans difficultés. Après 8 heures, chacun doit être chez soi, et les nombreuses sentinelles, surtout dans des temps de troubles, arrêtent ceux qui s'oublient dans la rue.

Le 22, après avoir vu un nombre assez considérable de malades, j'allai rejoindre M. Laborde et son neveu; nous devions faire ensemble une grande promenade après le déjeuner.

Il m'était arrivé les cadeaux d'usage: une malade que j'avais opérée m'envoyait deux oies avec quelques oignons; le premier ministre m'en envoya aussi deux en me faisant demander de mes nouvelles. C'est l'usage à Madagascar: l'arrivée de l'étranger dans un village, dans une maison doit être suivie d'un don qu'on accompagne d'un petit discours ou de la demande de ses nouvelles. Mes consultations médicales devaient me rapporter des oies, des dindes, des poules, objets sans valeur, mais qui témoignaient d'une certaine reconnaissance.

La présence d'étrangers est toujours ici un événement dont tout le monde s'occupe, et les nouveaux *vasa*, comme les appellent les Malgaches, attirent les regards, la curiosité. La cour de M. Laborde était toujours remplie d'individus venant pour nous voir, s'informer du but de notre voyage et souvent demander des cigares ou ce que nous pouvions avoir à donner. Si j'avais eu une plus grande provision de cigares, j'aurais fait bien des heureux. Comme des enfants, sans un scrupule qu'ils ne connaissent pas, les Malgaches, même ceux de grandes familles, viennent demander ce qu'ils voient, ce qu'ils désirent; certaines démarches étonnent d'abord, mais comme elles sont dans les mœurs, on finit par les accepter comme chose toute naturelle. Un matin, M. Campan entra dans ma chambre pour m'annoncer que le fils du premier ministre était venu me faire visite. « Munissez-vous de quelques cigares, me dit-il, car il vous en demandera. » Je sortis aussitôt avec empressement pour recevoir le fils du plus grand personnage de Madagascar. J'aperçus un jeune homme de 18 à 20 ans, nu-pieds, vêtu du lamba ordinaire et d'un chapeau de paille ; il me tendit la main et fit un sourire d'intelligence avec l'interprète commun. Comme nous n'avions pas à nous dire grand'chose et que je soupçonnais le but de sa visite, je lui offris quelques cigares : « Ne lui en donnez pas trop, me dit-on, car il reviendrait souvent. » J'avais beaucoup entendu parler de la puissance du premier ministre et de sa grande fortune ; quel contraste avec le fils que j'avais sous les yeux !

Rasafikaref m'envoya sa femme, une Malaise d'un embonpoint prononcé et d'une figure assez agréable, quoique un peu dure comme toutes celles de sa race. Elle avait un œil cataracté et l'autre en train de le devenir. Je lui parlai d'une opération qui sembla l'effrayer et je ne la revis plus. Cette femme était suivie de deux esclaves à peu près vêtues comme elle, en blanc et simplement. Les femmes d'un certain rang ne vont jamais sans leurs esclaves ; elles ont le même aspect, la même mise, s'asseoient par terre à côté les unes des autres ; il n'y a pas de différence apparente.

Pendant le déjeuner, nous reçûmes la visite de deux aides de camp du premier ministre ; il nous adressait ses compliments, demandait de nos nouvelles et nous faisait savoir qu'il nous recevrait le lendemain à

2 heures. Un de ces officiers avait la face plate et l'œil du Malais, les pommettes saillantes, le regard fauve. « Quel type! me dit le Père Jouan, mon voisin, examinez-le bien; » l'autre présentait un type différent : la figure ovale, les traits moins durs, avec une contenance fière, raide, un peu gourmée à l'anglaise. Le premier seul parla non sans jeter d'un côté et d'autre des regards inquiets et défiants. Ils étaient tous les deux vêtus de blanc, ayant une chemise, un pantalon et des souliers, le lamba drapé sur le tout. Après un quart d'heure d'entretien, ils partirent emportant nos hommages pour le premier ministre et la reine qu'il ne faut jamais oublier.

Vers midi, nous nous mîmes en route, remontant la ville et contournant les palais sur le versant Est. Une fois au bas du faubourg, nous prîmes une route bordée de petits monuments carrés en pierre, assez grossiers pour la plupart ; ce sont des tombeaux. Quelques-uns sont assez élevés et entourés, ils appartiennent aux puissants, aux riches. Notre première station devait être au jardin de la reine, situé dans un vallon entouré de collines et de lacs.

Ce jardin, aujourd'hui à peu près abandonné, a été créé par un Français du nom de Legros, sous Radama Ier. Quelques arbres, des traces de plates-bandes où les fleurs ont disparu, une jolie maisonnette en pierre mais dégradée : voilà ce qui reste de ce lieu de plaisance renommé. A côté, un lac charmant, qui n'est plus entretenu, servait aux promenades en bateau les jours de fête. L'intérieur de la maison est tapissé par des sujets de bataille, celles de Wellington dans l'Inde. Une chambre avec des meubles venus d'Angleterre : un lit à baldaquin, une pendule à sonnerie, etc. M. Laborde nous parlait avec un souvenir pénible des fêtes qu'il avait vues dans ce joli endroit, du temps de la vieille reine. Aujourd'hui, un gardien veille à peine à sa conservation. Nous traversâmes en passant derrière un verger, une bananerie, des débris de vigne; enfin nous arrivâmes, sur la hauteur, à une maison en pierre de taille, avec colonnes, arcades, dans le style grec, que M. Laborde avait fait construire avant son départ. Aujourd'hui tout tombe en ruine et se dégrade. Il faut avoir avec soi le créateur de toutes ces choses pour retrouver les traces du labyrinthe. Le Malgache laissé à lui-même redevient facilement sauvage et rejette avec empressement les choses de luxe et de bien-être. Déjà nous avions vu Soatsimanampiovana en ruine ; ici nous ne voyions debout que les constructions que les Européens possèdent encore.

Du jardin de la reine nous prîmes à travers champs pour nous rendre au palais de Radama Ier, qui se trouve dans le Sud de la ville; nous étions en pleine campagne et traversions des rizières à différents degrés de culture. Les bas-fonds qu'on peut irriguer sont exclusivement plantés en riz, et on en fait deux récoltes par an. Cette terre est admirablement préparée pour la culture ; on la soulève par cubes de 20 à 25 centimètres de côté. Une large bêche en fer est placée à l'extrémité d'un bois dur d'un pouce de diamètre et assez long pour dépasser la tête de celui qui la fait agir ; le travailleur prend le manche à deux mains et appuie un pied sur un des côtés de la lame de fer qui se trouve à l'extrémité inférieure ; il pénètre aussi loin que possible dans le sol, des quatre côtés de la motte de terre qu'il doit enlever ; celle-ci une fois détachée, il la retourne de façon à ce que les faces inférieures, privées d'air et de soleil jusque-là soient mises à l'extérieur. Tout le champ est bouleversé et reste ainsi deux ou trois mois. Cette terre, marneuse et argileuse, compacte, a besoin de cette préparation pour être productive. Quelques herbes, des tiges de riz récolté, restent attachées aux mottes de terre ainsi découpées ; des troupeaux de moutons viennent y paître tout en fumant le champ en préparation. Une fois la terre bien aérée, on y fait venir l'eau, on la fait malaxer et piler par des bœufs et des hommes; puis en pleine boue, on fait la plantation de riz ; les plans sont préparés dans un petit espace voisin et spécial qu'on a ensemencé très-serré. Cet petit espace est très-soigné, irrigué souvent, de façon à avoir de beaux plans. Les coteaux ou les plans inclinés qui avoisinent les rizières sont plantés en cannes et en manioc ; pour cette culture, la terre est préparée de la même manière et fumée, seulement on ne la réduit pas en boue comme pour le riz. Tout cela est fait avec un grand soin et une grande régularité. Le propriétaire est au travail avec ses esclaves : on le reconnaît à son costume invariablement blanc et son chapeau de paille ; souvent il prend aussi la bêche et fait comme ses esclaves. Toute cette plaine est semée de villages et de métairies le plus souvent entourées d'un enclos en terre durcie.

Nous arrivâmes bientôt au palais de Radama, appelé Soanierana, construit par Legros, qui, sous ce prince, a été le grand architecte de Tananarive. Cette construction en bois, à étage, entourée d'une grande galerie, n'a pas beaucoup de style, mais aurait pu faire une magnifique demeure. Elle n'a jamais été habitée et avait été donnée par Radama II comme résidence à la grande compagnie Lambert. Aujourd'hui, tout cela tombe en ruine et nous ne pûmes monter au premier de peur de sentir le plancher s'effondrer sous nos pieds. Radama II avait formé le projet de relier ce palais au Champ-de-Mars dont il est séparé par une montagne de roches ferrugineuses et de tuf. On voit sur cette montagne de nombreux sillons, commencement des travaux qui n'ont pu être achevés. Ç'aurait été une plaine magnifique, et du château la vue se serait étendue sur tout le côté sud et ouest de Tananarive.

En nous dirigeant sur la place de Imahamassina, nous vîmes à notre droite un énorme rocher de granit, très-élevé et qui domine un fond où pousse en tous sens une raquette à longues épines. C'est le roc d'où l'on précipite les criminels : on le nomme Ambohypotri ; ceux qui ne meurent pas du premier coup de leur chute sont tellement blessés par les raquettes qu'ils expirent au milieu d'atroces souffrances, sans pouvoir sortir de cette forêt inextricable d'épines ; c'est une sorte de roche tarpéienne qui n'est pas éloignée du grand palais.

La place de Imahamassina est très-grande, irrégulière et ressemble à une prairie mal entretenue. Le sol en est inégal, sillonné de canaux et de fondrières. Nous longeâmes un lac artificiel au milieu duquel se trouve une petite île gracieusement arrangée, avec un pavillon pour la reine. C'est d'un très-joli aspect, et de quelque côté qu'on se retourne, cette nappe d'eau et son bouquet d'arbres du centre produisent un effet très-pittoresque. M. Cameron, un vieil Anglais, venu à Madagascar avec les premiers missionnaires, est l'auteur de tout cela ; il est aujourd'hui l'architecte de la reine et des méthodistes. Il aime beaucoup Madagascar et s'est fait pour ainsi dire Malgache ; son intelligence est à tout comme celle de M. Laborde et il rend de grands services.

Nous traversâmes des jardins plantés d'arbres, tous enclos de murs en terre. Rentrés dans le faubourg, nous nous arrêtâmes au delà de la place du grand marché. Nous étions arrivés au monument que le premier ministre a fait construire par M. Laborde pour servir de tombeau à sa famille. Un grand portique conduit dans une grande cour dont un des côtés est habité par des esclaves qui gardent le tombeau ; leurs cases sont régulièrement alignées, dans le style hova, en bois, avec des toits aigus. Toute la cour est admirablement dallée de belles pierres. Le monument est grandiose, considérable, avec une galerie à arcade tout autour ; aux quatre angles s'élèvent des colonnes d'un style babylonien ; un escalier en granit conduit sur la plate-forme par où l'on pénètre dans le caveau. Cette énorme construction qui, dans d'autres contrées eût coûté un prix très-élevé, ici n'a demandé que des journées d'esclaves et le premier ministre en a un grand nombre dont le travail ne lui rapporte rien. On dit que ce tombeau renferme de grands trésors ; on assure que les Malgaches gardent leur argent, leurs bijoux, dans ces monuments pour les rendre inviolables autant que possible. Je crois que l'imagination augmente beaucoup le chiffre de ce qu'ils peuvent renfermer. La famille de Rainilaiaivony est au pouvoir depuis 40 ans et a pu amasser beaucoup pendant ce temps ; aussi passe-t-elle pour la plus riche de Madagascar.

Le 23, je donnai des consultations aux nombreux malades des Pères et des Sœurs. Ces dernières sont encore très à l'étroit dans un espace restreint, mais elles gagnent du terrain et auront bientôt une maison à étage assez grande ; elles ont beaucoup d'élèves et toute la journée leurs couloirs sont encombrés de femmes et d'enfants malades. Une Sœur a pris la spécialité médicale et distribue un peu au hasard les médicaments de sa pharmacie.

Le premier ministre nous fit savoir dans la matinée que le jour même, à 2 heures, il nous recevrait. C'était une grande faveur, car il paraît qu'ordinairement il fait attendre davantage l'honneur de ses audiences. A l'heure dite, en effet, deux aides de camp vinrent nous prendre, et nous nous rendîmes avec M. Laborde à la demeure du premier ministre ; elle est située sur la voie qui mène au grand palais, un peu au-dessus du palais construit sur le modèle de celui de la reine, mais moins grand, qui appartenait à son père et qu'occupe aujourd'hui sa sœur. On y arrive par un escalier en pierre et une porte en bois d'assez triste aspect. La cour était pleine de soldats et d'officiers. Arrivés sur le seuil, nous aperçûmes le ministre se dirigeant au-devant de nous. Après nous avoir donné une bonne poignée de main, il nous introduisit dans un grand salon au milieu duquel se trouvait une table ovale en bois épais et bien travaillé ; nous nous assîmes autour de cette table à côté de lui. Les meubles comme tout ce qui s'y trouve sont disparates : on y voit des fauteuils recouverts de soie verte et rouge, des chaises simples, luxueuses, de toutes les formes. Derrière nous et assis se tenaient les grands officiers, devant nous et assis sur le plancher au moins 50 officiers en lamba blanc et chapeaux de paille, nous regardant, les bras croisés sur leurs genoux. La tapisserie représente les scènes de la guerre de Crimée ; tout près du plafond une galerie sur laquelle étaient étendus des lambas, des couvertures de laine blanche, et comme ornement une série de petites glaces avec un cadre de papier doré comme celles qu'on vend 15 centimes chez nos marchands ambulants. Dans un des angles un grand lit à baldaquin de soie jaune.

Rainilaiaivony est de petite taille, ses cheveux sont un peu crépus ; le teint est brun, mulâtre, la bouche épaisse, avancée, la tête sans caractère d'ensemble. Je ne retrouve pas en lui le type malais ni chinois. C'est un plébéien ; il a l'air timide, embarrassé, et pourtant il passe pour avoir une grande volonté et une éloquence remarquable. Il porte des bottines, un pantalon blanc de soie brochée, une chemise en foulard blanc, un lamba de mousseline blanche avec un grand rebord de soie verte. Après quelques mots échangés avec M. Laborde, il nous demanda par son intermédiaire si nous avions fait un bon voyage. D'après les règles de l'étiquette malgache, nous nous informâmes d'abord de la santé de la reine, puis nous parlâmes de notre voyage, de nos impressions, de notre admiration pour le pays. Les Hovas sont très-sensibles à cette admiration et on leur a tant répété que leur pays était le plus beau de la terre qu'ils demandent toujours comment on le trouve. Il regretta de ne pouvoir nous présenter à la reine qui faisait ses préparatifs de départ et aurait bien désiré nous voir présents au couronnement. Nous croyant partis depuis plus d'un mois, il nous dit que nous étions restés trop longtemps en route. « Vos chemins sont trop mauvais lui dis-je, et vous devriez les améliorer pour inviter à venir vous visiter. » *Il resta pensif et sa physionomie indiquait qu'il* n'était pas disposé encore à ce progrès. J'insistai pour être présenté à la reine dans son palais, ne fût-ce qu'un moment et lui offrir nos services ; il n'y eut pas moyen de l'obtenir ; l'étiquette habituelle des réceptions le défendait ; le palais même devait être interdit à tout visiteur pendant le pèlerinage à Ambonimangue. La conversation fut toujours *générale et nous ne pouvions guère traiter de sujets particuliers.* Du reste, cette figure d'apparence très-douce était comme fermée, les regards furtifs traduisaient une certaine crainte, une méfiance qui domine toujours chez ces hommes qui se voient sans cesse menacés et dedans et dehors. Il nous fit offrir du champagne par M. Laborde qui, nous sachant indisposés, n'accepta pas.

Après une audience d'une demi-heure à peu près, nous prîmes congé de lui et de ses aides de camp avec force poignées de mains. Pendant toute ma visite, je ne cessai d'examiner les figures de ces hommes accroupis par terre devant moi ; ils étaient tous impassibles et présentaient des types variés ; quelques-uns malais ; d'autres avec un beau front saillant, l'œil très-vif, sauvage ; certains avec une tête juive, l'air calme, noble. Il y a évidemment dans ce qu'on appelle l'Hova un mélange de plusieurs races distinctes ; il y en a une qui a dominé sans doute, mais aujourd'hui cette population à peau plus ou moins jaune ou cuivrée, à cheveux lisses ou ondés décèle plusieurs origines et cela s'explique par les mœurs surtout. C'est la mère qui donne la lignée et très-souvent dans la même famille naissent des enfants de pères différents d'origine. Dans l'une d'elles que j'ai connue, l'aîné ressemblait à un vieux sauvage ; son teint était jaune clair, ses cheveux étaient lisses, son œil d'une grande vivacité, le front saillant ; un autre était Malais complet ; un troisième de couleur et de traits betsimsarak. La mère était commune, mais les pères étaient évidemment différents. On les appelle tous dans le pays des Malagassi. Le père légitime ne s'en préoccupe pas ; la femme est d'autant plus estimée qu'elle a plus d'enfants n'importe comment elle les donne.

Le Malgache peut avoir trois femmes attitrées, mais les échanges et les mélanges se font sans scrupule. La jalousie leur est inconnue ou n'existe qu'à un faible degré. L'argent est le seul dieu positif qu'ils adorent. Ils comptent toujours, évaluent un sentiment, une action, comme la monnaie qu'ils pèsent dans leur petite balance.

Un vieux Malgache à belle tête, œil vif, pénétrant, plein d'intelligence et de finesse venait souvent nous voir avec d'autres et nous questionner en curieux ; nous causions par l'intermédiaire de M. Campan.

— Quel âge as-tu ? (ils s'informent toujours de votre âge), demandait-il à l'un de nous, ton père est-il vieux, vit-il encore ?

— Non, il n'est pas mort.

— Est-il riche ?

— Il n'est pas très-riche, mais il a du bien, un peu de fortune.

— Tant pis qu'il ne soit pas mort, parce que tu jouirais déjà de ce qu'il a.

Il fit cette réflexion avec sang-froid, de l'air le plus naturel, comme un homme habitué à penser ainsi ; il ne comprenait pas nos rires et notre étonnement.

Le 24 était le jour fixé pour le départ de la reine et de la cour ; nous voulions assister à ce spectacle aux premières loges ; mais la difficulté était de savoir par où le cortége passerait. La crainte d'embûches, d'un trouble quelconque dominait tous les esprits dans la capitale; à un moment où l'on redoutait une insurrection, la route que devait prendre la reine était incertaine pour le public. M. Laborde qui se disait bien renseigné nous avait placés au fond de la place d'Andohalo, près du chemin d'entrée d'Andriaponemerina; les Pères et le commissaire nous assuraient que la reine devait sortir de la ville par la grande voie, en descendant la place. Nous étions très-perplexes, cependant nous prîmes la position indiquée par M. Laborde. Depuis 6 heures du matin des petits chevaux harnachés, mais sans cavaliers, conduits par des esclaves, les filanzanes, des soldats, des officiers s'en allaient pêle-mêle. Les jeunes princes de la famille royale avec leurs parasols rouges, la femme du premier ministre avec ses jeunes enfants, dans un costume très-modeste, étaient portés dans de vulgaires filanzanes et partaient avant le défilé. Tous prenaient la grande voie; cela nous inquiétait. Cependant M. Laborde ne cessait de nous assurer que nous étions au bon endroit. De tous côtés des hommes en grand costume, des femmes, des enfants s'en allaient dans tous les sens, chacun se demandant par où la reine passerait sûrement. Tout à coup une grande rumeur se fait entendre: la reine se dirige vers la route de l'Est et le flot populaire de refluer immédiatement vers l'Est; nous le suivons, mais à peine avons-nous gravi tous ces sentiers rocheux que nous n'apercevons plus rien. Nous redescendons alors vers la place d'Andohalo et arrivons juste à temps pour voir le commencement du départ. La reine devait bien passer par l'étroit sentier qui avait été indiqué à M. Laborde.

Nous étions sur une plate-forme élevée et pouvions jouir à notre aise du plus singulier coup d'œil qu'on puisse imaginer. Des compagnies de soldats en costumes divers, en chemise, nu-pieds, avec des chapeaux de feutre râpés, ou en paille, marchent avec un sérieux imperturbable et battent la mesure avec un de leurs pieds. La musique fait entendre des airs informes à travers lesquels on reconnaît des polkas, des mazurkas et des airs nationaux. Des officiers avec des chapeaux variés sont affublés de costumes aussi divers; il y en a même en robe de chambre avec des fleurs peintes; ils sont à pied ou portés sur leurs filanzanes par leurs esclaves dont quelques-uns tiennent l'épée, le sabre, le chapeau de parade ou un costume de rechange. Ce défilé ressemble à une parade de foire.

Enfin, paraît la garde de la reine: elle a un costume uniforme, chapeau de paille revêtu d'une étoffe rose, chemise rose avec une ceinture à giberne derrière; les soldats ont tous des fusils à pierre peints de différentes couleurs. La musique de la reine porte l'habit rouge des soldats anglais ; cette musique, qu'on m'avait vantée, se compose de tambours, de clarinettes, de cornets à piston, de trombones ; elle est aussi mauvaise que celle qui l'a précédée. Le commandant en chef paraît, ayant à ses côtés le secrétaire d'État, ministre des affaires étrangères Raini-Maharavo ; ils ont de petites casquettes de jokey en velours et à galons d'or. Raini-Maharavo paraît avoir 40 ans, sa figure est assez belle, d'un type juif. A une certaine distance derrière, vient le premier ministre dans un filanzane enveloppé de soie et d'or ; il porte une casquette en velours blanc galonné ; nous échangeons un salut et un sourire de connaissance. On vient nous demander si nous voulons donner le *hasim* à la reine ; c'est une pièce de monnaie qu'on lui envoie par l'intermédiaire d'un officier, en signe de bonne relation et d'hommage. Notre entourage nous dit que c'est inutile. Enfin, précédée et suivie de femmes nombreuses, chantant en frappant dans leurs mains[1], se présente la reine dans un tacon en forme de nacelle, complétement doré ; deux parasols rouges la protégent ; elle est comme noyée dans des étoffes de soie, porte au cou, aux mains, des bijoux, des pierreries, sur la tête un bonnet de velours violet entouré d'une couronne d'or ; sa figure est paisible, elle paraît indifférente et étrangère à tout ce qui l'entoure. C'est une femme d'au moins 40 ans, au teint jaune, assez foncé, maculé ; ses traits sont vulgaires, mais respirent la douceur.

---

[1] Ce chant est entremêlé de musique instrumentale. En voici le texte :

Rabodoandriapoiemerina
Au Sud d'Ambotonofoudra,
Au Nord d'Amboluitsiminka,
A l'Ouest d'Amboimenandra,
A l'Est d'Ambozanahari,
Vivez, Rabodo !

Et vous Ramboasalem (compétiteur au trône de Radama II),
Et vous Rakosone Radama,
Et vos nombreux parents qu'on ne saurait compter,
Des pièces d'argent forment le sol que vous foulez,

Les angles de vos habitations sont des fusils ; vous ne vous enorgueillissez pas de votre puissance. L'enceinte que vous habitez est tapissée de lances et tapissée d'hommes, ô Rabodo Andrianapoiemerina.

Comme un arbre qui croît seul dans le fleuve, peu ont le droit de l'abattre. Vous êtes notre maîtresse. La nouvelle lune de l'Ouest, la pleine lune de l'Est, les arbres d'Ambolmanga qui deviennent énormes contemplent la jeune souveraine. Rabodo règne là.

Les petits ont leurs biens, et les grands ont les leurs. On ne se heurte pas en route, on ne se fatigue pas. Vivez, Rabodo ! Vous n'avez de haine contre personne. Ceux qui ont leurs pères et leurs mères sont gros et gras.

Derrière ce magnifique étalage suivait un filanzane en bambou ordinaire porté par des hommes sans costume et contenant les vêtements quotidiens. Après la sortie de la ville, la parade finie, la reine doit quitter tout son appareil de luxe et reprendre ses aises et son costume de tous les jours. Nous la saluons et lui souhaitons à haute voix santé et longue vie en malgache. Le cortége s'arrête un instant pour laisser écouler le trop-plein qui encombre la petite ruelle, puis se remet en marche.

Ce spectacle nous avait beaucoup intéressés : la bizarrerie des costumes, ces figures grotesques pour la plupart, les cris, les chants, la musique, ce mélange hétérogène de civilisation et de sauvagerie, tout cela est impossible à peindre. Cette population qui a défilé devant nous m'a paru d'un aspect généralement laid et misérable ; pas une belle figure, pas une jolie femme, des constitutions d'apparence dégénérée, des hommes revêtus d'oripeaux qui les gênaient, ayant hâte de s'en dépouiller pour prendre l'habit de tous les jours. Quant à la reine, elle paraissait ce qu'elle est réellement dans ce gouvernement, un fétiche autour duquel se meuvent les ambitions. La position isolée du premier ministre dans le cortége et tout près de la reine indique suffisamment sa toute-puissance, et la distance qu'il a mise entre les autres chefs et lui indique peut-être aussi, comme on le dit à Madagascar, des aspirations au trône. Sa fortune considérable, le nombre de ses esclaves, de ses aides-de camp qui vont partout prélever la dîme, tout peut donner à penser que son ambition n'est pas à ses dernières limites.

Le tambour, le canon, la musique, les cris avaient cessé. La place d'Andohalo était redevenue presque déserte. Nous regagnons notre domicile très-satisfaits d'avoir assisté à ce singulier spectacle et retrouvons notre hôte qui un moment avait été effrayé de nous voir quitter la place qu'il nous avait désignée. Il avait été bien renseigné, en effet, et son amour-propre de confident du premier ministre dans cette circonstance éprouva une grande satisfaction.

Le soir, à dîner, M. Laborde nous ménagea une agréable surprise, en nous mettant à table, nous vîmes, assis contre la cloison, cinq hommes de figure d'un noir de jais et vêtus de blanc. Je ne savais trop ce qu'ils pouvaient faire dans cette position, quand tout à coup nous entendîmes les sons harmonieux de cinq vallyas[1] qui jouaient avec beau-

[1] Ces vallyas sont la harpe malgache. Chaque gros bambou a au moins une dizaine de cordes de longueur différente, qui donnent des sons aigus et graves, et le tout est harmo-

coup d'ensemble. Le concert dura pendant tout le repas. C'est l'antique usage des tables princières à Madagascar, qu'on égayait, autrefois surtout, avec ces instruments nationaux.

J'avais fait annoncer ma visite au docteur Davidson pour le 25 dans la matinée. Sa demeure et son hôpital sont à l'Ouest de la ville et dans une région basse. C'est la mission méthodiste qui fait les frais de l'établissement dont il a la direction. On lui donne 15,000 fr. d'appointements, le logement, le service et d'autres petits avantages sans doute. Le docteur est Écossais et habite Madagascar depuis six ans. Ses journées se passent à son hôpital, où il est accablé de malades de toute nature. Sa maison, bien installée, communique avec l'hôpital qui est à étage, avec des salles spacieuses pouvant contenir à peu près 40 ou 50 malades qui sont soignés gratuitement.

Des élèves malgaches sont attachés au service, suivent les visites, font les pansements et s'instruisent autant que possible aidés de modèles en relief et de dessins très-bien exécutés. Un laboratoire de pharmacie et de chimie leur offre aussi de nombreux éléments d'étude. Le docteur me pria d'interroger quelques-uns de ses élèves, et je constatai chez eux quelques connaissances. Ces jeunes Malgaches appartiennent aux premières familles du pays, ont une physionomie intelligente et montrent tous, à ce qu'il paraît, un désir marqué de s'instruire. Ils prennent des notes, enregistrent toutes les maladies, et remplissent d'énormes cahiers qui doivent être envoyés à la Société des missions. 25,000 malades avaient déjà reçu des soins à cet établissement depuis cinq ans à peu près.

M. Davidson, dans le début, allait voir les malades en ville, mais aujourd'hui il n'en aurait pas le temps, et à part l'heure de la visite de ses salles, il est dans son cabinet de consultation du matin au soir. 200 malades au moins se présentent chaque jour à sa visite. Il lui arrive souvent de n'avoir pas le temps de les examiner. Il me fit promettre de venir assister à sa consultation pour me rendre compte par moi-même des maladies ordinaires du pays. Je le quittai en lui donnant l'assurance que je n'y manquerais pas et nous prîmes rendez-vous pour le 28. Il devait réunir ce jour-là à mon intention des maladies particulières au pays. Le docteur a deux enfants nés à Tanana-

---

nieux. Nos musiciens chantèrent le chant de la reine, le chant des guerriers et d'autres qui ne manquaient pas de charmes. Les notes ne sont pas nombreuses et vont généralement de la tonique à la quarte.

rive; je les rencontrai dans le jardin et ils me frappèrent par leur bonne mine; leurs joues sont fermes et rouges comme s'ils avaient été en Écosse.

C'était vendredi, jour de grand marché de la capitale, et nous nous dirigeâmes vers la place où il se tient; nous vîmes en passant une petite chapelle méthodiste en bois, d'un style gracieux et simple. Arrivés au marché, nous eûmes beaucoup de peine à pénétrer dans la foule serrée des vendeurs et des acheteurs. On arrive toutes les semaines des parties les plus éloignées pour les affaires qui se font ce jour-là. On y vend de tout : des esclaves, du bois, des objets de l'industrie du pays, de la poterie, des instruments aratoires, etc. Je n'y ai vu que des choses grossières, quelques nattes fines mais rares, des lambas ordinaires; ceux de luxe se trouvent chez les particuliers qui en font fabriquer par leurs esclaves. Je remarquai des paniers remplis d'insectes desséchés, des larves de hannetons, des blattes d'eau, etc.; les Malgaches sont très-friands de ces insectes et leur goût favorise un intérêt de premier ordre, celui d'enlever du sol une quantité énorme d'insectes qui, venus à terme, dévoreraient leurs plantations de riz; c'est dans le sol et assez profondément que se trouvent ces larves, surtout celles des hannetons. En bêchant la terre pour la préparer à la culture, ils arrivent à la couche où elles séjournent et les recueillent pour les envoyer au marché.

Toutes les races de Madagascar se donnent rendez-vous sur cette place avec tous leurs produits : l'Hova avec toutes ses variétés, le Betsileo, l'Ansianak, l'homme du Sud, etc.; les uns apportent les poteries, les autres le fer, les tissus faits avec les plantes du pays, les bois. Le marché d'esclaves offre un triste spectacle, on y conduit les vieillards, les infirmes, les hommes de peu de valeur; ceux d'un certain mérite s'achètent chez les propriétaires. Le prix d'un esclave ordinaire est de 25 à 30 piastres.

Du marché, nous nous dirigeâmes vers le jardin de M. Laborde où nous devions déjeuner. Ce jardin, au delà des faubourgs, est enclos de murs en terre et fort bien arrangé; le propriétaire y a créé un verger d'arbres fruitiers venus de la Réunion : des manguiers, des bibassiers, des pêchers, un potager. Au centre se trouve un pavillon avec un kiosque; M. Laborde, au temps de sa prospérité et de son influence, y donnait souvent des fêtes. Au-dessus de la salle à manger, règne une galerie où se tenaient les musiciens; c'est là qu'eut lieu le souper dont parle Mme Ida Pfeiffer et qui devait précéder l'envahissement du palais. Aujourd'hui tout cela est abandonné et il faut des circonstances exceptionnelles pour qu'on s'y réunisse. Quelques Pères de la mission vinrent déjeuner avec nous. M. Laborde nous fit les honneurs de son service en argent, don de la grande et éphémère *Société de Madagascar*.

Ces lieux rappelèrent les souvenirs de M. Laborde, qui nous parla de la charte et du traité Lambert avec Radama II, de la conjuration qui aboutit à la mort de ce prince et à la suite de laquelle M. Laborde dut quitter Madagascar, malgré la vieille reine, son amie.

Radama II était impopulaire ; il fut néanmoins proclamé roi à la mort de sa mère. La France et l'Angleterre envoyèrent des représentants pour féliciter le nouveau monarque. Lambert, Laborde et leurs amis rentrèrent à Madagascar, espérant par leur influence sur le nouveau roi faire triompher leurs idées. On sait combien son règne fut court. Radama II fut assassiné et Rasohaerina lui succéda.

M. Laborde, resté à Tananarive, assista de chez lui au drame dont le grand palais était le théâtre. Le premier ministre, en le rassurant sur sa vie et celle de son entourage, ne lui laissa pas ignorer que le roi et ses manamanes (amis de plaisir) étaient attaqués et en danger. La place d'Andohalo, où se tiennent les grandes assemblées, était envahie par le peuple. De temps en temps une victime était arrachée des bras du roi pour être jetée au milieu de la populace irritée. De la maison de M. Laborde qui donne sur cette place, on apercevait le flot d'hommes qui se mouvait avec des cris féroces : c'étaient les manamanes qu'on se passait de mains en mains et criblés de coups de sagaye.

Un morne silence régnait chez le consul et chez les missionnaires, dont la résidence était voisine. De temps en temps le premier ministre envoyait un de ses officiers les rassurer et les faisait prier de ne pas sortir de chez eux. Le roi faisait avec douleur le sacrifice de ses amis qu'on lui arrachait les uns après les autres. On lui demandait avec violence de les livrer et de déchirer les traités qui livraient le pays à l'étranger. Ce prince d'une nature douce, faible, mais libérale, malgré une vie de débauche, avait de bons sentiments et ne voulait pas abandonner ses amis. Les conjurés s'approchent de lui et le menacent ; il se met alors sous la protection de la reine qui essaye un moment de le sauver. Il s'avance sur le balçon qui domine la grande cour du palais et dit au peuple : « Je n'ai jamais versé le sang de mes semblables. » La fureur des meurtriers ne peut se calmer. On lui passa, dit-on, une corde au cou et on l'étrangla. Le sang du roi ne peut être versé ; la règle était respectée.

Le meurtre accompli, on annonça au peuple que la femme de Radama II, Rasohaerina, était proclamée reine succédant à Radama qui, rougissant de ses crimes et d'avoir déshonoré la royauté, s'en était allé. *Radama had injured the kingdom*, dit Ellis dans son ouvrage. Le peuple eut l'air d'être convaincu et se retira. Le consul, invité à se rendre le lendemain chez le premier ministre, qui connaissait son dévouement et sa vieille amitié pour Radama, apprit sa mort et la rupture des traités. « Le roi était parti, dit le premier ministre, et les traités faits par lui devaient disparaître avec lui. » M. Laborde était très-ému en nous faisant ce récit et ne cessait de faire l'éloge de Radama et de regretter les fâcheuses conséquences de sa mort.

Dans l'après-midi, nous reprîmes nos filanzanes pour parcourir les faubourgs, examinant les cases, la population fort laide et d'aspect misérable. Nos porteurs parcouraient ces sentiers, ces difficultés de chemin avec une promptitude effrayante ; ils étaient tellement lancés qu'il fallait à chaque instant les modérer du geste et de la voix ; ils s'excitent les uns les autres quand ils sont en marche jusqu'à devenir fatigants. Leurs cris, leurs rires et leur bavardage vous feraient perdre la tête ; ils éprouvent l'excitation des chevaux qui voyagent ensemble ; à chaque instant nous sommes obligés de prononcer le mot qui les modère : *Mouramoura*, qui produit un effet magique et les arrête court. Cela veut dire : « doucement, doucement. »

Le 26, nous devions déjeuner à Ambonipo, la ferme que les Pères étaient en train de créer et qui est située à 6 ou 8 kilomètres de la ville. La reine a concédé à la mission catholique un terrain assez ingrat, rocheux, très-sec, ayant un lac considérable à sa base, mais dont l'eau ne peut arriver sur leurs terres qu'à l'aide d'une pompe aspirante. Ce n'est pas une grande faveur que la reine a faite aux Pères, mais leur zèle a déjà transformé ce lieu aride. Une chapelle en terre est en construction, une école de Frères instruit les jeunes Malgaches du voisinage ; ils ont l'espoir de créer à Ambonipo une ferme-modèle où ils récolteront un jour le blé et le vin nécessaires à la mission. Ce jour est encore loin, mais leur persistance, leur volonté finiront, si on leur en laisse le temps, par vaincre tous les obstacles.

Le 27 nous fîmes, avec le Père Ailloud, une grande promenade qui devait être pour moi d'un grand intérêt. Il visitait quelquefois une famille appartenant à la reine par une proche parenté. La présence d'un médecin français avait fait naître le désir de me consulter. La mère était nièce propre de la reine et ses enfants avaient pour père un cousin de Radama. Leur demeure était un vieux château tombant en ruine tout à côté du grand palais. Comme celui-ci nous était interdit, je devais profiter de cette visite pour le voir en le dominant du haut de ce château.

Nous fûmes introduits dans une chambre délabrée où l'on constate les restes d'une ancienne splendeur; une estrade avec galerie en bois sculpté, quelques dessins représentant Napoléon, son fils et des cavaliers en costume de 1820 à peu près; ces dessins, coloriés ou copiés par des Malgaches, quoique grossièrement, témoignaient pourtant d'un art naissant, et surtout d'un grand esprit d'imitation. Dans un coin, un grand lit avec baldaquin. Un esclave noir proprement vêtu et d'une figure avenante nous introduisit; nous montâmes à l'étage par un escalier en spirale tellement délabré qu'il fallait prendre garde de ne pas mettre le pied sur une planche pourrie ou absente; cet escalier aboutissait à un salon à tapisserie représentant des batailles. Dans un coin, un orgue à main et une énorme grosse caisse. C'était le salon des bals, des fêtes d'autrefois; on ne s'y tenait jamais. A côté, un corridor étroit, noir et sale servait de gîte à toute la famille. Nous la trouvâmes réunie, assise ou couchée sur des nattes. A l'entrée, un petit foyer dans le genre malgache sert à cuire le riz. Nous échangeâmes des poignées de mains en disant : *Veloum*, *Tanandriaman*, que Dieu vous fasse vivre longtemps. Esclaves et maîtres étaient rangés le long d'une cloison. On nous fit asseoir en face sur des tabourets. La mère, encore jeune et d'une jolie figure, avait eu neuf enfants : les deux premiers provenaient du prince son mari; les autres, d'un type tout différent, étaient nés depuis la mort du mari légitime et passaient tous pour être de sa lignée. La jeune fille, âgée de quinze ans, a une figure ovale, le teint jaune, des yeux bridés, chinois, les cheveux noirs et lisses, les extrémités fines, la tête un peu allongée, le front légèrement fuyant. Son frère, âgé de quatorze ans, a le même type; tous chiquent du tabac en poudre et le tube en bambou qui le contient passe de temps en temps de main en main; l'esclave et la maîtresse puisent à la même source, s'en versent dans le creux de la main et puis le jettent dans la bouche en allongeant la lèvre inférieure. Les deux jeunes gens sont malades; la jeune fille est très-amaigrie par une débauche précoce qui n'a rien que d'ordinaire;

elle doit bientôt se marier. Le jeune homme a des dartres sur le cou et je constate qu'il a un de ses orteils à moitié nécrosé. Il n'y avait jamais fait attention.

Après une conversation prolongée et beaucoup de questions, je demande à voir le grand palais et on me fait monter à une fenêtre d'où je domine tout.

Les portes de ce palais étaient heureusement ouvertes et on entassait dans le grand salon la part douanière prélevée sur les marchandises arrivées à Tamatave et qu'on expédie à la capitale. C'étaient des ballots de toile, de sel, de fer-blanc, etc., tout ce qui vient de l'extérieur. Ce palais en bois, à étage, est très-vaste et entouré d'une double galerie; sa toiture, très-élevée et finissant par des angles très-aigus, a des fenêtres sur ses faces. La base du toit va en s'élargissant et s'évasant, de manière à dépasser de beaucoup le carré du corps principal; les angles en sont arrondis et forment un peu voûte. C'est le genre chinois et qui a été adopté pour toutes les maisons de quelque importance. Les colonnes énormes qui soutiennent les étages sont en grande partie en ruine et on est obligé d'épontiller toutes les galeries. La cour est assez grande, entourée d'une palissade en bois épais et d'une hauteur de 4 mètres à peu près, qui la cache complétement aux rues du voisinage. A l'entrée, près de la grande porte à gauche, les tombeaux de Radama et de Rasohaerina, construits récemment en forme de pagode; au-dessus de la grande porte, un aigle aux ailes déployées, tenant une sphère dans ses griffes, et au-dessous une glace ordinaire. La grande salle du rez-de-chaussée, qui comprend presque toute la largeur du palais, présente au milieu une énorme colonne peinte en rouge, avec une table autour; sur cette table on a placé pêle-mêle des vases d'argent, des pendules de toutes les époques et de nombreux objets donnés en cadeaux, la plupart inférieurs. Du côté de l'Est, plusieurs pavillons simples, ressemblant à des cases vulgaires: c'est un de ceux-là qu'habite la reine [1]. M. Cameron vient de construire un chalet suisse de jolie apparence; mais la reine et sa cour préfèrent toujours la demeure sans luxe, sans apparat, où elles se trouvent à leur aise. Quant à ces belles constructions, elles ne sont bonnes que pour les jours de fête, pour les étrangers. Ici les grands comme les petits aiment l'existence sans gêne et même d'apparence dénuée.

[1] Un grand palais en pierre granitique vient d'être construit récemment à côté de l'ancien. Ce sont les Anglais qui ont dirigé ces constructions.

La princesse nous invita à venir visiter une autre maison qui lui appartient et qui se trouve sur le versant opposé. Après avoir gravi un labyrinthe d'escaliers, nous fûmes reçus dans une petite chambre tapissée en vert, n'ayant pour meuble qu'une petite table placée dans un coin et des nattes sur lesquelles nous nous assîmes; sur la table, quelques tasses vulgaires et deux ou trois verres communs. Les jeunes princes qui nous accompagnaient semblent jouir de ce luxe relatif en pensant que nous en étions émerveillés. Une petite fenêtre qui donne sur le palais nous permettait de dominer une plate-forme plantée de quelques arbres et qui se trouve sur le côté opposé du palais que nous avons déjà vu. Un peu plus loin, le palais d'argent, du même style que le premier, mais beaucoup moins grand ; ce nom de palais d'argent lui vient de petites boules d'argent qui terminent les extrémités angulaires du toit; elles sont si petites qu'il faut en être très-près pour les constater. Au moment de partir, la princesse montrait avec satisfaction au Père les images qu'il lui avait données et qu'elle avait collées à la muraille.

Nous visitâmes ensuite le palais du petit prince Ratimire, enfant rabougri, de race chinoise, qui tient de près à la reine et qui offre le même type que ceux que nous venions de visiter. Cette maison, qui n'a qu'un rez-de-chaussée, est entourée d'un mur en pierre de grès très-belles. Un peu au delà se trouve une ruine appelée la maison de pierre, où Radama II se rendait souvent en compagnie de ses favoris; l'emplacement en est abandonné : c'est comme un lieu fatal que personne ne veut même toucher. En contournant l'arête de la montagne, on arrive à une chapelle catholique avec une école; le tout bien modeste, mais tendant à s'accroître. A côté, un temple méthodiste en construction qui domine la roche tarpéienne et toute la plaine. Ce temple, construit en granit jaune, a des portes à colonnes sculptées et un clocher en pyramide très-élevée ; c'est un beau monument et le premier qu'on aperçoit de loin avec le grand palais. Les méthodistes ont là aussi une école encore sous le chaume, en attendant une plus belle construction.

L'ancien sikidi de Ranavalo Ire, qui avait joui d'une grande célébrité, était malade et désirait me recevoir ; sa demeure était sur le versant opposé. Quoiqu'il fût déjà tard, je ne voulus pas perdre cette bonne occasion de voir un personnage aussi célèbre et qui joua un si grand rôle dans le dernier gouvernement. Après un véritable voyage au milieu des roches et une grande gymnastique de jambes et de bras, nous arrivâmes à une modeste case. Une femme d'assez belle apparence nous introduisit; c'était celle même du sikidi. Couché sur une natte par terre, dans une chambre misérable, l'augure se souleva et nous tendit la main. J'avais devant moi une espèce de monstre, de la taille d'un nain, avec des jambes, des bras écourtés et difformes, une figure diabolique, le tout couvert d'ulcères, d'exostoses. Le malheureux était réduit et n'en pouvait plus; il avait besoin d'un traitement à fond que le reste de ses forces devait le rendre incapable de supporter. Son influence, due sans doute à sa construction monstrueuse, a beaucoup baissé depuis la mort de la vieille reine et le gouvernement actuel est, dit-on, moins soumis aux décisions des sikidis en général. Cependant, avant d'entreprendre quoi que ce soit, le Malgache consulte toujours ses augures; on tue un coq, un bœuf; on fait des sacrifices et les sikidis, les ombiasses, sorte de médecins, prononcent. Le tanghin est aboli, a dit le premier ministre; mais les superstitions existent encore et seront encore dans les mœurs pendant longtemps.

Il était presque nuit quand nous rentrâmes et je me hâtai de raconter ma bonne fortune à M. Laborde, qui avait beaucoup connu l'ancienne cour et le célèbre sikidi. Il m'assura qu'un grand progrès avait eu lieu et que la vieille reine qu'on a faite si sanguinaire n'obéissait souvent qu'aux ambitieux qui l'entouraient, surtout au vieux parti malgache représenté par Rainisohara qui ne voulait admettre aucun progrès, aucune immixtion d'idées nouvelles. Ainsi, lors de son exil, après l'affaire Lambert en 1857, Ranavalo se souvenant de ses anciens services et de ses bonnes relations, ne voulait pas croire ceux qui le disaient coupable. Le sikidi fut interrogé bien des fois et sa réponse fut toujours : Il est coupable. Il fallut partir, mais à peine M. Laborde eut-il quitté la capitale que la reine ordonna de suspendre son voyage; elle voulait encore consulter le sikidi. A son arrivée à la côte, avant d'être embarqué, la reine interrogea de nouveau ses augures; ceux qui avaient intérêt au départ de M. Laborde firent toujours la même réponse et il fut obligé de quitter Madagascar. Mais la reine voulut que ce départ se fît sans contrainte et fût entouré de tous les égards des émissaires du gouvernement. M. Laborde perdit ses biens, ses esclaves, mais put emporter son argenterie, tout ce qui n'était pas attaché au sol. Le Malgache a, du reste, un grand respect pour les blancs. Dans les derniers événements, on a fait partir ceux qu'on croyait dangereux, on a toléré les autres.

Le 28, nous visitâmes l'imprimerie anglaise dont tous les travaux sont exécutés par de jeunes Malgaches sous la direction d'un Anglais qui nous a fait tout visiter avec une grande complaisance. C'est encore la Société des missions qui fait ici tous les frais ; elle augmente son influence et pousse au progrès par tous les moyens. Un *magazine* vient d'être publié en malgache et paraît tous les deux mois. M. J. Cameron a publié une histoire de Madagascar, et le Dr Davidson une statistique médicale et pathologique du pays. On a imprimé les lois ainsi que les discours de la reine, des grammaires, des dictionnaires, etc. Grâce aux Anglais et aux Français, la langue se forme et se fixe. Le nombre de personnes lisant et écrivant augmente chaque jour. L'imprimerie aidant, les idées, les lumières se répandront forcément et amèneront comme conséquence une transformation dans l'esprit public.

L'île a maintenant un photographe, M. J. Parrette, qui nous a donné gracieusement des vues de Madagascar et du couronnement faites par lui. Il nous présenta à sa femme qui habite un petit appartement près de l'imprimerie. Ces Anglais s'adaptent d'une manière merveilleuse à tous les pays. Les ministres, les employés de toutes sortes acceptent d'emblée leur nouveau séjour ; ils y vont avec femme, enfants et s'installent de suite comme s'ils étaient chez eux, en Angleterre. Nous fûmes reçus dans un salon très-simple mais de bon goût, avec une table garnie de livres, des chaises, une salle à manger d'une grande propreté avec des meubles, une vaisselle simple mais admirablement tenue ; sur les murs, écrites en lettres gothiques, des pensées tirées de la Bible.

Le 29, de très-bonne heure, nous entendîmes le tambour, la musique ; c'était le départ d'une députation de Tananarive pour Ambonimangue. De l'emplacement de M. Laborde, nous pûmes assister aux cérémonies et au défilé des soldats, du peuple. Pendant le séjour de la reine dans la ville des ancêtres, il y a des usages traditionnels. L'un de ceux-ci consiste à porter à la reine les fruits de la terre dont on lui fait hommage. A Ambonimangue on sacrifie beaucoup de bêtes, des bœufs surtout ; il y a fêtes, invocation des bons esprits. Toute la matinée des soldats, des officiers avec musique en tête, des hommes, des femmes du peuple défilaient sur la place d'Andohalo, portant du riz, du manioc, des cannes à sucre, des dindes, des oies, etc. Toutes ces choses devaient être déposées devant la souveraine comme signe, comme témoignage de ses droits sur tout ce qu'on retire de la terre qui lui appartient. A chaque cortége qui passait, nous ôtions nos chapeaux en envoyant nos hommages à la reine. Ces marques de respect sont recommandées et très-appréciées comme signe d'obéissance à són autorité. Ce jour-là le vide se fait à la capitale ; tous ceux qui peuvent vont à Ambonimangue ; c'est une occasion de réjouissances et la reine en profite pour distribuer de la viande de bœuf à ses sujets. Malgré ce pèlerinage qui diminue la population de la capitale, le premier ministre avait cru nécessaire d'y laisser un grand nombre de soldats et ses aides de camp les plus dévoués. On craignait toujours quelques troubles et une conspiration. De 7 heures du soir jusqu'au jour, 1,500 hommes veillaient sur tous les points de la ville et poussaient des cris prolongés. Des rondes, des patrouilles parcouraient les rues, et les sentinelles se faisaient entendre constamment. Nos nuits étaient troublées par ce tapage et cette psalmodie.

Dans l'après-midi, je me rendis à la consultation du Dr Davidson. La cour, les corridors étaient remplis d'hommes, de femmes, d'enfants attendant leur tour de visite. Le docteur les reçoit dans son cabinet et les examine en présence de ses élèves ; un d'eux inscrit le nom du malade et de la maladie sur un registre in-folio, un autre la prescription ; quand il y a un médicament à donner, le malade emporte un billet pour aller prendre à la pharmacie ce qui lui faut. On m'avait dit que la lèpre était très-commune à Madagascar et le Dr Davidson avait bien voulu en réunir plusieurs cas à mon intention. Je n'en ai constaté qu'un seul à forme tuberculeuse, comme nous en voyons à Maurice et à la Réunion. Le plus souvent on donne ce nom à une altération de la peau qui devient rugueuse et rougeâtre : c'est d'un aspect particulier sur ces peaux jaunes ou cuivrées. Les plaques sont toutes sensibles au toucher ; j'ai pensé que cette affection n'était qu'une dégénérescence syphilitique, opinion que n'est pas éloigné d'avoir le docteur anglais. Les cas de lèpre tuberculeuse aux taches blanches, insensibles sont relativement rares et se trouvent plus particulièrement chez la race noire. La phthisie l'est plus encore, mais elle existe à Madagascar, quoi qu'on en ait dit, j'en ai constaté des cas et les registres de l'hôpital anglais en ont aussi relaté. Je ne pense pas que ce soit le climat qui rende cette affection peu fréquente, c'est la vie libre, au grand air, de la plupart des habitants. L'insouciance, le soleil, l'espace, l'exercice, tout se réunit pour laisser les organisations dans le calme. Si n'étaient les maladies vénériennes, ce peuple serait en général d'une belle santé. Mais je ne comprends pas que, rongé comme il l'est, surtout à Tananarive, sans soin d'aucun genre, il puisse conserver la faculté de se reproduire. Aussi l'aspect de ces populations est en général rachitique et si cela continue, dans un temps limité, ce peuple s'en ira en morceaux. Beaucoup de femmes ne peuvent sauver leurs enfants pour cette cause. Une fois la maladie acquise, elle est livrée à elle-même. L'eau qui est rare à la capitale ne sert jamais aux soins de la propreté. On ne la chauffe que pour la boire en mangeant. Le bois y est tellement rare que les riches seuls peuvent en user en le faisant venir à grands frais de très-loin. Le peuple ne se sert pour faire cuire le riz que d'un peu de paille séchée qu'on emploie avec un art infini pour en tirer tout le parti possible. Ils ont bien des simples, mais sans action reconnue. Ils épuisent les pharmacies d'iodure de potassium, de préparations mercurielles et de soufre. Excepté ceux qui peuvent se faire soigner à l'hôpital, tous les autres sont mal soignés et ne guérissent point. Les Pères s'en consolent en pensant que si le corps ne guérit pas, au moins en cherchant à le soulager, ils sauvent parfois des âmes. Mais je ne sais trop si le baptême qu'on leur donne les lave spirituellement plus que la médecine appelée à nettoyer leur corps.

Nous devions repartir le lendemain. Notre commandeur nous procura de nouveaux porteurs, arrangea nos bagages et le soir tout était prêt pour notre route.

Les Pères, les Sœurs, jusqu'au dernier moment, me demandaient des consultations, des notes pour les diriger autant que possible dans leur ministère de charité. Le Père Ailloud voulut avant le dîner me conduire de nouveau chez la princesse que nous avions visitée ensemble. Il m'engagea même à lui laisser un souvenir, et je cherchai dans ma malle un objet quelconque ; j'étais assez embarrassé, ne croyant rien avoir qui pût être convenable. J'avais quelques mouchoirs assez fins. — Apportez-en un, me dit le Père, cela fera plaisir. — En effet, le mouchoir fut accepté avec bonheur. En retour, on voulut me vendre fort cher un vieux lamba de soie usé que je refusai, bien entendu. Le Père me dit, pour me consoler de ce procédé, en partant : — La princesse vous dit que, si vous le désirez, elle fera cuire du riz pour vous et que vous pourrez en manger à vous en rassasier. — Je remerciai et m'en allai. Ce fait est caractéristique, ils sont tous ainsi : prendre, demander sans pudeur et en retour chercher à vous exploiter.

Depuis le départ de la reine pour Ambonimangue, la capitale vivait dans une inquiétude de jour et de nuit ; on se rappelait le mouvement insurrectionnel qui avait eu lieu l'année précédente après le départ de Rasohaerina. Des bruits étranges circulaient; l'ancien premier ministre et ses complices étaient dans les fers; le vieux Raïnisohara était exilé et n'avait guère de représentant actif; mais leurs partisans pouvaient les délivrer et les ramener sur la scène. Les Pères, M. Laborde, le commissaire répétaient souvent : Ce n'est pas fini et nous entendrons bientôt parler d'une nouvelle révolution de palais. — La nuit, de nombreux soldats veillaient armés et poussaient à chaque instant des cris de sentinelles. Tout autour de notre demeure, ces cris répétés nous tenaient éveillés et inquiets. Notre hôte n'était pas rassuré et nous racontait les derniers événements auxquels il avait assisté, retiré avec la reine, le premier ministre actuel et ses partisans dans une habitation distante de trois heures de la capitale; il nous parlait avec émotion de cette nuit d'angoisses pendant laquelle des courriers successifs venaient leur apprendre les différentes phases de l'insurrection qui pouvait mettre fin à leurs jours. Ils étaient tous armés, pistolets, fusils chargés et prêts à vendre chèrement leur vie. Heureusement que le chef de la conspiration, le frère du premier ministre actuel, avait mal combiné son complot. Presque toujours en état d'ivresse, ses actions étaient sans suite. D'une nature douce et facile, l'alcool le rendait féroce. Le commandant en chef qu'il somma de partir pour arrêter la reine et ses partisans eut l'air de se soumettre à ses ordres et donna ordre en secret à ses officiers de l'arrêter lui-même. Il fut, en effet, saisi facilement et les combinaisons des révoltés échouèrent. Le jour arriva et apprit à la reine que les conspirateurs, que les révoltés étaient aux fers. Abrutis par l'ivrognerie, la plupart ne pouvaient lutter avec avantage. Ce vice est ou plutôt était une des plaies de Madagascar, car il tend à diminuer, et les dernières lois défendent sous des peines sévères l'usage des boissons excitantes. Le premier ministre actuel est d'une grande sobriété et ne boit jamais d'aucune liqueur. A la capitale et dans l'intérieur où arrivent plus difficilement le rhum, l'absinthe, le vin, on peut jusqu'à un certain point mettre un frein à cette passion; mais sur la côte où un litre de rhum infect de Maurice se vend 70 cent., on peut en boire à trop bon marché pour que la masse du peuple n'en soit pas victime. Les femmes s'enivrent généralement avec autant d'abandon que les hommes et on en rencontre à chaque pas ayant le teint allumé et les yeux noyés d'ivresse.

Avec le mystère complet qui plane sur toutes choses, les esprits vont souvent au delà de ce qui est, du possible et s'attendent à des désordres qui ne sont qu'imaginaires. Nous aurions voulu assister au retour de la reine et de sa suite, mais notre hôte avait une certaine inquiétude et craignait qu'il ne nous restât pas assez de temps pour arriver à Tamatave à l'époque ordinaire de la malle. Il nous pressa de nous mettre en route, et, le 29 au matin nous fîmes nos adieux à la capitale et reprîmes l'usage des filanzanes, de la vie des bois, des cases en paille, du lit de camp, des chemins difficiles. A 8 heures, après une dernière collation avec nos amis, après avoir dit adieu à toute la France de Tananarive, avec des regrets, émus, car on sympathise facilement et vite dans cet exil éloigné, nous partîmes tous les larmes aux yeux.

IV.

Tananarive a Tamatave.

Soatsimanampiovana. — *La vallée d'Ankai.* — Ampassipouce. — *Lalamazotra.* — Béfourme. — Ambatoaruna. — Bain à Ranemafano. — Arrivée à Andevorante. — Rencontre de Mlle Juliette Fiche. — Présentation à Rainifiring, commandant de Tamatave. — Près d'Ivoudron. — Visite à la Cruche-Cassée, lieu renommé pour les sacrifices. — Arrivée à Tamatave. — Massoua. — Belle-Vue, ancienne guildiverie Delastelle. — Grand kabar pour l'installation du nouveau commandant. — Fêtes. — Incendie de nuit qui menace de brûler tout le village. — Arrivée de la frégate l'*Armorique*.

En quittant Tananarive, nous reprîmes la route de l'Est, au milieu des faubourgs et des terres cultivées. J'admirai de nouveau avec quel soin les Hovas font leurs plantations; le sol est travaillé avec une méthode et une régularité remarquables. Nous couchâmes le soir à Soatsimanampiovana, où nous retrouvions les souvenirs de notre première étape. Le temps était beau quoique un peu couvert; nous parcourûmes une seconde fois ces ruines, ces lacs giboyeux que nous avions déjà admirés; j'y fis une collection minéralogique intéressante, et M. Laborde voulut bien donner des ordres pour me laisser puiser dans celle qu'il avait faite en parcourant l'île et qui avait alimenté toutes ses fabriques.

Le 30 au matin, un brouillard épais et glacé couvrait tout le pays; nous aurions voulu attendre que le soleil dissipât ces vapeurs, mais nous avions une longue étape à faire et il fallut partir; on ne voyait pas à dix pas devant soi et les hommes cherchaient souvent leur route. Arrivés à Enkeramadine le soleil commença à paraître. Nous traversons des montagnes, des forêts, des ravins par les pentes vertigineuses qui terminent les monts Ankove et nous arrivons à Amboudinangave à 11 heures et à Amboudinifoudi à 5 heures et demie, après avoir traversé des vallées à rizières, des canaux, des marais, des ruisseaux. Cette région est une des plus malsaines de Madagascar : la population en est pauvre et d'aspect misérable; on aperçoit bien des troupeaux de bœufs, des cultures, mais tout commence à dégénérer. Nous sommes aux limites du pays des Hovas; la culture n'est plus aussi soignée que dans l'Ankove, les maisons n'ont plus d'architecture régulière; on sent déjà une civilisation moins avancée et l'éloignement de la capitale.

Nous nous trouvions dans une région assez basse, et le soir il faisait tellement chaud que nous dinâmes dehors, aux bougies. Pendant ce repas à la belle étoile, au milieu des habitants du village qui nous regardaient avec curiosité, mon voisin aperçut une petite araignée qui s'apprêtait à me sucer au-dessous de l'oreille; il s'en saisit aussitôt et la tua. Je l'avais échappé belle! Il y a à Madagascar très-peu de bêtes venimeuses, mais la plus à craindre est cette petite araignée à corps en forme d'une petite olive avec l'extrémité rouge (*Latrodatus menavodi*); sa piqûre est très-dangereuse et on raconte sur ses effets les choses les plus émouvantes. Couchant dans des cases en paille, sur des nattes, au milieu de tous les insectes possibles, nous avions plus d'une fois redouté cette petite bête et je n'osai plus dormir en pensant que j'aurais pu être victime de sa morsure. Les centpieds, les scorpions sont communs, et il faut toujours être armé d'ammoniac pour en détruire le venin s'ils viennent à vous piquer.

Presque toute la nuit, il y eut danse et chants dans le village; des voyageurs de passage payaient le besabèse; les libations et la joie égayaient toutes les cases et les ruelles.

D'Amboudinifoudi la route monte par un sentier à pic; il faut se coucher en avant sur son tacon pour pouvoir s'y maintenir. On traverse les monts Foudi; c'est le second contre-fort de montagnes qui séparent l'Ankove de l'Ankaï. La route parcourt un pays désolé avec quelques rares vallées à roches ferrugineuses; on en rencontre à chaque pas et souvent par couches très-épaisses.

Après avoir de nouveau traversé le Manghoure, la plaine sablonneuse et inculte d'Ankaï, nous arrivons à 11 heures à Mouramangue pour déjeuner. C'était encore jour de marché comme à notre premier passage; une grande population s'y trouvait rassemblée avec tous les produits de l'île. Mouramangue est un grand village qui n'a d'importance que par son marché, le pays voisin ne produisant pas grand'chose. Nous nous installons dans la case de la reine qui est très-spacieuse; elle était encombrée de monde. Pendant notre repas, un officier de douane, partant pour Manourou, vint s'asseoir près de nous, demanda nos noms et les inscrivit en disant qu'il voulait les connaître pour nous servir si nous allions dans son district. Après s'être assuré que nous étions catholiques, il se mit à genoux et fit le signe de la croix. Il voulait se faire offrir un verre de vin ou de rhum, ce que nous fîmes à sa grande satisfaction.

Nous allâmes coucher à Ampassimpouce, village situé à l'entrée de la forêt de l'Alamazotra. Le nom de ce village veut dire *sable blanc*, à cause de sa situation dans un pays entièrement composé de sable blanc quartzeux; c'est le même qu'on rencontre depuis l'Ankaï, et à part les collines à tuf ocreux, partout c'est ce même sol à quartz qui ne devient fertile qu'avec beaucoup de fumier. Ampassimpouce est un village presque abandonné et en ruines; sa population s'est transportée en grande partie à Simoune, qui se trouve un peu avant, et dont la situation est meilleure. Nous n'y trouvâmes que des cases délabrées; heureusement nous avions un temps magnifique. Pendant la nuit une lune splendide éclairait la forêt que nous avions devant nous et nous donnait un spectacle magique. Nous partîmes le lendemain à 6 heures par une matinée froide; l'entrée des bois était envahie par une brume humide que le soleil ne tarda pas à dissiper. La journée s'annonçait très-belle: les chemins que nous avions parcourus quelque temps avant, glissant dans la boue, étaient séchés; le soleil traversait de ses rayons la cime des grands arbres et nous permettait de jouir plus à notre aise des détails de la magnifique forêt. Nous nous croisions souvent avec des voyageurs malgaches, des officiers accompagnés de leurs soldats, des porteurs de paquets et des troupeaux de bœufs énormes qui viennent de l'intérieur pour être vendus à la côte. Ces troupeaux mettent quelquefois deux mois pour descendre; ils paissent en route, campent dans les plaines, et les hommes qui les conduisent, appartenant le plus souvent aux grands de la capitale, vivent aux dépens des villages qu'ils traversent. La reine ne tracasse pas ses sujets par des impôts fixes, mais les villages qui se trouvent sur la route de la capitale sont chargés de fournir le riz aux officiers et soldats qui voyagent, et il y a des cas où cela arrive trop souvent. On parlait encore du voyage que l'année précédente avait fait la reine Rasohaerina suivie de 3,000 ou 4,000 hommes ; elle campait avec sa troupe et sa suite auprès des villages, et les malheureux habitants étaient rançonnés et obligés de fournir à tous leurs besoins. On voit encore les emplacements nombreux des haltes de ce voyage qui dura deux mois. Ce passage fréquent et onéreux des troupes hovas est considéré par quelques-uns comme la cause principale du dépeuplement du pays. Ceux qui peuvent se sauver loin de ces routes fréquentées, s'en éloignent. Je ne crois pas à cette cause d'une manière absolue : il y en a une autre bien plus puissante et permanente, c'est l'apathie naturelle à ces populations. J'ai voyagé loin des voies qui conduisent à la capitale, la culture alors disparaît presque; il n'y a plus de village, mais quelques huttes isolées autour desquelles les Malgaches ne plantent que ce qui est strictement nécessaire à une existence misérable. Ils se pillent entre eux quand ils ne sentent plus l'autorité qui les réprime ailleurs. Règle générale, le voyageur a une sécurité très-grande quand il traverse un village où domine le mât de la reine. La police hova se fait en général très-bien. Les Betsimsarak et autres sont pillards, et cela se comprend : la plupart sont sans biens, sans principe social d'aucun genre, ne possèdent rien. L'Hova, au contraire, a le sentiment de la propriété porté à un point extrême. Partout où il domine il y a un certain ordre, une organisation, une police; les corvées qu'ils imposent aux habitants des villages peuvent être pénibles, mais ne m'ont jamais paru vexatoires. Quand ils ne veulent pas obéir, ils se sauvent, et on est souvent obligé de renouveler les travailleurs appelés à l'ouvrage.

Nous mîmes une demi-journée à traverser la forêt de l'Alamazotra par un temps superbe. La route était meilleure et nous n'avions plus besoin d'avoir une attention de chaque minute pour ne pas tomber dans des abîmes. Les cris de babakoutes nous accompagnaient; ils semblaient être tout près de nous, mais nous ne pûmes jamais en voir : ils fuient à l'aspect des passants. Le chant des oiseaux se faisait entendre dans tous les sens, les fleurs avaient plus d'éclat, les orchidées d'une autre espèce que celles de la côte, ornaient en grand nombre les bords du chemin et le tronc des arbres; elles sont moins développées que celles des régions inférieures, mais plus variées; de splendides papillons, l'*Urania* surtout, tachetaient le feuillage de leurs couleurs variées et éclatantes.

Nous couchâmes le 2 octobre à Béfourme. Ici s'arrête la grande forêt et les bois ne doivent plus reparaître que par intervalles. Le plateau de Béfourme est grand, productif en riz, en bœufs, mais c'est un vaste marécage et le matin un brouillard épais et très-humide obscurcissait tout. Nous partîmes par une pluie fine et glaciale; il fallait renoncer au parapluie, car les mains devaient être occupées à tenir les bras du tacon. Les chemins au milieu de ces marais étaient difficilement praticables et les hommes s'enfonçaient souvent dans la boue jusqu'à la ceinture. Parfois il fallait venir relever ceux qui ne pouvaient plus en sortir avec leur charge.

Nous déjeunâmes à un grand village, Passimbé, où l'on fabrique beaucoup de rabanes. Le moufia est abondant ici; on en rencontre des forêts. Le jour de notre arrivée, on avait tué un bœuf énorme et très-gras venant de l'intérieur. Ces bêtes, arrivées à leur complet engraissement, sont monstrueuses; leur loupe est double et se jette des deux côtés du cou; nous en avions rencontré souvent en route; mais tous ceux de cette dimension ne viennent que des plateaux du centre, sur la côte ils n'ont pas d'assez bons pâturages. La chair en est excellente; tout un filet nous coûta, je crois, 50 ou 60 cent. Le Malgache aime les morceaux à os et la peau; la queue est une des parties qu'il préfère. Dans les grands villages on débite souvent du bœuf; l'animal tué, on le coupe par morceaux, peau et chair; le marchand s'installe près d'une case en plein soleil et vend sa viande qui est parfois verte et décomposée sous l'action d'un soleil ardent et des mouches. Cela n'empêche pas la consommation. Le Malgache n'a pas d'odorat et son estomac digère tout, le cru, le cuit, le gâté; le remplir est l'essentiel, n'importe avec quoi.

Le soir, nous couchâmes à Ambatoarana, joli village dans une vallée charmante que nous connaissons déjà. Dans toutes les cases on prépare les feuilles de moufia. Ce sont les femmes qui, ordinairement, font ce travail, ainsi que le tissage des rabanes. A Ampassimbé comme ici, il y a un métier à navette qui fait partie de l'ameublement. Il y a plusieurs sortes de rabanes: la plus commune sert de vêtement au peuple; les plus fines sont employées en lambas pour les riches ou exportées. Leur couleur naturelle est le jaune paille, mais les Malgaches teignent souvent les fils et forment des tissus de teintes variées; c'est la seule industrie de ces villages. La rabane commune se vend à très-bon marché; quant aux rabanes fines, elles sont trop chères pour la plupart des consommateurs: on en fait très-peu et il est difficile d'en trouver.

Le lendemain, passant près de Ranemafano, je m'arrêtai près de la source thermale et pris un bain. L'eau en est tellement chaude qu'il me fallut faire un mélange de l'eau thermale avec l'eau froide de la rivière qui coule à côté. Cette rivière de Ranemafano est pleine de crocodiles et plus d'un accident y est arrivé. J'emportai deux bouteilles de cette eau pour l'analyser. Après Manambonitra, où nous déjeunâmes, le pays devient affreux et aride: collines sur collines, roches et herbes sèches. Cette région contient de très-beau quartz. J'en ai vu un bloc de couleur rose admirable et d'une dureté telle que mon marteau put avec peine en détacher un morceau. A 3 heures, nous étions à Maroumby où nous eûmes beaucoup de peine à trouver des pirogues pour descendre la rivière jusqu'à Andevorante; les hommes craignaient que la nuit ne nous surprît en route; nous pûmes enfin nous embarquer et descendre cette même rivière que nous avions remontée le matin en venant. Ce voyage est délicieux; l'eau est calme et sa surface s'élargit beaucoup à mesure qu'on avance vers le rivage. Sur les deux rives, plates, uniformes, une grande végétation, des forêts de songes gigantesques, des cannes à sucre, de petites rizières; des villages bien situés et d'un joli aspect se détachent des coteaux peu élevés des deux rives; à tout moment des troupes de sarcelles, de canards. En nous approchant d'Andevorante, le spectacle change: la rivière devient un immense lac avec de nombreux débouchés, des îles; l'une d'elles, grande, couverte d'arbres masque le village à l'arrivée. Au fond, près du rivage, des bois épais. Cette rivière est plus grandiose que celle d'Ivondrou, mais elle est moins riante, moins accidentée. Après avoir dépassé la grande île, on voit le village bâti sur une plage de sable, triste, aride, et d'un aspect misérable comme ses habitants. Nos marmites, sentant l'arrivée, poussaient des cris sauvages et joutaient à qui donnerait une plus grande impulsion aux pirogues. Ce bruit, ces chants avaient attiré quelques personnes au débarcadère; nous reconnûmes de suite au milieu des Malgaches M. et Mme Mandrel; ils nous apprirent qu'ils partaient le lendemain pour Tamatave, afin de profiter comme nous de la malle française. Aux approches de l'hivernage, Mme Mandrel fuyait cette région malsaine pour se rendre dans sa famille à Maurice. Andevorante est un séjour très-fiévreux ; à l'époque des pluies, ces terres marécageuses sont entièrement noyées.

Nous allions nous installer dans la maison de Mlle Juliette Fiche, quand on nous apprit qu'elle l'occupait elle-même. Le nouveau gouverneur de Tamatave était arrivé à Andevorante avec une suite nombreuse, et Mlle Juliette l'accompagnait depuis la capitale qu'ils avaient quittée un mois auparavant. Ils avaient stationné longtemps en route, selon l'usage des grands dignitaires malgaches. Nous nous disposions à chercher un autre logis quand une voix s'écria derrière nous :

— Il y a toujours place chez Juliette pour des amis ; venez tous, plus on est de fous plus on rit.

— Nous voudrions bien au moins faire connaissance avec elle avant de nous loger dans sa maison.

— Vous parlez à elle-même, je suis Juliette.

Je fus surpris bien agréablement, car j'avais beaucoup entendu parler de la princesse Juliette Fiche hors de Madagascar et à Madagascar et j'avais le plus grand désir de la connaître ; depuis notre arrivée, nous étions à sa recherche. Elle s'était rendue à Tananarive pour le couronnement. A notre arrivée à la capitale, elle venait de partir avec le nouveau gouverneur de Tamatave qu'elle ne devait pas quitter d'un instant. Nous aurions pu nous manquer, et Mlle Juliette Fiche est une personne aimable, bonne, originale qu'il faut connaître. C'est de plus un personnage politique et un type remarquable à étudier. Née sur la côte, de la famille princière d'Ivondrou, élevée à Bourbon, elle était revenue jeune encore à Madagascar. Associée de la maison Delastelle et Rontaunay, elle a toujours fait marcher, comme elle le dit elle-même, les affaires et la politique. Ses parents avaient favorisé les Français dans leur infructueuse tentative de conquête, et depuis la domination hova elle a eu l'adresse de rester princesse et en bons termes avec les conquérants. Mais aussi que d'adresse, que d'habileté et de souplesse elle a dû déployer ! Aujourd'hui Mlle Juliette doit avoir cinquante et quelques années ; elle est petite, de couleur noire, replète ; sa tête est large et recouverte de cheveux crépus grisonnants ; sa physionomie est vive, intelligente ; avec sa corpulence et pour une femme de sa race elle est d'une activité extraordinaire, toujours en mouvement, prête à rendre service, surtout aux Français avec lesquels elle a vécu presque constamment. Il fut de suite convenu que nous dînerions ensemble.

— « Si vous n'êtes pas trop fatigués, Messieurs, je vous proposerai de vous présenter à Rainifiring, le nouveau gouverneur; vous allez voir des sauvages, mais ne faites pas trop attention à leurs manières : ils seront heureux de faire votre connaissance. »

Nous acceptâmes avec plaisir. Le village était en fête; les danses, les chants, la musique du commandant, les soldats, les officiers de la suite contribuaient à donner un aspect agité et gai à Andevorante. Après avoir traversé quelques rues et une foule de danseurs et d'hommes ivres, nous arrivâmes à une case de modeste apparence où était logé Rainifiring; une seule chambre servait de demeure à lui, à sa femme, à ses frères, à ses domestiques; les bagages étaient dans un coin. Après avoir parlé de notre voyage, on nous fit offrir du vermouth par l'intermédiaire de Mlle Juliette. Le second commandant, des officiers arrivèrent, et bientôt la case fut pleine de monde. Rainifiring est un malais de traits, de physionomie; il a 58 ans. Il a fait partie de l'ambassade envoyée en Angleterre et en France en 1864 et parle assez bien anglais. Lui et sa suite devaient mettre encore 15 jours pour se rendre à Tamatave, devant s'arrêter dans chaque village, de manière à faire son entrée avec la nouvelle lune, ce qui est d'un bon augure. Notre visite terminée, la nuit se faisait; nous rentrâmes pour dîner. Mlle Juliette, qui par goût mange par terre, à la malgache, nous avait fait les honneurs d'une table et on nous servit sur une malle carrée; nous fîmes usage de nos couverts, mais elle mangea et but à l'aide d'une feuille de bananier repliée de façon à servir de cuillère et de verre; elle avait dans un grand bol du ranampang, eau chaude noircie par du riz grillé; elle buvait toute brûlante cette liqueur couleur de café.

— « Voilà notre vin et notre café à nous autres Malgaches », dit-elle.

Elle but cependant volontiers de notre vin. En guise de serviette, elle avait une manière de s'essuyer la bouche avec la main, très-leste et tout à fait particulière; les doigts allongés parcourent rapidement la bouche d'un angle à l'autre qui reste propre comme si un linge l'avait essuyée. Ses esclaves nous servaient, étant avec elles dans des termes d'amitié et d'égalité. Nous parlâmes un peu de tout pendant notre dîner; mais nous avions besoin de repos et ne prolongeâmes pas longtemps notre conversation. Nous devions partir le lendemain de bonne heure.

Cette femme si gaie en apparence avait un chagrin profond : elle avait perdu récemment un fils de 35 ans; un fils bien-aimé, un ami, un frère selon son expression. Ce fils demeurait sur une de ses propriétés à Ivondrou. Élevé en Europe, il était revenu à Madagascar où il vivait seul, mélancolique. Elle apprit un jour qu'il était souffrant, accourut et arriva à temps pour le voir mourir d'une mort singulière, inexpliquée. On a soupçonné comme toujours le poison dirigé peut-être par les Hovas soupçonneux et redoutant en lui les talents, l'instruction qui auraient pu le rendre influent. Mlle Juliette nous fit un tableau triste et affreux de la domination hova, et je comprends difficilement qu'elle puisse vivre au milieu de semblables scélérats. Je lui en fis la réflexion et elle me répondit :

— Ils sont nos maîtres, et pour conserver nos vies et nos biens nous sommes obligés de vivre en bonne intelligence avec eux.

— Cependant votre éducation, votre supériorité intellectuelle doivent vous donner une position influente.

— Ne répétez pas cela, nous dit-elle, car s'ils pouvaient se douter que j'aspire à être autre chose qu'une bonne femme, apte seulement à les servir, ma tête serait bien vite compromise et je ne tarderais pas à recevoir la baguette.

— Qu'est-ce donc que la baguette ?

— Les braves (elle appelait ainsi les Hovas, et on leur donne volontiers ce nom dérisoire depuis leur victoire de Tamatave sur les Français et les Anglais réunis en 1845), les braves ont horreur du sang et quand ils veulent se défaire d'une personne, ils lui envoient dire de la part de la reine que Sa Majesté désire prendre soin d'elle et qu'elle ait à éloigner son entourage. Les serviteurs de la reine sont alors substitués à ceux de la maison et le simandoa (émissaire, exécuteur du pouvoir) la prie ensuite de vouloir bien s'introduire une tige de fer qu'il lui présente, de bas en haut. Si la victime désignée n'a pas le courage d'agir elle-même, le simandoa lui rend ce service. La mort qui s'ensuit est silencieuse et ne laisse pas de trace sanglante. Quand elle est bien constatée, on annonce qu'un tel est mort d'un coup de sang subit ou après avoir trop bu. Quelquefois on se sert de poison, mais toujours sans trace apparente. Ces mœurs atroces paraissent incroyables, cependant il paraît qu'elles ont cours dans le pays. Vous me voyez rire, mais ce n'est que grimaces. Je dois amuser et servir mes maîtres et je me garderais bien de les quitter d'un pas ; ainsi, je suis partie de Tananarive avec eux et je ne rentrerai à Tamatave qu'avec eux.

Est-ce vrai ? Le fait est que Mlle Juliette qui a des propriétés nombreuses, des esclaves, n'en retire presque rien et que sa vie se passe près des chefs, et je crois que cette existence active, politique, agitée de toute manière lui est nécessaire. A chaque instant, le commandant la fait appeler pour avoir son avis ou se servir d'elle comme interprète.

Andevorante nous avait paru bien triste à notre premier passage ; ce grand village était cette fois-ci animé par les chants et les danses ; mais sa *population noyée dans* l'ivresse *ne me parut* pas plus belle.

Le matin au jour, nous reprenions notre voyage. Maintenant plus de montagnes, d'accidents de terrains à redouter ; nous retrouvons cette magnifique route de la côte au milieu des lacs, des forêts. Nous déjeunons à Vavoni et couchons à Antenerano. D'immenses nappes d'eau nous entourent ; elles éclatent la nuit sous une lune splendide. A 2 heures du matin, nos hommes, prenant cette lumière pour le commencement du jour, nous réveillent et nous nous remettons en route. A 8 heures du matin, nous nous arrêtons dans un bois qui précède l'Ivondrou de quelques minutes ; il y a là, sous un grand manguier, un endroit consacré par des sacrifices nombreux. Nous voyons une grande cruche cassée au pied de l'arbre ; elle porte des traces récentes du sang des animaux qui ont été sacrifiés ; elle est entourée de bambous, de bois, au sommet desquels sont attachés des pattes, des têtes de coq, des cornes de bœufs. Les Malgaches qui passent à cet endroit et qui veulent se rendre propices les destins s'y arrêtent et tuent plus ou moins de bêtes selon leur fortune. C'est un lieu très-célèbre. Plus loin on montre aussi un manguier également très-renommé. Rainifiring, le nouveau gouverneur, avant sont départ pour l'Angleterre, y avait fait tuer 8 bœufs que sa suite s'était partagés.

A 10 heures, nous arrivons à Ivondrou, village charmant dont une partie est située sur le bord de la délicieuse rivière avec une vue magnifique ; l'autre est dans un bois touffu, sauvage, avec toutes les plantes des grandes forêts. Nous nous étions arrêtés dans une très-jolie case appartenant à un ancien traitant de Tamatave et nous pûmes nous y reposer jusqu'à 3 heures. D'Ivondrou à Tamatave il y a à peine 2 heures de filacon ; nous arrivâmes chez M. Soumagne le soir, ayant devancé de 2 jours l'époque fixée pour notre retour. Nous retrouvâmes chez notre hôte la bonne hospitalité que nous connaissions déjà et les fatigues du voyage furent bien vite oubliées. Après 9 jours de filacon, de coucher dans les villages, on retrouve avec ivresse un lit, une table propre et le confortable ordinaire. Hélas ! notre empressement à revenir pour ne pas manquer la malle devait être inutile et notre séjour à Tamatave devait se prolonger bien au delà de nos prévisions.

En attendant l'aviso, il fallut employer son temps de façon à ne pas trop séjourner dans un lieu peu gai et que nous connaissions déjà. Nous allâmes visiter l'ancienne *propriété de M. Delastelle sur les* bords de l'Ivondrou. Pour aller à Belle-Vue, on arrive d'abord au village, puis on remonte la rivière en pirogue. On peut aussi y aller par terre, mais nous préférions la pirogue. Cette belle création de M. Delastelle est en ruine aujourd'hui. Il y a là de fort beaux champs de cannes qui viennent comme elles peuvent et une guildiverie montée dans de grandes proportions. Cet établissement, créé en association avec l'ancienne reine Ranavalo, a dû être fort beau ; un moulin anglais de 6 chevaux brasse les cannes dont le jus est porté aux alambics. Le moulin ne va plus et les alambics avaient besoin d'être remplacés ; mais la reine ne voulait rien débourser et cherchait un autre associé qui voulût bien fournir les fonds nécessaires. Mlle Juliette n'a plus les ressources d'autrefois et son titre d'associée ne lui profite guère; cette propriété en participation n'est au fond que très-éphémère et en réalité l'oblige à des dépenses sans profit. Le jour de notre arrivée, elle devait y donner à déjeuner à des officiers hovas. Des condamnés pour vol, pour marronnage, coupent les cannes et les portent au moulin. Un frère de Mlle Juliette Fiche séjourne à Belle-Vue, mais il n'a pas l'activité et l'intelligence nécessaires pour diriger une semblable *industrie*. C'est ici qu'est *mort* ce fils tant regretté; sa chambre est encore tapissée de portraits de Napoléon et de dessins de bataille ou autres pris dans les illustrations. On sent que la vie malgache avait gagné le jeune homme élevé en Europe. Tous reviennent avec bonheur à cette vie facile, sans contrainte et simple de leurs compatriotes.

Le gouvernement a fait de Belle-Vue un bagne et nous y avons assisté à l'arrivée d'une femme malgache que son maître envoyait pour la *punir de marronnage. Un forgeron dont* l'atelier touche à la prison prit la mesure du cou et de la jambe, prépara ses anneaux de fer et les scella autour du cou et de la cheville, une tige en fer articulée réunissait les deux anneaux. La malheureuse versait des larmes silencieuses. La cérémonie finie, on la mit au bloc. C'est avec cet appareil que ces malheureux travaillent et marchent toute la journée sans prendre de repos. Leur nourriture n'est même pas du riz ; on les envoie dans un champ planté par eux, *récolter quelques patates ou du* manioc qu'ils mangent le plus souvent cru. Sur un coteau voisin et qui mérite bien le nom de Belle-Vue, se trouve le tombeau de M. Delastelle et de son fils, Ferdinand Fiche, celui que regrette tant sa mère Juliette. Des arbres nombreux entourent le mausolée et une case assez spacieuse sert de demeure aux hommes chargés de le garder. L'Ivondrou se resserre beaucoup à cet endroit comme toutes les rivières de Madagascar à une certaine hauteur. La gorge qu'on aperçoit à l'Ouest avec ses nombreuses collines est magnifique et on peut en suivre toutes les anfractuosités. On nous a dit que la végétation était fort belle dans cette partie et qu'on y rencontrait de belles caféières. La plaine qui se trouve du côté opposé est plantée en cannes, en riz, mais d'une manière irrégulière, sans soins. La terre de la plaine est un mélange de sable et de tuf. Le coteau sur lequel nous étions était composé d'ocre et de quartz. Les cannes viennent bien dans ces plateaux toujours humides et il y aurait là de quoi faire un vaste établissement sucrier. Cette magnifique position appartient à la reine ou au premier ministre; mais ils ne veulent ou ne peuvent faire aucun déboursé pour une installation complète. Avec l'habitude qu'on leur a donnée, ils comptent sur l'appui des étrangers qui, leurrés peut-être encore par l'espoir de richesses non réalisées, viendraient y sacrifier leurs capitaux et leur existence. M. Delastelle, qui a joué un grand rôle à son époque dans ce pays, y a dépensé beaucoup d'argent et y est mort avec une dette considérable. Associé à un négociant de Bourbon, celui-ci faisait les avances et s'en tirait par le commerce de la côte. Quant à l'industrie, elle a toujours ruiné ceux qui s'y sont livrés. M. Delastelle a mené une grande existence matérielle, mais est mort de fièvre et d'épuisement, de plus insolvable. Le premier ministre fournit la terre qu'il possède avec les hommes pour sa part. L'associé pourvoit à tous les frais d'installation et de faisance-valoir. Les revenus sont partagés. Un officier hova, un aide de camp, est le contrôleur de tout ce qui se fait et il prend ce qu'il veut; il ne reste à peu près rien pour l'associé actif. Désirant goûter le rhum qu'on fabrique à Belle-Vue, j'en demandai au frère de Mlle Juliette qui me fit répondre que cela ne lui était pas permis, qu'il fallait s'adresser à l'officier hova. Le représentant de l'associée actuelle n'était là qu'un mannequin, représentant fictif des intérêts de sa sœur. De Belle-Vue nous allâmes en pirogue à Amboni-mangue qui est peu éloigné et où résidait M. Delastelle. La maison en bois et à étage tombe en ruines; elle est entourée de magnifiques manguiers. On y donnait des fêtes fréquentes ; aujourd'hui, tout cela est abandonné ; la maison s'affaisse, l'herbe est partout.

Le 15 octobre, nous assistâmes à Tamatave, à l'entrée du nouveau gouverneur. Dès la veille, tout se préparait pour cette grande cérémonie et Rainifiring avait couché avec toute sa suite dans un village voisin. A midi, les soldats étaient tous sur pied, les officiers en grand costume, toute la population se dirigeait vers la batterie où devait avoir lieu le grand Kabar. La place entre le fort et le village hova était remplie de Malgaches de toutes les castes, de traitants. Mlle Juliette, vêtue d'une robe écarlate, en gants blancs, avec un parasol rouge, couleur princesse, était au premier rang avec les dames des premiers officiers. Nous pûmes arriver jusqu'à elle et obtenir une place convenable pour tout voir. Les soldats, les officiers, la foule formaient un grand carré avec un espace libre au milieu. Du côté de la batterie était l'envoyé de la reine en grand costume, portant en sautoir un grand ruban rouge comme celui de grand-officier de la Légion d'honneur ; il avait à ses côtés deux Mozambiques coiffés de rouge, un grand sabre nu à la main ; ce sont des *cimandoa*, ou exécuteurs muets des ordres de la reine. En face le nouveau gouverneur, le gouverneur partant, Rainimousoua, et tous les officiers dans des costumes impossibles à décrire, vraie défroque de théâtre, mélange de toutes les formes et de toutes les couleurs. La musique et les soldats formaient un des côtés du carré. L'envoyé fait un discours et annonce qu'il est chargé par la reine de présenter Rainifiring comme gouverneur de Tamatave ; il a la tête découverte, tient son épée à la main et marche en parlant. Ce discours dure au moins un quart d'heure. La musique suit. Rainifiring se découvre, tire son épée du fourreau et s'avance pour prendre la parole à son tour. Il remercie la reine, promet de remplir son devoir et de faire ses efforts pour satisfaire tout le monde. Mlle Juliette me traduisait en quelques mots ces discours assez longs où les mêmes phrases se représentaient souvent : Ranavalo Manjaka, Madagascar, etc., etc. Primminister Rainimaharavo, etc., etc. Rainimousoua entre en scène à son tour et ne peut se lasser de pérorer avec force gestes et une voix gutturale ; le second, le troisième commandant, les juges, mulâtres de Tamatave, prononcent aussi leur discours. Ces derniers sont en habit noir. L'un d'eux, Betsimsarak, aux cheveux crépus et épais, est vêtu d'un pantalon noir, d'une chemise blanche avec un lamba de couleur drapant le tout. Il s'intimidait en parlant et s'excusait de son manque d'expérience, d'habitude. — « Parle sans crainte, lui crie sa mère dans la foule, parle mon fils, je suis là pour te soutenir. » — Il faisait un soleil de feu et cette cérémonie était d'une longueur désespérante. Ces Malgaches ont une facilité d'élocution déplorable et ils en abusent sans merci; la musique aidant, j'en avais la tête cassée. Les hommes du Sud, de l'Ouest s'élancent au milieu de la place et armés de sagayes, de boucliers, font aussi leur discours, proclament la reine et leur fidélité en gesticulant comme dans un combat. C'était la reproduction en petit du couronnement à la capitale. Enfin à 3 heures, la musique joue l'air des Hovas et la foule entre dans l'enceinte de la batterie.

Je quitte la place brûlé, ahuri ; mais j'avais joui de ce spectacle singulier et qui rappelait le grand jour du couronnement, auquel je n'avais pu assister; c'était une parade de foire, avec le sérieux en plus. L'aspect théâtral des orateurs ne manquait pas d'un certain effet. Je remarquai qu'un des luxes de quelques officiers galonnés était de changer de coiffure et d'étaler une casquette en velours après le chapeau à plumes. Les esclaves placés derrière eux sont chargés de passer les rechanges. Rainifiring et l'envoyé de la reine avaient l'habit de général de division ; leur mise sentait leur récent séjour en Europe. La foule qui se tenait dans le voisinage se livrait au plaisir de la danse au son du lobre et du vaillya, en plein soleil; le rhum et le besabèse avaient produit leur effet.

Deux jours après, il y eut un grand incendie qui éclata pendant la nuit ; il commença par le bazar qui fut consumé en peu d'instants et s'étendit vers la côte, poussé par un vent du Nord-Est. Le vent menaçait de tourner à l'Ouest ; chacun attendait ce moment avec anxiété ; c'en était fait alors de tout Tamatave. Il n'y a ici ni pompe, ni aucune organisation contre le feu ; quelques puits fournissaient un peu d'eau qu'on jetait à la main. Aussitôt le feu déclaré, on bat le tambour et deux ou trois officiers hovas ou soldats suivent en faisant le tour de l'endroit qui brûle ; on attend le reste du ciel, du hasard. Les propriétaires hovas ne bougent pas et ne commencent à s'émouvoir que lorsque le feu a gagné leur demeure ; ils ne comprennent pas qu'on sacrifie une case qui ne brûle pas encore pour empêcher l'extension du feu. Les traitants, les Pères, les étrangers de passage, les capitaines étaient à l'œuvre et faisaient de leur mieux ; sans eux les dégâts eussent été bien plus considérables. Vers la fin de la nuit, l'incendie était limité, et le lendemain on put constater une vaste surface de charbons mal éteints, là où la veille de nombreuses cases étaient serrées les unes contre les autres. Les traitants parlent souvent de constituer un corps de pompiers, de s'organiser, mais ils ne s'entendent pas assez pour cela et le gouvernement ne comprend pas cette nécessité. A Tananarive, où les incendies sont communs, on compte, comme ici, exclusivement sur le hasard pour les éteindre. Comme toujours on accuse les Hovas de mettre le feu pour piller et on les accable de malédictions. Ils seraient les premiers punis. Je les ai vus, au contraire, cherchant à mettre l'ordre partout.

Le retard de la malle nous inquiétait et nous ne savions que penser quand arriva l'*Armorique* avec le nouveau commandant de la station de la mer des Indes. Nous eûmes une courte joie en présumant que la frégate pouvait peut-être nous transporter à la Réunion ; malheureusement elle devait continuer sa route au Nord, faire une grande tournée et ne reparaître à la Réunion qu'en mai. Notre déception fut pénible ; rappelés par nos occupations, ayant atteint le but de notre voyage, nous nous trouvions forcés de rester à Madagascar. Les navires à bœufs sur rade étaient destinés pour Maurice ; aucune occasion directe ne se présentait, il fallut donc attendre.

La présence de l'*Armorique* et d'un nouveau commandant donna lieu à un échange de saluts et à des visites réciproques avec la batterie hova. La frégate avec ses canons se chargeant par la culasse fit un salut de 15 coups avec précision et rapidité. La terre répondit par autant de coups, en se servant de ses canons grossiers et mal établis, mais avec une régularité telle que les officiers du bord en furent étonnés. J'assistai à la visite du gouverneur à bord de la frégate. Il fut, ainsi que sa suite, émerveillé des armes perfectionnées qu'il y vit. On chargea un canon et le commandant pria Rainifiring de tirer sur un fil de cuivre qui devait développer de l'électricité et mettre le feu à la pièce ; il n'osa jamais, tous reculaient. Enfin, le général d'artillerie, par position, ne put refuser et fit partir le coup. Les uns et les autres n'étaient pas rassurés et avaient hâte de s'en aller. Les Hovas ont du reste horreur de la mer ; l'eau leur est antipathique et ils démentent leur origine malaise par le changement complet de leurs goûts. Un long séjour au milieu des terres a pu déshabituer cette race de la vie sur l'eau qui est le goût dominant des peuples de la Malaisie. Le commandant partit en nous assurant que l'*Indre*, en réparation à la Réunion, serait paré à faire le courrier du mois suivant. Il nous fallait donc attendre encore une vingtaine de jours sur une plage triste, sans ressources, sans distractions. L'ennui et l'impatience me pesaient à un tel point que je projetai une excursion dans le Nord jusqu'à la Pointe-à-Larrée. On chercha à m'en détourner en me faisant craindre la fièvre de cette région malsaine et très-marécageuse. Mais je n'y tins pas et après avoir pris mes dispositions, je repris l'appareil du voyage et me mis en route.

V.

De Tamatave dans le Nord, au Manangoure.

Départ pour le Nord. — Foulpointe, Mahambo, Fénérife, Manangoure, Pointe-Larrée. — Visite au chef betsimsarak de Mahavelo. — Office religieux fait par des Malgaches à Fénérife. — Accès de fièvre. — Retour du Nord. — Arrivée de l'*Indre*. — Retour à la Réunion.

J'étais seul cette fois-ci et n'avais plus les marmites de choix qui m'avaient accompagné à la capitale. Un seul de mes hommes parlait français, c'était le cuisinier, espèce de brute sans initiative qui ne savait jamais rien trouver.

Je partis de Tamatave le 22 octobre à 6 heures du matin par un temps sombre. Il avait plu la nuit et venté très-fort ; mais nous étions encore dans la belle saison, époque où les pluies ne sont pas de longue durée. La route qui conduit à Foulpointe est presque toujours sur le bord de la mer ; de temps à autre elle traverse un bois touffu, mais ce qu'elle a surtout de pénible, c'est le passage des rivières, des lacs qui se présentent assez souvent et arrêtent le voyageur. Ces cours d'eau ne peuvent être passés qu'en pirogue et on ne trouve pas toujours le passeur au moment où l'on en a besoin ; il faut alors crier, appeler dans le village voisin et on perd beaucoup de temps. Cette route, quoique fréquentée, l'est cependant beaucoup moins que celle qui conduit à la capitale et le voyageur n'y rencontre pas la même régularité, les mêmes commodités. Il faut un jour pour se rendre de Tamatave à Foulpointe, que les Malgaches appellent Mahavelo, qui signifie *beaucoup de santé*. Nous déjeunâmes à Ifougsi, grand village situé à l'embouchure d'une jolie rivière et qui, malgré son aspect, n'offre aucune ressource ; je ne pus m'y procurer ni œufs, ni volaille ; quelques bananes et du besabèse, voilà tout ce que je trouvai pour mes porteurs qui heureusement s'étaient munis d'un peu de bœuf. Cet endroit est tellement marécageux qu'après une pluie il n'y a pas moyen de marcher au milieu de cette boue profonde. Nous prîmes des pirogues qui suivirent les différents bras de la rivière et nous déposèrent un peu plus loin sur le bord de la mer. A 6 heures du soir, nous étions à Mahavelo. J'avais une lettre pour un traitant qui était absent, mais dont la famille m'accueillit fort bien et me donna une case et un bon lit.

Foulpointe est une pointe de sable qui s'avance dans la mer ; c'est le plateau le plus régulier que j'aie rencontré jusqu'à ce jour. La batterie est dans le fond, au pied des collines, et le village est bâti au milieu de manguiers magnifiques près du rivage. Les rues sont spacieuses et l'ensemble est d'un bel effet. Depuis l'accroissement de Tamatave, c'est un lieu que les navires fréquentent rarement, malgré les avantages d'un bon mouillage que de nombreux bancs de sable rendent cependant difficile. Les Français y ont séjourné un instant et on y retrouve encore les traces de cette expédition de 1829 qui, commencée brillamment, a fini, comme toutes celles de Madagascar, d'une façon triste et malheureuse. Çà et là on vous fait voir des boulets français restés sur le sable. Le port s'ensable tous les jours, et là où pouvaient mouiller des vaisseaux, on ne voit plus rarement que des caboteurs. Parfois il y vient encore un navire à bœufs, et il y en aurait beaucoup à prendre venant d'Ansianak. Les grands emplacements des anciens traitants sont abandonnés pour la plupart. Le village malgache est considérable et très-peuplé.

Il y a à Foulpointe un chef betsimsarak appartenant à une ancienne famille du pays et qui relève du gouvernement hova ; comme dans les autres points d'une certaine importance, le commandant habite la batterie qui protége le village hova. A l'époque de mon passage, un grand village composé de petites huttes occupait une partie de la plaine non loin du fort. C'était des Betsimsarak ramassés dans toute la contrée voisine pour une corvée qui devait durer quelque temps. Il s'agissait de reconstruire le village hova, et comme cela se pratique ordinairement, le gouverneur avait envoyé des officiers et des soldats faire une razzia des hommes et des objets nécessaires. Le gouvernement hova ne fournit rien à ces travailleurs, ni vivres, ni salaire ; ces pauvres diables sont obligés d'apporter des bois, des feuilles avec eux et de s'établir là où on a besoin d'eux. Aussi leur travail n'est guère régulier et tous les jours on apprend qu'une partie s'est sauvée dans les forêts. Les recrues se renouvellent plusieurs fois pendant le temps d'un travail entrepris.

Cette langue de sable est très-humide et dans l'hivernage, l'eau inonde constamment le sol ; aussi est-elle très-malsaine et tous les Européens qui y ont séjourné n'ont pas tardé à succomber. J'y ai vu des créoles de Maurice et de Bourbon qui ont pu résister à cet air délétère après 20 ou 30 ans de lutte ; mais ils sont dans un triste état. Il est vrai de dire qu'à la fièvre se joint presque toujours la maladie vénérienne mal soignée et qui fait d'affreux ravages sur ces natures appauvries. Ces malheureux traitants ont la vie matérielle abondante, mais à quel prix ! Ils n'ont plus de sang rouge, et cependant, malgré leur misère, la fièvre, le dépérissement, ils vivent satisfaits de leur indépendance et de leur supériorité sur ceux qui les entourent ; ils peuvent vivre à bon marché, avoir le luxe d'une habitation, d'un bien de campagne. Je retrouvai à Foulpointe une famille de Bourbon qui fuyait la misère et venait rejoindre un père exilé depuis longues années à Madagascar. Ils étaient enchantés de la vie large qu'ils y menaient, comparée aux privations de leur existence habituelle. Mais ils n'avaient pas encore compté avec la fièvre et il est grandement probable que plusieurs d'entre eux en ont été victimes.

Chose singulière et qui prouve bien qu'un pays peut être meurtrier pour des étrangers et admirable, plein de santé comme son nom le dit, pour ceux qui y sont nés et acclimatés, les plus beaux hommes que j'aie vus sont les Betsimsarak de Mahavelo ; c'est pour eux une terre plantureuse. Les hommes y vivent comme les arbres, sont grands, vigoureux, d'un aspect magnifique ; avec leur chevelure peignée en éventail, leur poitrine large, leur taille élevée, leurs membres musclés, ils sont très-beaux à voir. Le nouveau venu de Bourbon avait déjà fraternisé dans le pays à la mode malgache ; il me présenta à sa sœur d'adoption. Arrivé avec sa femme et cinq enfants dans le dénûment, il excita tout d'abord la commisération de la population ; une femme malgache ayant beaucoup vécu avec les Européens et possédant quelque chose, vint lui dire que sa figure lui plaisait et que, s'il le voulait, elle deviendrait sa sœur même par le sang. Le créole accepta sans trop savoir ce que cela signifiait et depuis ce jour elle ne cesse de lui répéter que tout ce qu'elle a est à lui et à ses enfants. Chaque jour elle leur envoie du riz, des patates, des bananes.

Cette Malgache parlant assez bien français me servit de guide pour une promenade à Foulpointe. Nous allâmes visiter ensemble le chef betsimsarak, vieillard vénérable d'au moins 80 ans, et qui me demanda le moyen de lui redonner des jambes actives. Sa barbe, ses cheveux blancs, son air plein de bonhomie me plurent beaucoup et je restai quelque temps à causer avec lui. Il vivait au milieu de ses femmes et de ses enfants ; il parut enchanté d'apprendre que j'avais vu la reine. Lui aussi avait été à Tananarive pour le couronnement et il me fit voir avec orgueil un lamba rouge sale et détérioré que Sa Majesté lui avait donné en cadeau. Il avait fait la guerre sous Radama Ier, avait assisté à notre défaite, à nos misères. En quittant sa case, il voulut me faire honneur et tira quelques coups de fusil. Il fournissait le tabac nécessaire au créole de Bourbon et lui avait dit de ne pas s'inquiéter à ce sujet, qu'il lui en fournirait autant qu'il en voudrait. Le gouverneur hova, gai, bon vivant et très-aimé de son district, avait envoyé à la famille exilée et malheureuse du riz, des volailles et un peu d'argent. Le félicitant de sa générosité, il me dit que c'était d'ordre de la reine, qu'il lui était enjoint, quand arrivait un étranger, de le secourir, de lui donner les choses nécessaires à ses premiers besoins, à son installation. La reine voulait favoriser les traitants, attirer des colons pour cultiver, faire le commerce, comprenant tout le bien que Madagascar pourrait en retirer. Les Hovas eux-mêmes ont en général un grand respect pour les *vasa* ou blancs ; ils reconnaissent leur supériorité ; et, il faut le dire, le plus souvent ce n'est pas l'élite qui arrive sur ce rivage ; beaucoup même ont de graves reproches à se faire. Cette terre est avant tout hospitalière, et quand on y débarque, on ne vous demande pas ce que vous avez fait. J'ai souvent vu dans les conflits ou contestations entre les Hovas et les blancs, ceux-ci traiter la race dominante avec dureté et des airs de supériorité, sans avoir toujours le droit de son côté. On accuse toujours les Hovas de perfidie, de trahison, de mauvaise foi ; on ne fait pas la part de leur ignorance de nos usages ; ils ont surtout peur d'être trompés. En général, les traitants, même sur les points les plus retirés, vivent dans une grande sécurité, et s'ils ont à se plaindre de vol, d'exaction, le gouvernement hova les entoure de sa protection. Partout où domine le pavillon de la reine, on retrouve l'ordre et la sécurité. Les consuls eux-mêmes reconnaissent que le plus souvent les mauvais exemples viennent des blancs.

En quittant Foulpointe par le Nord, on jouit d'un paysage et d'une vue magnifiques. Le bord de la mer présente un arc de cercle immense dont l'extrémité nord est la pointe de Mahambo; dans le fond, le village et la rivière de Voumbé avec un horizon de forêts épaisses, constamment baignées par de nombreux cours d'eau qui s'étalent sur une plage basse. Cette région est moins accidentée que le reste de la côte, mais elle est très-marécageuse; la végétation y est plus abondante, plus vivace; un terrain sablonneux est superposé à des terres noires à grains fins qui ressemblent à de la marne. La canne et le café y prennent de belles proportions; mais que de travail il faudrait pour déblayer et assainir cette plage! Je commençai à observer ici des marais à eau noire, infecte; au milieu même du village de Foulpointe, on en trouve dont l'odeur est repoussante. Et nous étions dans la belle saison; que doit-ce être dans la saison des pluies?

La route suit pendant assez longtemps le bord de la mer, puis se continue dans l'intérieur des terres. Je traverse une forêt sauvage, touffue, suintant l'humidité de partout, composée de magnifiques pandanus, de copaliers, de palmiers, de lianes-caoutchouc. A chaque instant je suis obligé de me coucher sur le tacon pour ne pas heurter ma tête contre les branches, ou même mettre pied à terre, tant le sentier devient étroit et difficile. Nous rencontrons des voyageurs, mais beaucoup plus rares que sur l'autre route; ce sont des Betsimsarak avec leur vaste chapeau de paille et leur costume de toile bleue ou de rabane à couleur foncée; quelquefois des Hovas, qu'on reconnait toujours à leur chapeau de paille et au lamba blanc; ils marchent en maîtres, ont la démarche fière et ne portent même pas leur sabre qu'un esclave tient à la main, à côté d'eux; ce sont des officiers, des soldats ou des propriétaires de troupeaux de bœufs.

En sortant de cette belle forêt, on regagne le rivage, puis par un pays sablonneux et de triste aspect on arrive à Mahambo. Ici, il y a un fort; mais il dépend de celui de Foulpointe. Le village est peu considérable, la rade peu commode. J'avais une lettre pour un traitant fixé à Mahambo depuis plusieurs années. Il était 11 heures quand j'arrivai, et au bruit de mes marmites, qui se mettaient toujours à pousser des cris affreux quand le lieu du repos approchait, M. Clément s'était avancé sous sa varangue; son emplacement, en outre de sa maison principale recouverte en paille, contient des pavillons, des hangars. Je me nommai en lui donnant ma lettre et il m'invita de suite à prendre part à son déjeuner qui était servi. J'avais en provision du pain pour la route. Ce fut une bonne fortune pour mon hôte qui en mange rarement. Les mets

BIBLIOTHÈQUE NATIONALE

qui sont d'exception ailleurs deviennent ici ceux de chaque jour. On les a facilement : gibier, dindes, oies, canards, bœuf, poissons, se trouvent presque sur toutes les tables. Le vin et le pain sont un luxe qu'on n'a pas tous les jours. Quelle triste existence mènent ces malheureux traitants dans ces régions isolées ! Ils ont en général une femme malgache très-dévouée qui vit chez eux et qu'ils appellent la femme. Leur maison est simple, mais suffisamment confortable pour ces climats. La chambre la plus grande sert en même temps de salon, de salle à manger, de boutique. On y voit des marchandises diverses, surtout des tissus qu'ils échangent contre du riz qu'ils expédient à Maurice et à la Réunion. La plupart ne font guère fortune à ce métier, mais ils vivent largement, sans inquiétude, avec indépendance, et supportent la fièvre dans l'espoir de bénéfices toujours énormes et imaginaires. Autrefois on citait des riches parmi eux. Aujourd'hui, ils sont plus nombreux et beaucoup trop pour des affaires restreintes et qui vont mal ; ils vivotent et voilà tout. Le certain pour eux est cette affreuse fièvre qui les mine. A Mahambo surtout, les trois traitants que j'ai vus n'ont plus l'aspect humain. Le foie, la rate deviennent énormes, le teint livide, et de temps en temps ils sont pris d'un flux de sang bilieux abondant. L'un d'eux, qui vint me consulter, est un Européen jeune encore, qui a dû être fort bien et habite le pays depuis 5 ans ; sa peau, d'un jaune livide, est partout infiltrée.

— Vous ne faites pas fortune ici, lui dis-je.

— Loin de là, me répondit-il, car j'y ai perdu le peu que j'avais et qu'on m'avait confié. Mais si j'avais quelques bonnes relations avec Maurice et la Réunion, je ferais des voyages à l'intérieur et reviendrais avec des troupeaux de bœufs et de porcs qui ne coûtent presque rien sur les lieux. Il y a là beaucoup d'argent à gagner.

— Mais en attendant vous mourez de misère et de maladie ; allez vivre de n'importe quoi ailleurs, mais sortez d'ici, vous n'avez pas autre chose à faire ; aucun traitement ne pourra vous guérir dans ce climat pernicieux.

Il eut l'air d'être ému de mes paroles et remit à l'année prochaine son départ. Mais comme tous les autres il restera et succombera avant longtemps. La fièvre a ici la forme dysentérique et j'ai remarqué qu'à part leur caractère commun d'intermittence, les localités avaient leur fièvre particulière. Les enfants qui naissent de l'union des blancs avec les Malgaches n'en sont pas exempts; ils ont le ventre énorme, restent rachitiques et misérables pour la plupart. Cela se comprend : des pères aussi altérés ne peuvent avoir des rejetons ayant quelque vitalité. M. Clément est créole de Maurice et habite Mahambo depuis plusieurs années ; il se plaint des affaires qui se restreignent tous les jours et pense à exploiter un autre point ; sa femme fait des chapeaux avec un jonc fin et abondant qu'on trouve dans les régions marécageuses du voisinage. Ces femmes s'attachent aux vasas d'une manière désintéressée, tout en les respectant beaucoup. Elles veillent la case en leur absence, sont occupées constamment et donnent aux hommes l'exemple de l'économie et du travail.

M. Clément ayant quelques affaires à Fénérife, profita de ma présence pour faire le voyage et après déjeuner nous partîmes ensemble. Nous parcourûmes une route côtoyant presque toujours le bord de la mer. Quelquefois des caps ou des talus élevés touchent à la lame et les hommes marchent dans l'eau. Le rivage a un autre aspect : des granits, des basaltes forment des coulées qui se prolongent assez loin dans la mer et forment de petits îlots fendillés comme dans les plaines volcaniques. Avant d'arriver à Fénérife, il faut escalader des rochers, entrer dans les bois, revenir au rivage, changer à chaque instant de direction pour trouver passage.

Nous aperçûmes enfin le village de Fenoarivo, comme l'appellent les Malgaches (beaucoup de mille choses) : des cases délabrées au milieu de cocotiers élevés indiquent son état d'abandon ; la baie est grande, profonde, mais les navires ne peuvent pas mouiller près de terre, le récif se prolonge trop loin. On aperçoit au Nord la pointe de Manangoure, puis la Pointe-à-Larrée. Une jolie petite île de madrépores se trouve en face du village et assez près du rivage : elle est couverte d'arbres, c'est l'îlot des Malattes. M. Delastelle avait ici un grand établissement à l'époque de sa fortune ; les cocotiers qu'on aperçoit de loin indiquent son ancienne demeure. Nous descendons chez un de ses neveux qui est traitant et auquel on m'avait recommandé. M. Ange Delastelle me loge ainsi que mes marmites dans une case située au milieu du village. Il s'excuse de sa modeste hospitalité et regrette les beaux temps passés ; il se plaint aussi de la misère, de la diminution des affaires et accuse, comme tous, le gouvernement hova de l'état précaire du commerce de Madagascar.

Fénérife est un point qui pourrait devenir important et le village est assez considérable, ayant un commandant indépendant. On y compte

5 ou 6 traitants. A 2 kilomètres de distance et sur une colline est bâti le fort autour duquel se trouve le village hova. La terre est, dit-on, très-fertile dans cet endroit et tout y viendrait très-bien. Le lendemain de mon arrivée, nous parcourûmes une grande plaine qui avait été concédée à M. Delastelle et où il avait commencé une plantation de café, il avait même formé le projet d'y élever une sucrerie; mais après des contestations avec les Hovas et des difficultés suscitées à tout propos, il a abandonné ce terrain. C'est la première fois que je constate un sol avec une terre végétale franche; mais elle n'est pas profonde et bientôt on aperçoit un tuf dur, compacte. Les caféiers ont une racine pivotante, et arrivés à un certain développement, ils périssent presque tous quand cette racine rencontre la partie du sol dur qu'elle ne peut franchir. Ces terres conviendraient mieux à la culture de la canne. Dans le village même il y a des portions de terre fine et d'une grande fertilité. Le jardinage y est facile. Il y a dans les emplacements des potagers où les légumes viennent très-bien. Les choux qu'on mange quelquefois à Tamatave viennent de Fénérife. Les terres à potager sont une exception à Madagascar.

Le dimanche matin, nous montâmes en tacon pour aller visiter la batterie; le chemin passe à travers une plaine à rizière assez considérable; bien cultivée et drainée surtout, elle pourrait donner de belles récoltes, mais on n'y voit rien de régulier et d'intelligent. Les Malgaches plantent de quoi vivre tantôt d'un côté, tantôt d'un autre, sans ordre, sans plan arrêté. C'est loin d'être la culture intelligente de l'intérieur. En montant la colline qui conduit au village hova, nous entendîmes des chœurs, des cantiques protestants; on chantait le service divin dans le lappa. Il y a eu à Fénérife un ministre anglican qui y a laissé une organisation chrétienne. Des officiers hovas remplacent les ministres protestants, dirigent les cérémonies, prêchent, récitent des prières; des Malgaches betsimsarak dirigent les chœurs. Aussitôt qu'il sut notre arrivée, le gouverneur, qui assistait au service, nous envoya prier d'entrer dans la case qui servait de temple, regrettant de ne pouvoir nous recevoir chez lui. Nous eûmes beaucoup de peine à trouver place dans cette salle pleine dans tous les sens d'hommes, de femmes. Les hommes sont assis sur des bancs, les femmes par terre, sur des nattes. A l'une des extrémités, des officiers hovas sont assis autour d'une table garnie de bibles de différentes dimensions, et font l'office de ministres.

Le gouverneur nous donna place à côté de lui. C'est un Malgache chauve, à bonne figure, avec le teint jaune, sans type marqué. Un vieux Malgache betsimsarak servait de coryphée et donnait le signal de la réplique des chœurs. Après chaque cantique, l'un d'eux prie à haute voix avec un ton de psalmodie. Un jeune hova vêtu d'un sale lamba blanc, et galeux jusqu'au bout des ongles, se drapa avec majesté, regarda le ciel, la terre, ouvrit une énorme bible qu'il étala sur la table devant lui, plaça à côté des notes manuscrites et commença à prêcher. Je ne comprenais pas ce qu'il disait, mais il parla avec une faconde intarissable, sans jamais s'arrêter un instant; à chaque moment, le mot de Tanandriaman sortait de sa bouche. C'est Dieu ou une invocation à Dieu. Il prenait des airs de grande dévotion, sa voix s'élevant et s'abaissant tour à tour. Cela durait depuis longtemps et il était près de 11 heures. Nous nous retirâmes et le gouverneur s'excusa de nouveau de ne pouvoir nous recevoir. Les femmes étaient en général proprement vêtues, chantaient à pleine bouche. Quelques-unes avaient de jolies figures; toutes, des airs naturels; mais les hommes prenaient tous l'air hypocrite et absorbé. J'en remarquai un, assis près du vieux coryphée qui de temps à autre laissait tomber sa tête sur l'épaule de son voisin, en fermant les yeux, comme entraîné par l'extase. Je croyais d'abord au sommeil, mais il se réveillait au moment voulu en chantant et priant avec énergie. C'est le genre des ministres anglais de semer leurs paroles et de confier aux naturels le soin de continuer leur mission. Tout le dimanche se passe comme dans les pays anglais, en prières, en méditations. Je n'avais pas encore vu un semblable étalage de religion et je crois que Fénérife atteint, sous ce rapport, un degré plus élevé que dans la capitale. Nous retournâmes au village par des plaines incultes, marécageuses et qui pourraient être avantageusement cultivées.

J'avais à faire mes préparatifs pour une excursion à Manangoure, une des grandes et belles rivières de Madagascar. Je ne devais plus trouver de villages dans le Nord où j'allais, mais quelques cases malgaches isolées. Mon hôte, qui pensait à un établissement dans le haut du fleuve où, lui avait-on dit, existait une source thermale très-abondante, voulut bien m'accompagner. Il connaissait déjà cette route en partie et pouvait m'être très-utile.

Je profitai de la matinée pour aller visiter une île en face de Fénérifeet où se trouvent les tombeaux des Malattes, les anciens maîtres du pays. Nous y arrivâmes en pirogue et il fallut, au milieu d'énormes blocs de corail, franchir des arbres tombés, enlacés de lianes, pour atteindre le centre de l'île où sont les tombeaux. Ceux-ci sont en maçonnerie, carrés et recouverts d'un toit en paille ; à côté sont des tasses, des vases qui témoignent des repas que vont y faire parfois les parents, les amis. Les Malgaches, dans le Nord particulièrement, font souvent des sacrifices autour des tombeaux de leurs familles. Plus d'une fois j'ai vu au bord de bois consacrés, près d'un espace entouré de pierres arrangées avec symétrie, des Malgaches réunis mangeant le bœuf ou les volailles, les oies qu'on venait de sacrifier. Le repas est toujours abondamment arrosé et l'usage est de laisser près de la sépulture la part des morts.

Les Malattes, d'origine malaise sans doute, dominaient sur la côte de Madagascar en face de Sainte-Marie et dans cette île aussi. On en voit encore quelques types. La femme de M. Delastelle est d'origine malatte de Sainte-Marie. Elle a le teint jaune, les cheveux lisses et m'a présenté l'aspect de beaucoup de femmes hovas. On ne sait à quelle époque ils arrivèrent et quand ils s'en allèrent. C'est sans doute une des migrations malaises qui se fixèrent sur la côte avant de gagner l'intérieur. On a voulu en faire des mulâtres portugais-malattes, mulâtres. Quant au rapprochement des mots, malattes est plus près de malais que de mulâtres ; et ensuite quelques mulâtres auraient-ils dominé le pays longtemps? Aujourd'hui les Malattes n'existent plus, ou du moins on n'en trouve que de rares descendants ; mais ceux qu'on peut voir encore offrent le même type que les races à peau jaune de l'intérieur. Toute la population est betsimsarak.

Fénérife est le débouché du pays d'Ansianak, situé au Nord de Tananarive, et avec lequel ce port a des communications fréquentes. L'Ansianak est un pays considérable, habité par une population agricole exclusivement et très-riche en bestiaux, en riz. Les plus beaux bœufs viennent, dit-on, de là. La capitale est presque aussi grande que Tananarive. J'ai vu à Fénérife des hommes de cette région ; il y en a de noirs, mais aussi à peau jaune, à l'air sauvage. Ils sont vêtus de lambas rayés qu'ils portent d'une manière particulière ; ils sont soumis aux Hovas, mais pas complétement ; leur allure est fière, sent un peu l'indépendance ; c'est une race supérieure à celle de la côte. Fénérife est le point de la côte le plus rapproché d'Ansianak, et à l'époque où cette rade était fréquentée par des navires de fort tonnage, il y arrivait beaucoup de produits de cette partie de l'île. Aujourd'hui, le commerce est trèsralenti et les grands navires sont obligés de mouiller trop loin : les difficultés d'embarquement sont souvent même des empêchements. Avant d'arriver dans la rade, il faut franchir une barre difficile et la mer est souvent mauvaise. Un traitant qui a habité pendant trois mois ce pays m'en a fait une peinture enthousiaste. La ville principale est très-peuplée, très-étendue, bâtie sur une colline, le pays très-fertile ; les rizières y sont nombreuses et donnent une quantité considérable de riz ; les bœufs, les porcs y deviennent énormes et, faute de débouchés, sont vendus à vil prix. Il faut 5 jours pour aller de Fénérife à Ansianak par un chemin au moins aussi mauvais que celui de Tananarive, à travers des collines déboisées, incultes, des forêts inhabitées ; on ne rencontre aucun village en route et il faut camper dans les bois ou en plein air. On avait fait craindre à ce traitant des dangers dans ce pays où les étrangers ne pénètrent pas habituellement et où l'autorité hova n'est pas régulière. Il ne fut nullement troublé pendant son séjour ; il logeait dans une case que le chef du village lui avait désignée, et était un objet de curiosité pour la population, mais il ne fut jamais menacé ni volé.

Le 26 octobre, à midi, le temps étant au beau, nous partîmes, M. Delastelle et moi, pour le Manangoure ; la route suit le bord de la mer et les hommes marchent toujours sur un sable plus ou moins mouvant et jaune foncé, composé de grès, de quartz et de coquillages brisés venant des récifs éloignés. Des coupées de terrain bien tranchées bordent souvent le battant des lames et présentent les différentes couches qui composent le sol. A la surface une terre végétale noire et peu épaisse, puis du sable, du tuf, de la glaise, de la terre grise dite terre à gargoulettes, des roches ocreuses, du granit. Il faut deux heures et demie de Fénérife au Manangoure. Mon compagnon de voyage était porté par de beaux Betsimsarak de la côte qui allaient plus vite que mes marmites ; ces hommes admirables de structure mettaient une sorte de coquetterie dans leur manière de porter ; tous leurs muscles faisaient saillie et ils avaient un air gracieux et fier. Leurs pas sont très-longs et ils sautent plutôt qu'ils ne marchent. Les personnes habituées à cette manière de porter la préfèrent à celle des hommes de l'intérieur. Nous eûmes à passer des lacs, des rivières qui nous arrêtèrent plus qu'à l'ordinaire. Les pluies, un peu précoces, avaient changé ou augmenté les cours d'eau et il nous fallut plusieurs fois attendre des pirogues.

A 5 heures, nous étions au Manangoure. La vue de cette rivière à son embouchure est splendide : elle est large, parsemée d'îles et de canaux, encadrée de chaque côté et dans le fond par des collines boisées qui se succèdent très-rapprochées. Ici plus de villages, quelques cases çà et là qu'habitent des familles malgaches. Nous fîmes déposer nos bagages dans l'une d'elles, près de la rivière, et nous prîmes de suite une pirogue pour nous promener sur cette vaste nappe d'eau. Arrivés sur le bord opposé, nous allâmes jouir du point de vue sur une colline élevée où se trouvait une habitation malgache. De là, nous pûmes apercevoir l'embouchure étroite qui se confond avec les lames et de tous côtés les affluents qui sortent des collines voisines. Le soleil disparaissait et ses rayons adoucis se reflétaient d'une façon magique sur cette surface limpide. La mer qui blanchissait le rivage de son écume, les forêts épaisses du fond, des troupes d'oiseaux de toutes sortes qui se rendaient à leur gîte, nous faisaient jouir d'un spectacle magnifique et délicieux.

Il fallut quitter la place à regrets; mais la nuit commençait à se faire et nous avions une grande distance à parcourir pour regagner l'autre rive où nous devions coucher. Quelques pirogues sillonnaient la rivière, allant dans tous les sens. Nous étions perdus au milieu des îles, des songes gigantesques, des nénuphars, des joncs. La nuit était complète. Heureusement mon compagnon avait un sifflet dont il se servit pour indiquer notre détresse, et des Malgaches connaissant tous ces défilés vinrent en pirogue à notre rencontre pour nous conduire à l'endroit où nous devions débarquer, près de la case où nous allions passer la nuit. Cette habitation est entourée de marais noirs, infects. Les naturels même ont à souffrir de cette situation malsaine. Après le dîner sur des nattes et des feuilles de bananier, nous nous étendîmes sur nos couvertures pour dormir; mais il n'y eut pas moyen : des moustiques innombrables faisaient entendre leur chant et sentir leur piqûre. Nous étions couverts jusqu'au nez, malgré la chaleur; ils s'acharnaient alors sur le peu de surface que nous leur laissions; quelques-uns, avec un dard énorme sans doute, traversaient la couverture de laine et arrivaient jusqu'à nos chairs. La nuit fut un affreux supplice.

Au jour, nous reprîmes nos pirogues pour remonter la rivière. Sur tout le parcours nous rencontrâmes des canards sauvages, des sarcelles, des alouettes, des corbigeaux, des hérons à longues pattes avec un plumage mêlé de gris et de rouge. Nous fîmes facilement une chasse abondante. Cette rivière, comme toutes celles de Madagascar, très-large à son embouchure, est assez étroite quand on remonte vers sa source. Après trois heures de pirogue, nous étions entre des plateaux resserrés par des collines couvertes d'arbres et particulièrement de ravenals. Nous nous arrêtâmes à une habitation malgache pour prendre des renseignements sur le parcours que nous voulions faire. Mais le chef de famille, homme d'un certain âge, regarda le soleil et nous dit que si nous voulions aller jusqu'à la première cascade, nous y serions pour le coucher. Quant à la source d'eau thermale, il faudrait deux ou trois jours pour l'atteindre en mettant souvent la pirogue à terre et la faisant porter par les hommes pour franchir la région des rapides. Nous n'étions pas installés pour un semblable voyage; il n'y avait du reste plus loin que des difficultés pour nous; nous revînmes à notre halte.

J'eus occasion de visiter quelques cases habitées par des familles malgaches qui vivent ici dans une grande indépendance et loin de toutes fréquentations. Elles sont isolées, plantent autour de leurs cases des patates, des cannes, élèvent des oies, des poules, vivent en somme misérablement mais indépendantes. Éloignées du passage fréquent des Hovas, elles ne paient aucun impôt et leurs chefs sont parfaitement libres. On les vient chercher parfois pour les corvées, mais ils ont la ressource de se sauver. Les visites d'étrangers sont très-rares dans ces parages.

On voit sur les bords de cette rivière des plateaux sablonneux, mais fertiles par la grande humidité qui y est constante. Excepté les collines, tous les intervalles sont envahis par l'eau. L'assainissement serait encore bien difficile ici. Le Manangoure est très-giboyeux et poissonneux. Les Malgaches se livrent à la pêche, mais ne chassent pas. Cette rivière coule sur un sable jaune fin, parsemé de paillettes brillantes de mica qu'on a pris pour de l'or. Plusieurs sont venus le visiter, m'a-t-on dit, attirés par cette réputation de sable aurifère. Mon hôte, qui a fouillé l'or en Australie, m'a souvent dit que c'était le même sol, granit, quartz de la même espèce. Aussi était-il convaincu qu'il y avait de l'or à Madagascar, et il attendait avec impatience le moment où la puissance hova serait détruite pour fouiller activement. Sous ce gouvernement, la moindre tentative en ce genre est punie de mort ou de l'exil.

Notre journée avait été très-fatigante. Assis pendant des heures dans une étroite pirogue, brûlés par le soleil, nous ne fûmes pas d'avis de recommencer la nuit terrible que nous avions passée et vers 4 heures nous reprîmes la route de Fénérife. Nous rencontrâmes un Anglais qui arrivait par terre d'Angontsi, où il avait été envoyé pour recueillir ce qu'avait pu laisser un Italien qui venait d'y mourir. Angontsi est au Nord de la baie d'Antongil et c'est le dernier poste hova du Nord-Est. Son voyage avait été très-pénible et il avait mis quinze jours à le faire. Après nous être arrêtés un instant et avoir échangé nos nouvelles, chacun reprit son tacon.

Nous avions le soleil à l'Ouest et nos parasols étaient dirigés de ce côté pour nous garantir ; mais à l'Est nous avions la lame pleine d'écume et brûlante qui venait s'étaler dans les jambes de nos porteurs. Chaque fois qu'elle arrivait, il nous semblait recevoir la décharge d'une gueule de four chauffé. La chaleur était accablante : la course du matin, une nuit sans repos, tout contribuait à me faire ressentir un grand malaise. J'arrivai à Fénérife avec un mal de tête violent et des étourdissements. Je me couchai avec de la fièvre ; bientôt vinrent les vomissements et un peu de délire. Cela ressemblait bien à l'empoisonnement marécageux ; mais je m'illusionnais encore et mettais sur le compte de la fatigue ce que j'éprouvais. Pendant une nuit des plus pénibles je n'avais autour de moi que mes porteurs qui ne m'étaient guère d'un grand secours. Le jour venu, je me sentais peu disposé à me mettre en route ; mais je m'armai de courage et annonçai à mon hôte que j'étais décidé à partir. Je ne voulais à aucun prix rester malade loin de tout secours et loin surtout des moyens de retourner à la Réunion.

Je dis donc adieu à M. Delastelle qui voulait me retenir, mais ne me rassura pas sur la violence et la nature des accès de fièvre de Fénérife. — « Ils sont, me disait-il, généralement cérébraux et durent un mois ou six semaines ordinairement ; pendant leur cours, les malades sont dans un délire à peu près constant. » — Je devais à mon retour vérifier à mes dépens l'exactitude de la description qu'il m'en faisait. Je m'arrêtai à Mahambo pour me reposer et arrivai à 6 heures du soir à Foulpointe, où je fus accueilli dans la maison de M. Charles Jeannette, créole de Bourbon, absent dans le moment. Des infusions calmantes, un bon lit, une nuit de repos me reconfortèrent et me permirent de reprendre ma route malgré les instances qu'on me fit pour rester. Le soir, j'étais à Tamatave et mes hôtes apprenant ce qui m'était arrivé ne cessaient de me répéter : « Vous avez été dans le nid de la fièvre, vous auriez dû nous écouter et attendre ici, en repos, une occasion pour partir. » — Pensant que le calme me remettrait vite et que j'avais subi la plus forte atteinte, je me mis à rire et leur donnai l'assurance que leur bonne hospitalité me guérirait complétement, que la fatigue seule et le soleil m'avaient éprouvé.

Quelques jours après, j'eus un véritable accès de fièvre avec agitations, insomnie et ne pouvant laisser aucun doute sur sa nature. Je m'étais cru à l'abri et je sentais alors que j'étais complétement sous l'influence paludéenne. J'attendais avec impatience l'aviso qui devait apporter la malle, et mon esprit était troublé malgré moi à l'idée qu'un obstacle pouvait encore se présenter. Le nouveau gouverneur de Tamatave invita à dîner les consuls à la batterie et je reçus aussi une invitation ; quoique souffrant, j'obéis à la curiosité et j'accompagnai M. et Mme Soumagne qui m'assuraient que c'était une fête à voir.

Dans un appartement très-bas et peu aéré une grande table était servie. Outre les consuls, il y avait là les premiers officiers hovas, les femmes des premier et second commandants, Mlle Juliette, maîtresse de cérémonie et interprète général. Ce repas était très-disparate et on avait emprunté pour l'organiser, les couverts, les plats de différentes personnes. Mlle Juliette avait ordonné le dîner et les habitants du village avaient fourni chacun leur part; le vin, le vermouth, la liqueur, les couverts. Car pour les Hovas ils mangent ordinairement sur des nattes, à la malgache, c'est-à-dire aussi simplement que possible. C'est ainsi qu'agissent partout les gens du gouvernement hova. En route, ils ne s'embarrassent de rien. Le pays qu'ils parcourent ou habitent en dehors d'Émirne est soumis à l'impôt que réclament leurs besoins et chacun s'empresse d'obéir non sans un secret mécontentement. Mlle Juliette, elle-même, qui les appelle les « braves » et les déteste au fond d'une haine de race conquise, est toujours à leur service, se multiplie tous les jours comme interprète, comme conseil, et donne tout ce qu'elle peut donner. Les créoles malgaches, fils de blancs, sont, par leur contact plus fréquent avec les étrangers, appelés à être les maîtres de cérémonie et même les maîtres d'hôtel. On réclame de leur savoir-vivre des services qui sentent la domesticité : ils mettent le couvert, servent à table, découpent, sont souvent debout et ils font tout cela avec des manifestations de joie qui ne sont évidemment qu'à la surface. Ils savent que d'un mot le gouvernement peut les ruiner ou leur ôter la vie.

Les officiers étaient en habit noir avec des pantalons et des gilets rouges, violets, gris. Nous étions invités pour quatre heures; mais, avant de se mettre à table, le commandant et un aide de camp allèrent sur un petit balcon qui donne sur la cour et après un commandement affreusement guttural, la musique joua l'air de la reine. Les soldats étaient sous les armes et y restèrent pendant tout le repas. Cet air terminé, ils revinrent dans la salle et chacun prit sa place, Alors Mlle Juliette, déployant un papier, lut un petit discours au nom du nouveau commandant qui nous réunissait « pour nous prouver son amitié et son bon vouloir envers les puissances étrangères; il n'avait qu'un désir, c'était d'avoir toujours de bonnes relations avec les sujets des nations amies; il ferait tous ses efforts pour bien administrer la justice, etc. »

Chacun était servi à son tour; quant au service, il se faisait sans ordre: les vins, des sardines, du fromage, les viandes, tout cela était servi en bloc et mangé au hasard. Les consuls portèrent chacun à leur tour des toasts. Le gouverneur répondit par l'intermédiaire de Mlle Juliette, qui était à tout et abandonnait un instant le plat qu'elle servait pour prendre la parole. Depuis la soupe jusqu'au dessert tout passa par ses mains et, de plus, elle traduisait en malgache et en français tous les discours. Cette femme a une organisation exceptionnelle, et il lui faut une intelligence, une activité, une énergie rares pour remplir à la fois tous ces rôles. La nuit étant venue, on envoya chercher des chandeliers, voire même des bougies au village. Les bougies arrivèrent, mais sans chandeliers. On se servit alors de bouteilles vides.

A 9 heures, la table fut enlevée et les danses commencèrent. Pendant tout le repas et à la seule porte donnant le jour et l'air, la musique jouait toute espèce d'airs, musique fausse, affreuse, déchirante; j'en avais la tête brisée. Les hommes seuls dansent entre eux; les vieux sont au moins aussi ardents que les jeunes. Un d'eux qui était allé en Angleterre en 1820, embarqué sur un navire de guerre, quittait à chaque instant la danse à laquelle il prenait une part active pour me dire: « *How you find this counry?* » Je répondais invariablement: « *Beautiful* », et il repartait content. Ils commencèrent par la danse hova qui est une promenade circulaire en marquant le pas, poussant, des ho! des ha! et frappant des mains. Ensuite vinrent la mazourka, la cracovienne, la polka. A 10 heures, je priai et même suppliai l'agent consulaire de France de me délivrer et nous primes congé de l'assemblée.

Le 11, on signala l'*Indre*. Le lendemain, à 2 heures du soir, j'étais à bord. Le commandant Fleuriais, me sachant souffrant, avait bien voulu me donner une chambre aérée dans son carré. Elle devait m'être bien agréable pendant la traversée, car mes nuits étaient sans sommeil et très-agitées.

Nous arrivâmes le 17 novembre. Le bonheur de retrouver la famille, le chez-soi, m'avait fait croire, comme à ceux qui m'attendaient, que j'étais guéri ; mais le lendemain, à peine sorti, je fus pris de malaise, de frissons, d'un mal de tête violent et je rentrai chez moi foudroyé d'un accès de fièvre menaçant de devenir pernicieux. Pendant un mois et demi, je ressentis plus ou moins cette influence qu'un changement d'air dans les régions élevées fit enfin disparaître.

Ma curiosité était satisfaite, mais j'avais payé cher cette satisfaction. Il faut avoir eu des accès de cette interminable fièvre pour en comprendre toute la force. Véritable Protée, elle quitte une forme pour en prendre une autre et on n'en est jamais débarrassé.

HISTOIRE — POPULATION
MŒURS ET INSTITUTIONS A MADAGASCAR

I.

POPULATION.

Origine, coutumes, mœurs, institutions, industrie.

Quand on parle des Malgaches, on confond sous une même dénomination toutes les peuplades qui habitent la grande île africaine ; on leur donne bien des noms différents dépendant presque toujours de leur situation sociale ou géographique, mais en général à Madagascar, sur la côte comme dans l'intérieur, les hommes du pays s'appellent Malagassi : cela veut dire né à Madagascar ; mais on ne doit pas prendre ce terme comme signifiant un même peuple ou même un mélange de peuples devenus homogènes et n'étant différenciés que par des nuances. Il y a au contraire parmi eux des différences tranchées, sinon par le langage et les mœurs qui sont à peu près les mêmes, bien évidemment par l'ensemble de l'être physique et moral.

Les traits, la physionomie, l'intelligence, les institutions offrent chez les différentes races des limites et des oppositions marquées qui annoncent même en les examinant superficiellement des origines diverses et très-dissemblables. Nous allons essayé de les décrire, malgré la grande difficulté qu'on éprouve à suivre une telle étude sans autre guide que des traditions restreintes, peu anciennes même et les écrits des Européens qui ont fréquenté cette île depuis trois cents ans environ. L'écriture, conservée encore du temps de Flacourt par une certaine classe de la population, a disparu peu de temps après sans laisser de traces, et les hommes actuels n'ont à vous donner que des suppositions ou certaines légendes très-peu explicites. Y a-t-il eu à Madagascar une population aborigène, ou cette île a-t-elle été entièrement peuplée par des migrations africaine, indiennes, arabes, malaises? Il est impossible de répondre d'une manière exacte à une semblable question et l'essentiel est de savoir si par les races actuelles on peut remonter à des origines précises. — Un Malgache intelligent, gouverneur de Tamatave, qui a été en Europe, me disait que, d'après une tradition conservée dans l'*Émirne*, les premiers venus à Madagascar, les

Sakalaves, y auraient trouvé un peuple de nains ayant des petites têtes et des voix d'enfants. Les Sakalaves les auraient détruits. Ces nains seraient-ils de la même race que les Bosman que les voyageurs ont rencontrés à Mozambique et dans l'intérieur des terres occupées par les Boërs ? Ces Bosman sont aussi des nains qui n'ont pour habitation que le creux des rochers ; sans industrie, sans agriculture, ils vivent de pillage, et les colons hollandais depuis longtemps leur font une chasse soutenue et en ont détruit à ce qu'il paraît la plus grande partie. Ces types inférieurs de l'humanité, dont le voisinage des terres expliquerait la même origine, seraient-ils une même race ? Il faudrait pour apprécier exactement cette question avoir quelques renseignements sur les nains de Madagascar, et la tradition n'a conservé que l'idée d'une petite tête et d'une voix grêle et faible. Les Malgaches se disent dans une certaine région les descendants des babakoutes, ou du moins ils établissent des relations d'amitié, de services et de bon voisinage entre leurs ancêtres et ces animaux. Ils ont un certain respect pour eux. Le babakoute, du genre *Indris brevicaudatus*, ressemble à une maque sans queue ; il est de taille assez élevée et, debout, peut bien avoir 1 mètre et demi de haut; on l'a souvent appelé homme des bois ; sa tête est petite et ses cris dans les forêts ressemblent à des voix d'enfants qui se plaindraient ; on n'en rencontre plus que dans l'intérieur de l'île et les grandes forêts. Ce sont peut-être les babakoutes que les Sakalaves auraient détruits sur la côte ouest, où ils ont d'abord séjourné. Leur stature et leurs cris les auraient fait prendre pour des hommes inférieurs. On parlait encore du temps de Flacourt d'une race d'hommes qui habitait dans l'intérieur des montagnes ; elle était sauvage dans ses mœurs ; ils se mangeaient entre eux, étaient très-mal formés, avaient la face large, sans barbe, les dents aiguës, les yeux petits, le nez très-camus, les lèvres grosses, les cheveux crépus et courts , la peau rougeâtre, le ventre grand et les jambes grêles, ce qui faisait qu'ils étaient agiles à courir. Cette race s'est détruite en partie et a été détruite par les nations voisines. On a parlé aussi à Flacourt de pygmées qui furent détruits dans le pays d'Anossi ; ils furent repoussés de leurs invasions fréquentes sur les terres qui les avoisinaient ; mais il n'y en avait plus trace à son époque. (Flacourt, *Avant-propos.*)

Laissons de côté des traditions peut-être fabuleuses et examinons l'état actuel. Il y a à Madagascar trois races distinctes et tranchées avec des nuances, des mélanges ; mais on peut suivre trois courants distincts d'organisation, d'esprit, de nature. L'Afrique est si proche de cette terre que des Cafres de toutes sortes ont dû y aborder et former le fond de la population. Le Betsimsarack, le Bétanimène, le Betsiléo, etc., sont des types africains ; c'est physiquement et moralement, avec des modifications légères, la race cafre. Dans le Sud, l'Ouest et le Nord-Ouest, les Sakalaves ou les peuplades qui s'en rapprochent viennent aussi de l'Afrique, mais tiennent des Arabes proprement dits. Les uns ont la douceur, le caractère facile et passif des Cafres ; les autres, avec une peau d'un noir de jais, une stature élevée, le regard fier, le caractère avec plus de réaction, représentent bien la race arabe ; comme elle ils aiment la vie nomade et guerrière. Mobiles, pillards, ils échappent à la domination hova par leurs mouvements rapides, leur énergie. La race dont le Betsimsarack est le type a la peau noire, les cheveux crépus, le front en général peu développé, le corps de belle apparence ; mais son caractère le plus sensible est dans l'absence de toute énergie ; son aspect est doux, passif ; sa voix caressante ; sa vie est insouciante ; elle supporte le joug sans effort pour s'en débarrasser s'en paraître en souffrir. Quelques-uns ne manquent pas d'intelligence et d'activité ; mais, en général, ce sont de grands enfants contemplatifs qui s'amusent d'un mot, d'un rien. Leur ventre plein, c'est leur expression, on peut tout obtenir d'eux. Il y en a d'amirablement construits, et quand on les voit porter un fardeau, ou courir en tenant sur leurs épaules les brancards d'un fitacon, on admire chez eux un développement musculaire remarquable.

Chez certaines populations du Sud et de l'Ouest l'aspect est différent : l'œil est plus vif, les mouvements plus énergiques, le front plus développé, la pose générale du corps moins soumise, plus fière ; on reconnaît en eux ces beaux Arabes d'Aden et de la côte nord de l'Afrique. La route qui les a conduits à Madagascar est toute tracée et aujourd'hui encore des boutres arabes viennent de la côte d'Afrique, de Zanzibar et de plus loin avec des produits divers, souvent avec des esclaves à vendre. Cette origine se retrouve du reste aussi dans le langage, certaines coutumes, les traditions et des mots cafres et arabes se rencontrent dans la langue ordinaire sans altération. *Kib*, ventre en cafre, *kibou*, en malgache ; *bé*, grand, seigneur en arabe, est employé fréquemment dans le même sens. Ces exemples pourraient être multipliés.

Le mahométisme laisse voir partout ses traces, et du temps de Flacourt les habitants parlaient souvent des enfants d'Abraham venus dans cette île[1]. Ces souvenirs, à peu près perdus aujourd'hui, se retrouvent dans les habitudes, les mœurs. La circoncision, opération religieuse et solennelle qui se pratique dans toute l'île, les sacrifices d'animaux, la défense de manger du porc chez certaines castes, des coutumes religieuses altérées plus ou moins, rappellent le judaïsme et les lois de Mahomet. Du Sud, en remontant la côte Est, au Nord, on prononçait encore, il y a deux cents ans, les noms d'Abraham et de Mahomet. Aujourd'hui, ces noms se sont fondus avec d'autres, ce qui rend souvent difficile de les reconnaître. Les usages se sont modifiés ou perdus, et en interrogeant les naturels, même les plus intelligents, on n'arrive à aucune idée, aucun renseignement de quelque valeur. Les seules relations, les seules traditions à noter sont celles que les Européens ont consignées en passant.

Voilà donc deux races d'origine certaine : la première africaine, cafre ; la seconde arabe du Nord de l'Afrique, d'Arabie. La troisième est la race blanche ou jaune, ainsi nommée du temps de Flacourt et aujourd'hui comprenant le mélange de races appelé Hovas improprement, comme nous le verrons. L'Hova ou l'Ankhova est une région qui se trouve au centre de la province d'Émirne. Les hommes qui habitent ce pays s'appellent de son nom comme beaucoup de peuplades qui sont caractérisées par les lieux qu'elles habitent : les hommes où il y a beaucoup de terre rouge, où il y a beaucoup de sable, les hommes du Nord, de l'Ouest, etc.

La race dominante, dite hova, est la même que Flacourt trouva dans le Sud, le Nord-Est et où elle a disparu à peu près ; s'il en reste, ce sont des débris dégénérés. Quand on lit la description qu'il en donne, on peut l'appliquer aux blancs actuels, à l'Hova. Ce sont les mêmes

---

[1] Ceux que j'estime être venus les premiers dans cette île, ce sont les Zafe-Hibraim ou de la lignée d'Abraham, habitants de l'île Sainte-Marie et des terres voisines, d'autant qu'ayant l'usage de la circoncision, ils n'ont aucune tache de mahométisme, ne reconnaissant ni Mahomet, ni ses califes et réputant ses sectateurs pour des hommes sans lois, ne mangeant pas et ne contractant aucune alliance avec eux. Ils célèbrent et chôment le samedi, non le vendredi comme les Maures et n'ont aucun nom semblable à ceux qu'ils portent, ce qui me fait croire que leurs ancêtres ont passé en cette île dans les transmigrations des Juifs et qu'ils sont descendus des plus anciennes familles des Ismaélites, dès avant la captivité de Babylone, ou de ceux qui pouvaient être restés dans l'Égypte environ la sortie des enfants d'Israël. Ils ont retenu les noms de Moïse, d'Isaac, de Jacob, de Noé. Il en est peut-être venu des côtes d'Éthiopie, mais les blancs nommés Zaféramini y sont venus depuis 500 ans, et les Zafearimambore des matatanes, qui sont les écrivains, n'y sont venus que depuis 150 ans. (Flacourt, *Avant-propos.*)

caractères physiques, cheveux lisses, peau blanche ou jaune ; c'est aussi la race blanche ou rouge ainsi nommée du temps de Flacourt ; même supériorité intellectuelle sur les autres races qui les entourent : esprit d'ordre, de discipline, ruse, tromperie, avarice ; ils étaient divisés en castes dont la noblesse avait différents degrés. Celle-ci était *Andrian* comme aujourd'hui, c'est le même mot. — Le nom d'Hova donné à cette race ou aux races dominantes est consacré par l'usage ; nous nous en servirons, mais avant, je tiens à constater qu'il est vicieux au fond, et indique surtout une région, un pays de l'Émirne. C'est tellement un nom de contrée que les conquérants, les maîtres actuels, sont blessés quand on les appelle Hovas ; ce mot signifie pour eux plébéien, homme conquis. Sans doute à leur arrivée, ils y ont trouvé une peuplade appelée aussi Hova, habitant le pays hova qu'ils ont conquis. Ils tiennent à ne pas être confondus avec ceux dont ils ont été vainqueurs.

Cependant l'usage a prévalu malgré eux, et généralement on appelle Hova l'homme à peau jaune, à cheveux lisses, à la physionomie malaise, chinoise ou autre, qui est le maître actuel. — Son pouvoir incontesté est dans l'Émirne ; c'est de là qu'il a commencé à rayonner vers la côte. — Comment y est-il arrivé ? est-ce à la suite d'un naufrage, comme le veut une tradition, ou par migration régulière ? On ne trouve parmi eux aucune idée arrêtée à ce sujet. Ce qu'il y a de certain, c'est qu'ils ont un aspect particulier et tout différent de celui des races noires d'Afrique et d'Arabie. Ils représentent le type malais, indo-chinois d'une manière frappante ; quelques-uns, le type juif, arabe du Nord. Ces migrations malaises ou autres ont dû, à une époque déterminée, avoir une certaine régularité. Le commerce des Arabes, des peuples de l'Asie orientale, la religion de Mahomet les conduisant périodiquement à la Mecque, ont pu les porter sur la côte d'Afrique, vers Madagascar, et des colonies se sont formées peu à peu. On ne peut dire à quelle époque, mais il est probable que cela n'est pas bien ancien, car ils seraient plus avancés dans leur domination. Des Hovas intelligents et relativement instruits m'ont dit qu'ils pouvaient être venus à Madagascar il y a 650 ans, à peu près. Ces migrations se sont fixées d'abord à l'île Sainte-Marie, sur la côte Est correspondante, où l'on trouve encore les restes d'une race malatte. J'ai visité les tombeaux des anciens chefs malattes dans une petite île en face de Fénerife et j'y ai trouvé des hommes, très-rares aujourd'hui, à type malais, à peau jaune. On en a fait, il est vrai, des mulâtres par le rapprochement des mots : *mulâtres, malattes seraient les descendants des Portugais et des Malgaches*; leurs chefs auraient dominé le pays pendant quelque temps. Quant au rapprochement des mots, malatte tient, ce me semble, de plus près à malais. Ensuite, quelques mulâtres auraient-ils constitué une peuplade dominante? C'était bien, à mon avis, une race à part, venue à Madagascar et y ayant dominé par sa supériorité comme celle que nous voyons aujourd'hui. Cette race, ces peuples à peau jaune se sont portés sur différents points de l'île.

Flacourt en trouve dans le Sud, à la baie de Saint-Augustin ; il apprend aussi qu'à l'île Sainte-Marie habitait depuis longtemps des hommes de même caste. A cette époque, lui, pourtant curieux de renseignements, n'apprend rien d'exact sur les habitants de l'intérieur de l'île. Il rapporte une sorte de légende sur un nommé Rakout qui, fuyant son frère dont il avait pris le pouvoir en son absence, gagne les montagnes du centre et s'allie à une famille princière; — mais rien de précis. — Dans le chapitre VI, il parle du pays d'Anghouba, situé au milieu des montagnes; on lui dit qu'il est très-riche en produits de toutes sortes, que les cases y sont bien construites; c'est sans doute le pays hova non encore généralement habité par la race conquérante actuelle ; — quant au Sud, il était habité depuis longtemps par des noirs craignant les blancs de race supérieure; ils ont une quantité de fer et d'acier ; leurs armes sont une rondache recouverte de peau de bœuf et une forte sagaye; leur peau est noire et leurs cheveux crépus.

Les hommes du Sud que j'ai vus à Tananarive et à Tamatave pour le couronnement et l'installation du nouveau gouverneur ont encore le même aspect, les mêmes armes. — Il y a deux cents ans et plus, le Sud, l'Est, le Sud-Ouest étaient des régions riches et puissantes ; maintenant et depuis longtemps elles sont dépeuplées, arides et misérables. Ces colonies malaises, arabes, ou asiatiques se sont trouvées mal à l'aise sur ces côtes fiévreuses dont leurs races souffrent encore quand elles y viennent; elles y étaient souvent tracassées par les visites de plus en plus fréquentes des Européens depuis le passage du Cap.

Je crois que ces causes, la dernière surtout, ont dû pousser ces peuplades à se réfugier à l'intérieur. On présume que c'est par l'Ouest qu'elles ont fait leur ascension. C'est possible, mais rien ne le prouve. Quoi qu'il en soit, après avoir quitté des plateaux fertiles et les côtes, des familles gagnèrent peu à peu les montagnes et n'ont dû s'arrêter que là où elles trouvèrent une situation convenable, une terre à culture facile et fructueuse. En s'éloignant de la côte, on arrive dans la région des collines, où le sol est ingrat; il n'y a plus là que des quartz, une terre glaise ocreuse, des bois, quelques fonds à rizières, de maigres pâturages.

En somme, c'est une région pauvre, et il faut arriver à l'Ankova pour trouver un sol plus fertile, une assiette assez grande pour contenir une population un peu considérable. Ces nouveaux émigrants avaient été précédés par d'autres habitants dans cette région; aucune relation ne le dit, mais les idées des maîtres actuels et la richesse du sol donnent la certitude que ce pays était occupé avant l'arrivée de la race dominante actuelle. L'Anciànak, au Nord de l'Émirne, était habité par des races noires ou de couleur, plus éclairées, supérieures à la race noire pure. Quoique soumis aux Hovas, ces peuples ont encore certains privilèges et une certaine indépendance. Le Betsiléo dans le Sud offre à peu près le même caractère, doux, passif, se rapprochant des Betsimsaraks; ils ont dû être soumis facilement comme ceux de l'Ankova. Les conquérants ont dû les déposséder sans grands efforts.

Dans le bassin d'Ankouva, les familles dispersées et s'étendant ont constitué et trouvé peut-être une féodalité dont les traces existent encore. Chaque village un peu important était et est encore situé sur le sommet d'une colline avec des murailles protectrices, des fossés profonds, des portes, des ponts-levis. Le magnifique bassin d'Émirne, au dire de la tradition hova qui remonte à 70 ans environ, était sous la domination de douze chefs. Andria Ponemerina (le désiré d'Émirne), roi d'Ambouimanga, fit au commencement du siècle la conquête de l'Émirne et transporta sa capitale à Tananarive, où dominait un autre roi. On montre encore aujourd'hui le chemin qu'il prit pour s'emparer de la ville, et elle était si bien fortifiée qu'il dut, pour y entrer, s'aider de ruses et de trahison.

Ambotoumanga, ville princière située dans l'Est, présentant encore toutes les traces de défense en usage dans le pays, fut aussi conquise. Les douze princes furent soumis. Il y a encore les douze femmes d'Andriaponemerina qui lui furent données par les chefs vaincus. Cette dénomination des douze femmes qui ne sont plus, mais qu'on nomme toujours dans les cérémonies publiques, comme si elles étaient encore là pour représenter l'assimilation en un seul pouvoir de tous les vaincus, a une signification évidente. C'est donc du commencement du siècle que date la concentration du pouvoir hova, ou des hommes de race malaise.

Dans le Sud, au fort Dauphin, chez les *Antaños*, on retrouve encore des débris dégénérés de cette race blanche puissante au temps de Flacourt, misérable et appauvrie aujourd'hui.

Elle n'a pu se développer sur les côtes ; c'est dans l'Ankova que ce peuple a pu prendre l'extension que nous constatons ; c'est de là qu'il a rayonné avec force et sécurité vers la côte. Relativement supérieur de beaucoup à ses voisins, n'étant plus tracassé par des invasions européennes, il a pu grandir à son aise et sans peine. Quoique ayant pris à peu près les mœurs et le langage des peuples qu'elle a soumis, cette race malaise ou indo-chinoise, par son intelligence, son caractère, son esprit d'ordre, d'économie, de discipline, a dû prendre facilement partout le rang supérieur et dominateur. — Chez les noirs, il y a bien un chef de village ou de contrée qui commande avec un titre héréditaire et consacré par une supériorité morale ou de richesses relatives; mais les chefs, leur suite, leurs esclaves font partie d'une même race, vivant de la même façon, ayant le même aspect. C'est une hiérarchie insensible et les guerres que se font entre eux les différents chefs peuvent seules modifier leur puissance. — Mais cette puissance ne s'est jamais étendue au delà de quelques villages, une d'elles n'a jamais eu une supériorité marquée, continue. — Pour la race dite hova, c'est bien différent; elle représente une véritable organisation féodale avec tous ses degrés et une supériorité individuelle bien tranchée. — Au temps de Flacourt, il y avait des ordres, des castes, les *Raoandrians*, les *Anakandrians*, etc., différents degrés de noblesse et de peuple. Aujourd'hui, on rencontre encore dans l'Ankova le peuple conquis ou les roturiers que les nobles désignent sous le nom d'Hovas et les différents degrés d'*Andrian*, depuis la petite noblesse jusqu'à la famille royale. L'idée de hiérarchie y est tellement marquée, indélébile, qu'il n'est pas permis à un tel degré de noblesse de se vêtir de la couleur qui appartient au rang supérieur. Le sang royal ou princier a seul droit au parasol rouge; la noblesse peut seule porter le lamba rouge ; le salut qu'on fait à un plébéien n'est pas celui auquel a droit un noble, et tel noble en haillons, misérable, passant à côté d'un riche plébéien porté par des esclaves, se redresse fièrement et reçoit un salut de respect auquel il répond à peine.

La royauté est sacrée et on ne peut donner la mort à un homme de sang royal ; si on le fait, c'est en contournant la défense ; on ne verse pas son sang ; on l'empoisonne ou on l'étrangle, comme cela est arrivé pour Radama II. — Mais il a fallu, pour arriver à cette extrémité, une grande lutte, des *circonstances* exceptionnelles. Il est parfaitement convenu qu'on n'a pas porté la main sur lui, qu'il est mort de sa propre mort ou qu'il a disparu. — Un mystère profond plane toujours sur de semblables coups d'État. — Ainsi Radama II, pour *les hommes* au pouvoir, a disparu, est parti ou a mis fin lui-même à ses jours; on l'a remplacé.

Cependant comme la vérité transpire toujours ou peut transpirer, on fait mourir tous ceux qui passent pour avoir porté les mains sur le roi d'une mort tragique, singulière, comme si la divinité les avait frappés. — L'un meurt en mangeant, les autres en se promenant, celui-ci en *accomplissant un besoin, tous frappés spontanément.* Tant il est convenu que le sang royal doit être intangible et respecté.

Quant aux nobles, ils participent dans une certaine mesure à cette inviolabilité. On peut leur donner la mort, mais sans verser leur sang. — Quand on veut se défaire d'un noble, un des moyens employés est de le placer dans un sac qu'on coule au fond d'un marais recouvert de joncs épais. Il ne reparaît plus, un voile épais recouvre ses restes. On emploie souvent le poison.

Il y a et il y a eu des exceptions à cette manière de faire dans des moments de trouble et de révolution, où l'étiquette peut être oubliée; *mais le plus profond* mystère plane *toujours* sur ces actions. Ce sont les plombs de Venise, c'est l'eau silencieuse des lagunes. — Ce peuple est gouverné par une oligarchie entée sur une féodalité avec des principes tellement arrêtés, inflexibles, qu'on comprend facilement la domination qu'il exerce, et si n'était la crainte des nations étrangères, il y a déjà longtemps qu'il aurait toute l'île sous son pouvoir; mais cette crainte, légitimée par de nombreuses convoitises, les renferme dans leur plateau central et inaccessible. C'est là chez eux une idée bien arrêtée, et ceux qui pensent, en captant leur confiance, les relâcher de cette réserve, se trompent, je crois, très-fort.

Ils accepteront *les produits* extérieurs, les *bienfaits* de la civilisation dans une certaine mesure, mais à un certain degré ils s'arrêteront ou repousseront avec fureur ceux qui voudraient les conduire plus loin. Cela est arrivé pour Radama II, dominé par un parti français, et arriverait encore sans doute dans les mêmes circonstances, car leur méfiance naturelle est la même et aussi profonde. — Tous les nobles ou fils de nobles, *Zana, Adrian,* sont à différents degrés de race royale ou princière, et il est probable que ces degrés représentent un ancien pouvoir établi dans une localité plus ou moins importante. Ils peuvent par conséquent aspirer à la royauté.

Une barrière a été mise à leur ambition en les éloignant systématiquement du pouvoir. — Les grands emplois, ceux surtout qui tiennent de près au gouvernement, les ministres sont pris dans les plébéiens. Un noble a droit à des honneurs, à des faveurs, mais ne peut le plus souvent dominer matériellement. Les grandes familles des Rainisohare, des Rainilivoutry sont plébéiennes. Comme la perpétuation d'un nom constitue à la longue une noblesse, si surtout elle est appuyée du pouvoir et de la fortune, ils ont mis une barrière à cette consécration en changeant le nom de chaque génération plébéienne. Le fils d'un noble est *zana*, fils d'un tel; le plébéien qui a un fils perd son nom et prend celui de son fils : il devient *raini*, père d'un tel. Comme les Malgaches se marient de bonne heure, il en résulte que des hommes encore jeunes n'ont déjà plus que le nom de leur fils aîné. Ces grandes précautions auront-elles longtemps le résultat qu'on en espère? L'avenir le dira; mais il est facile de prévoir qu'il se passera avant longtemps quelque chose de nouveau [1]; les ministres, maires du palais, peuvent changer de nom, la famille se reconnaît toujours et la fortune qui se conserve en elle avec le pouvoir finira par constituer un levier assez puissant pour tout renverser et établir un nouveau gouvernement.

La famille du premier ministre actuel est au pouvoir depuis plus de quarante ans; elle passe pour très-riche, et dans les paroles comme dans les actes de son chef on voit percer l'idée qu'il tient son pouvoir des circonstances, de Dieu et non de la reine. La famille royale, composée de membres de toute provenance par les femmes, n'est plus qu'un fétiche inerte, et à moins qu'un homme énergique ne reprenne le sceptre, le pouvoir royal n'est et ne sera plus, je le crois, qu'un abri momentané pour l'ambition du premier ministre. L'hérédité du trône

---

[1] Ces réflexions étaient écrites depuis quelques mois, et les dernières nouvelles annoncent la réalisation de ce que je prévoyais. Le premier ministre vient, pour épouser la reine, de divorcer avec sa femme à laquelle il avait été toujours fidèle et dont il a quinze enfants. Un ministre méthodiste hova a consacré la nouvelle union. Les ministres méthodistes auraient bien voulu, à ce qu'il paraît, se charger de cette nouvelle consécration; mais en habile politique, et se souvenant de Radama II, Rainilaivouï n'a pas voulu qu'un étranger prît part à cet acte. Tout en accomplissant une union hors des usages, des lois mêmes, un plébéien ne pouvant épouser une femme de sang royal, il est resté Malgache, et c'est là l'essentiel aux yeux de tous et de son parti surtout. — Voilà donc le premier ministre roi de fait depuis longtemps, qui va prendre sans doute bientôt le titre de la royauté. — Sa prudence, sa sobriété, sa grande fortune, lui permettront de soutenir ce nouveau rôle, qu'il maintiendra à la condition de ne pas s'appuyer sur les étrangers, quels qu'ils soient.

n'a aucune régularité : c'est la veuve du roi qui lui succède comme pour les deux Radama. C'est une nièce, même un cousin, comme pour la reine actuelle. Ces partis toujours en présence luttent incessamment d'influence, et le plus fort ou le plus adroit soutient son candidat et arrive avec lui. Celui du parti vaincu disparaît presque toujours sans qu'on sache comment. Ramboasalam, le compétiteur de Rakout, est parti ; mais il ne revient plus et l'on sait ce que cela veut dire. Ce peuple a pour grand moyen de gouvernement la mort, qu'il fait distribuer avec un sang-froid et une énergie qui épouvantent. La reine a des émissaires cafres ou arabes de race noire et forte, vêtus à la mameluck, chargés de porter la mort à ceux dont on veut se débarrasser. L'arrivée de ces hommes est un triste présage ; on les appelle Simandoa. Ils sont muets et arrivent mystérieusement chez ceux qui ont des nouvelles de la reine à recevoir. La méfiance est partout et les emplois de gouverneur des villes ou des provinces ne sont pas enviés, tant il y a de dangers autour de ces grands emplois.

Le gouverneur de Tamatave, Raharla, homme de grand mérite et très-estimé, est mort récemment d'une maladie inconnue. Voici dans quelles circonstances : son fils avait fait partie de la dernière révolution ou plutôt des derniers troubles du palais, car ce mouvement n'a pas eu de grandes proportions. Il est aux fers avec le frère du premier ministre actuel entre autres ; par une parenté éloignée il appartient à la famille royale, et à la mort de la reine Rasoherina, il pouvait être candidat au trône. On le reconnaît comme faible et incapable ; mais son père a un mérite éclatant, un caractère très-estimé ; on vantait surtout son éloquence et il aurait pu sur la place publique entraîner le peuple : sa vie pouvait devenir un danger. Tout à coup on apprend à Tamatave que Raharla est mourant ; il était, dit-on, malade depuis huit jours. Sa sœur de sang, Mlle Juliette, accourt pour le voir et arrive auprès du mourant quand celui-ci n'a plus que la force des derniers vomissements. Un autre gouverneur, celui de Féneriffe, qu'on présumait tenir au parti de la reine morte, finit brusquement, toujours de maladie, mais le public ne s'y trompe pas et chacun dit ouvertement la cause de sa mort. Ce gouvernement n'a encore rien d'écrit. Récemment, cependant, ils ont fait imprimer quelques livres ; mais les usages, les traditions verbales domineront longtemps encore. A quoi servent des livres écrits quand les actions sont tenues secrètes et que la terreur tient sans cesse ceux qui entourent le gouvernement, quand surtout il y a un parti pris, une idée arrêtée de donner aux faits la couleur et l'interprétation que veulent les intéressés? Le gouverneur actuel de Tamatave, Rainifiring, après le refus de beaucoup d'autres, dit-on, aurait bien voulu ne pas accepter l'honneur d'un tel poste; il aurait même payé cher le droit de rester à la capitale. Mais il a fallu marcher sans mot dire avec un second commandant reconnu généralement comme un scélérat et qui est chargé de le surveiller. Aussi en est-il comme abruti et chacun craint que, malgré sa bonne nature et sa bonne volonté, le nouveau gouverneur ne puisse faire le bien.

Avec des ressorts aussi tendus et aussi énergiques, le gouvernement des Hovas, aidé de la force armée, a pu dominer bien facilement les peuplades de la côte Est; il dominerait facilement tout le reste, si la crainte, la méfiance de l'étranger ne leur faisait une politique arrêtée de rester concentrés au delà des montagnes. Ils ne veulent pas de chemin, de peur que les envahisseurs ne s'en servent. On n'arrive à Tananarive que par les sentiers et les ravins qui partent de Tamatave. Ce port étant le principal point d'importation et d'exportation, il faut bien des communications plus fréquentes et des traces de routes. De Tamatave ils ont pu s'étendre sur la côte Est et placer quelques forts depuis le fort Dauphin jusqu'à Angontsi au delà de la baie d'Antongil. Les communications se font assez facilement entre ces divers points et une centaine d'Hovas dans un fort qui peut bien contenir quelques milliers de pauvres diables sans armes, sans union, sans volonté. — La race noire d'Afrique est partout la même : leur insousiance est sans borne; quand ils peuvent remplir leur estomac avec n'importe quoi, manioc cru, patate, fruits ramassés sur la route, tout leur est bon. — Dans le Sud, au fort Dauphin, entourés d'une population plus intelligente, plus active, les Hovas sont enfermés dans leur fort et sont souvent obligés de se faire ravitailler par la mer. Ils rencontrent dans cette région la race arabe, des débris de l'ancienne colonisation de leur propre race, ou d'une race équivalente, ces hommes blancs dont parle Flacourt, aujourd'hui ruinés, disséminés mais encore assez industrieux pour lutter contre eux. A Saint-Augustin, sur presque toute la côte ouest, ils n'ont pu encore dominer. Ils en auraient bien facilement la force, mais quand il leur est arrivé de partir de Tananarive avec une armée, il a fallu traverser des pays inconnus, sans habitations, sans traces de routes, ou nus et abandonnés. Le manque de vivres, les fatigues, les maladies les ont toujours détruits. — Je les crois trop intelligents pour ne pas comprendre la cause de leurs échecs, mais ils craignent davantage la *création de voies nouvelles et la possibilité d'arriver à leur sanctuaire* plus facilement. Un seul point de la côte ouest est occupé par eux, c'est Bombétok, — où se trouve l'embouchure d'une grande rivière navigable pour leur pirogue loin dans l'intérieur. — Par cette voie ils importent leurs armes de guerre en les déchargeant quand ils rencontrent des chutes d'eau pour les remettre dans leur pirogue après l'obstacle passé.

Cette peuplade a dû beaucoup souffrir de son séjour sur les côtes. Les Portugais, los Hollandais, les Français *surtout* y sont venus plusieurs fois avec des idées de colonisation. La supériorité des étrangers ne leur permettait pas la lutte, de là a dû naître cette horreur de la mer et l'idée arrêtée d'une sécurité inaccessible dans le centre de l'île et des montagnes. Cette crainte de la côte se traduit chez eux par une *idée fixe et inflexible comme toutes celles qu'ils ont : les rois* qui voient la mer meurent toujours peu de temps après l'avoir vue. — Radama Ier voulut faire le conquérant et soumit une partie de la côte Est ; il ne tarda pas à disparaître. La reine Rasoherina a voulu voir la mer et fit l'année dernière un voyage à Andévorante ; à son retour à la capitale, elle tomba malade et n'a pas tardé à mourir. — Sont-ce des morts naturelles ? On pense généralement dans le pays qu'on y a aidé.

Il y a deux phases que nous connaissons dans la puissance des Hovas. Arrivés dans l'Émirne à une époque inconnue, mais probablement récente, leur pouvoir s'accroît, et au commencement du siècle sous Andriaponemerina ils soumettent l'Ankova depuis Ambouimanga, leur première capitale, jusqu'à Tananarive, leur capitale actuelle ; ils vont même jusqu'au pied des monts Angave, à Amboudinangave. Radama Ier, qui succéda à son père en 1818, s'était mis en contact avec quelques Européens. Intelligent, actif et désireux de gloire, il fait une expédition sur la côte Est et se rend maître du pays des Bétanimènes, des Betsimsaraks. Cette promenade militaire au milieu de peuples doux, passifs, sans armes régulières, ne lui donna pas grand'peine, mais il avait entendu parler des conquêtes de Napoléon et voulait l'imiter. Il revint à Tananarive pour mourir en 1828. — Pendant son règne *arrivent à Émirne les premiers missionnaires anglais qui répandent* la religion chrétienne, l'usage de l'écriture ; plusieurs Malgaches sont élevés en Angleterre.

Sa femme Ranavalo lui succéda et avec elle domine la famille de Bainisohare qui obtient le pouvoir à côté d'elle et qui est encore rivale déchue récemment de la famille du premier ministre actuel. Depuis cette époque, la conquête extérieure à l'Émirne se consolide, mais ne s'étend pas. — Que deviendra-t-elle ? On ne peut le dire d'une manière précise ; mais il est probable que, s'il ne survient pas de conflit avec les puissances européennes, les Hovas continueront à s'assimiler les peuplades voisines. C'est une tendance évidente et la reine de Madagascar reconnaît sans cesse que toute l'île est sa propriété, donnée par Dieu à sa garde. Il serait à souhaiter que cette prise de possession se fît le plus tôt possible dans l'intérêt de tous. Le gouvernement hova n'est pas un modèle, mais il amène avec lui un certain ordre, une discipline, et une intelligence supérieure et progressive. — Quand il n'aura plus à craindre d'ennemis intérieurs, quand il ne redoutera plus la conquête violente des étrangers, il cherchera sans doute à s'améliorer, à ouvrir la porte à l'industrie et au commerce. — Mais il faudra encore du temps pour atteindre ce résultat, car ils savent, en hommes très-fins, que les naturels les détestent profondément (ils les appellent Amboalàm, *chien cochon*), ils sentent aussi par les flatteries des puissances européennes, par leurs nombreuses tentatives, que cette terre de Madagascar excite l'envie. Ils n'aplanissent le terrain qu'avec une grande réserve et toujours prêts à se retirer au milieu de leurs marais et de leurs montagnes.

Les trois races que nous venons d'examiner ont, la dernière surtout, des dissemblances bien tranchées. Elles ont de commun le langage avec des dialectes différents, les coutumes, la nourriture, le vêtement. Jusqu'à présent, elles n'ont aucun culte et vivent de la vie simple et réduite. Les uns insouciants, sans ambition, désordonnés, pillards ; les derniers, économes, ordonnés, avares même, dénués de sentiments tendres, positifs, ambitieux. — On les accuse de fourberie, de trahison, de mauvaise foi, depuis Flacourt, qui en fait un tableau peu séduisant (chap. XXVII) et les auteurs modernes les accablent de tous les vices. Je suis loin d'être leur apologiste, mais nous avons l'habitude, comme tous ceux qui veulent s'emparer du bien des autres, de trouver leur lutte de mauvais goût. — Nous brûlons leurs villages, prenons leurs troupeaux, les tuons. C'est de guerre loyale. Si dans leur faiblesse ils viennent à se venger par des moyens cachés, par la ruse, le manque de foi ; s'ils brûlent et reprennent à leur tour, ils deviennent des brigands dignes des fers et de la mort[1]. — A Madagascar, partout où domine le pouvoir hova, l'étranger n'a rien à craindre : sa vie est respectée et si on le vole il y a une police, incomplète, il est vrai, qui cherche et fait des efforts pour lui faire justice. C'est un vilain peuple, qui n'a pas l'attrait et la douceur de la race noire, mais on est plus en sécurité avec lui qu'avec les peuplades dociles, douces, pauvres, qui ne reconnaissent aucun ordre, aucune discipline.

Les races africaines noires ont toutes à peu près le même type. Généralement fortes, elles ont la peau plus ou moins noire, les cheveux crépus, le front peu développé, la bouche grande, de belles dents, la mâchoire saillante. — Les races arabes ont à peu près la même couleur, mais avec une tête plus intelligente, plus fine, sans idées d'organisation sociale, peuples nomades, guerriers, indépendants et souvent cruels. — Les uns et les autres aiment la contemplation, les contes, les proverbes, la musique ; leur langage est toujours imagé, pittoresque. — Ils ont des mots heureux, quand ils vous accueillent : Prends, c'est la main qui offre, c'est le cœur qui donne. As-tu faim ? Nous allons faire cuire du riz et tu ne sortiras d'ici que rassasié. — Ils ont entendu dire que la fièvre de leurs marais augmentait la rate, ou dans leurs connaissances, cet organe est-il le siége de la maladie ? Je n'en sais rien, — mais ils l'appellent l'œuf de la fièvre et plus d'un médecin envierait l'expression. — Ils sont immoraux selon nos idées, mais pour eux la jalousie n'existe pas et la femme, comme chez tous les peuples sauvages, n'est guère que la femelle et n'est appréciée que

---

[1] Pendant les onze années de ma résidence chez les Betsimsaraks, j'ai trouvé en eux un grand fond de probité et il est certain que sur ce point ils étaient évidemment calomniés aux îles de France et de Bourbon par ceux-là même qui se faisaient un jeu de les tromper. — Sans doute à Tamatave et à Foulpointe, lieux particulièrement fréquentés par les navires et où résidaient tous les mauvais sujets du pays, il pouvait y avoir de nombreuses exceptions. Hors de ces lieux fréquentés par les navires, il suffisait d'un bâton planté devant la porte d'une case, que rien ne fermait solidement pour indiquer l'absence du maître et en éloigner les passants. L'horreur pour le vol était si grande que ceux qui en étaient soupçonnés étaient souvent forcés de s'expatrier pour échapper au mépris public. A entendre certaines personnes, les Hovas, peuple de l'intérieur, étaient loin de posséder les mêmes qualités. Pendant mon séjour à la capitale, il y eut, en effet, plusieurs incendies attribués à la malveillance et allumés dans le but de profiter, pour piller, du désordre qui devait en être la suite. Mais s'il est vrai que les Hovas sont plus vicieux que d'autres peuples de la même île, cela ne pourrait-il pas tenir à ce qu'ils habitent un pays où la vie est moins facile, où l'on trouve même des exemples de misère inconnue sur le littoral. (Corayon, *Histoire de l'établissement*, etc.) — Ces observations concordent avec les miennes. — Malgré les craintes qu'on m'en donnait, je n'ai jamais été volé sur la côte. Quant aux incendies, ils sont fréquents par la nature des cases faites en paille et l'insouciance des habitants. — Mais j'ai toujours vu dans les incendies, à Tamatave entre autres, les Hovas soutenir l'ordre. — Ils étaient du reste les premiers atteints par le feu. — Ensuite il n'y avait eu que des craintes de vol.

par les enfants qu'elle donne. — *Les races noires ont sous ce rapport* les mêmes sentiments que les races jaunes ou malaises; celles-ci sont plus actives surtout par l'intelligence, les autres travaillent volontiers par moments et sont capables de déployer une vigueur exceptionnelle, ensuite dorment des jours entiers. Ils passent des nuits à chanter, à causer, à danser, surtout quand il y a clair de lune. Ils ne dorment pas et empêchent leurs voisins de reposer par leur tapage — avec un *bobre*, un *érahou*, instruments représentant une corde tendue en arc ou droite, sur laquelle ils frappent avec un petit bois; ils chantent en chœur en s'accompagnant de leurs mains qu'ils frappent l'une dans l'autre. Ils passent des heures à se distraire ainsi.

Ils sont hospitaliers tout naturellement, sans efforts, leurs cases sont ouvertes constamment. Quand le maître sort, à peine si une porte mobile en paille le plus souvent vient faire obstacle à ceux qui veulent entrer. Dans chaque village il y a une grande case appelée lappa ou case de la reine destinée aux voyageurs. Ils peuvent s'y installer de droit avec leurs bagages et leur suite sans demander aucune autorisation. Quand cette case n'est pas propre ou en bon état, le chef du village vient le plus souvent lui-même apporter des nattes, fait boucher les trous, balayer, met ses esclaves au travail pour améliorer la demeure de l'étranger. Il y a des villages où le lappa est trop détérioré pour recevoir des vasa de distinction. Alors ceux-ci choisissent la case de meilleure apparence et y entrent sans en demander la permission au propriétaire. Aussitôt la femme couvre le plancher de ses nattes les plus propres, enlève les objets gênants ou inutiles, nettoie son foyer, fait du feu. Ils sont tous heureux de vous recevoir et l'arrivée d'un vasa, nom qu'ils donnent toujours aux blancs, est un honneur et une grande distraction pour eux. L'entrée, les chambres voisines se remplissent de curieux qui s'accroupissent enveloppés de leurs lambas et regardent avec un sérieux qui ne se dément jamais. Quand l'étranger est installé, souvent, car l'usage s'en perd dans quelques villages, le chef arrive avec sa famille et les principaux habitants, ils s'avancent en ordre et une fois bien posés, le chef fait un discours assez long, un compliment de bienvenue et offre un cadeau : des œufs, une volaille, une oie; ils sont heureux de vous recevoir, de vous donner l'hospitalité ; vous pouvez rester tant que vous voudrez et demander ce que voulez ; on les remercie, mais cela ne suffit pas et il faut quelques instants après leur envoyer un peu d'argent accompagné de nouveaux remerciements. Quelques voyageurs manquent à ce retour de bons procédés, aussi dans certains villages les cadeaux n'arrivent que lorsqu'ils ont constaté qu'ils recevaient des vasa de quelque distinction. On dirait que la case du Malgache n'est pas à lui : ceux qui passent peuvent entrer, s'asseoir, prendre part au repas et s'ils trouvent une place pour dormir, ils s'étalent sans façon. Ils se partagent entre eux ce qu'ils ont. Souvent dans les villages où nous prenions nos repas, nous offrions au chef ou à un visiteur du vin, du rhum, du café, invariablement il y portait les lèvres et, après en avoir goûté, passait le verre à ses voisins. Un bout de cigare passe dans toutes les bouches, tous doivent en avoir leur part. Ils usent du tabac en poudre le plus ordinairement, et quand l'un d'eux vide le petit tube qui leur sert de tabatière chaque camarade en prend aussi. Ces usages sont communs à toutes les races et l'Hova, même de haut rang, pratique chez lui avec les siens ou même avec ses esclaves une fraternité touchante. Les uns et les autres sont assis à côté, par terre, couchent sur les mêmes nattes, comme s'ils avaient la même position sociale, les mêmes droits. Dans les villages de la côte, ou les grands villages de l'intérieur, je n'ai jamais rencontré de mendiants. Je n'en ai été tourmenté que dans un pauvre village de la vallée d'Ankai, vallée immense, belle de coup d'œil, mais sans culture. Le village d'Androcoubrac, où habite une population à teint jaune, à physionomie douce qui n'est pas hova, offre un aspect misérable. Une jeune mère amaigrie me poursuivait sans cesse en me montrant ses enfants aussi détériorés qu'elle ; je ne savais ce qu'elle voulait ; mon interprète arriva et m'apprit que cette pauvre femme demandait un peu d'argent pour sa famille malheureuse. L'ivrognerie est très-répandue et beaucoup s'enivrent avec le vin de canne fermenté, appelé besabèse, ou avec le rhum détestable qu'on apporte de Maurice. Dans le dernier des villages on rencontre plusieurs cases où se débitent des boissons excitantes qui sont contenues le plus souvent dans de grandes barriques peintes en rouge. C'est presque toujours une femme qui tient le robinet et verse le liquide. Les Malgaches travaillent peu et toute la journée ils vivent étendus, accroupis les uns à côté des autres, silencieux, dans une sorte de contemplation béate. A Émirne, région où la nature humaine est soutenue par un climat plus froid et une organisation supérieure, il y a plus d'action, moins de passivité dans la vie. Mais au fond et dans les détails, ce sont les mêmes habitudes, les mêmes usages. La vue de l'argent, le bruit qu'il fait en tombant dans leur petite balance excite tout leur être. Ils accourent, regardent, écoutent, leurs yeux marquent l'envie. Sans industrie autre que celle des tissus qu'ils font avec des joncs ou les feuilles des différents palmiers, le coton, la soie, ils ont l'art de simplifier la vie autant que possible. Ce sont les femmes qui font aller la navette sur le métier à rabane, à toile, à lamba ; ce sont elles qui font les nattes, les chapeaux. Il y en a d'un travail très-remarquable par la finesse des tissus. — Les hommes vont à la pêche, plantent le riz, le manioc et font les récoltes. Le riz est conservé en paille et on le pile au fur et à mesure des besoins. — Leurs cases sont d'une construction très-simple, toujours élevée d'un demi-mètre au-dessus du sol dans les plaines pour éviter l'humidité. Cet espace n'est pas perdu et sert de refuge aux animaux. Partout où pousse le *ravenal* ou arbre du voyageur, ils trouvent en lui presque tous les éléments de leur construction. Les feuilles recouvrent le toit, le pétiole et la nervure centrale servent à supporter les feuilles, le tronc aplati forme le plancher et quelquefois le latis. — Une case peut être entièrement édifiée presque avec le ravenal qui est à l'état de forêt sur les côtes et jusqu'à une certaine région de l'intérieur. L'usage qu'on lui donne de conserver l'eau dans l'intérieur de ses feuilles pour désaltérer les voyageurs dans les endroits privés d'eau est le moindre de tous, si jamais il sert à cela. On ne rencontre cet arbre à l'état de forêt que dans les lieux bas et humides ; sa présence indique un marais prochain. On en voit quelquefois sur le sommet des collines ; alors il est isolé et produit un très-bel effet, mais en général c'est l'arbre des régions humides. — La chaussure est un luxe même dans les classes élevées. Les femmes se tiennent le buste avec un corsage étroit appelé *canzou* et mettent par-dessus une jupe et un lamba quelquefois.

Les hommes s'entourent les reins avec le *simbou*, et les hommes de la côte n'ont guère d'autre vêtement, le corps restant nu, ou n'étant revêtu que d'une toile grossière, d'une chemise en rabane, d'un *lamba*. Ce lamba a tous les usages : il sert de vêtement, de couverture ; on y enveloppe les provisions, les angles contiennent l'argent, le tabac. Ils n'ont rien sur la tête ou quelquefois un petit bonnet en paille appelé *satouk* qui, selon les circonstances, sert d'assiette et de verre. — En passant une rivière nos hommes puisaient souvent de l'eau avec leur satouk, buvaient et le remettaient sur leur tête après avoir bu. — Rencontraient-ils du manioc, des patates, le même bonnet servait à les contenir. — Les Hovas en général ont le lamba blanc et le chapeau de paille ; on les reconnaît à ce costume et à leur démarche de maîtres. — Quant à leurs cases, à part les riches, elles sont à peu près les mêmes, simples, sans meubles, réunissant tout à peu près dans la même chambre ; — à Tananarive, où il fait froid et où il n'y a pas d'arbres, les constructions sont vulgaires, en terre tassée comme de la brique et couvertes en paille. Elles ne sont pas élevées au-dessus du sol, mais l'ameublement n'est pas plus considérable : des nattes, un coffre, un foyer et des plats en terre forment en général tout le mobilier d'une famille ; sur toute la côte, la feuille du bananier et du ravenal sert de nappe, de plat, de cuillère, de verre. A la capitale, les grands officiers et surtout ceux qui ont fréquenté les Européens sont chaussés de souliers ou de bottines, portent un pantalon, une chemise, le tout enveloppé toujours du lamba blanc, — mais la grande majorité est en chemise et nu-pieds.

On m'avait souvent parlé d'un usage singulier de ces peuples : ils poussaient, dit-on, les devoirs de l'hospitalité jusqu'à offrir leurs femmes, leurs filles aux voyageurs qui couchaient dans leurs cases. — C'est une invention ou une méprise comme il arrive souvent. — L'ignorance des usages, du langage peut conduire à des suppositions fausses [1]. Il y a à Madagascar, comme partout, mais ici plus ouvertement et plus naïvement, des femmes qui font métier de se donner, on les appelle *Simiris*. A Tamatave chaque soir, quand il y a des navires sur rade, elles remplissent leurs canots pour aller passer la nuit avec les matelots. Ce sont des filles publiques ; on en rencontre aussi dans les villages de l'intérieur ; elles dansent, chantent en frappant sur un bambou et pour un peu d'argent sont à qui veut. — Mais on ne vient pas vous offrir des femmes et on distingue toujours celles-ci de celles qui ont un mari. — Celui-ci, sans être positivement jaloux, tient à ses droits et ne vous invite pas à venir les partager. — La polygamie existe bien, mais en général les hommes en prennent selon leurs moyens ; — chaque homme libre peut avoir trois femmes légitimes, la *valibé*, la première en position, puis deux autres ; — la lignée légitime ne peut venir que de ces trois femmes ; — la liberté la plus grande règne du reste dans leurs mœurs et les femmes agissent comme elles veulent, mais il ne faut pas croire qu'elles peuvent tromper ouvertement leurs maris sans que ceux-ci puissent agir contre elles. — Il y a des lois sévères contre l'adultère et les deux coupables quand ils sont découverts. — Ce peuple

[1] Je n'ai du moins jamais constaté ce fait dans mon voyage à Tananarivo et dans le Nord.

positif, froid, qui calcule la vie avec tous ses éléments, a tenu surtout à la simplifier. — La jalousie violente comme nous la connaissons chez la plupart des peuples n'existe pas pour lui. La femme est avant tout la *femelle qui satisfait les sens et aussi le sol qui reproduit l'espèce* : — avoir des enfants d'une femme est ce qu'ils désirent avant tout. — La vierge qui n'a pas encore produit est un sol inconnu ; la femme qui a déjà fait ses preuves de fécondité est plus estimée et celui qui doit *prendre femme préfère celle qui a été déjà fécondée.* — L'enfant, comme chez les peuples non encore civilisés, comme chez nos paysans, est un élément de fortune. — Un Malgache de la capitale avait pris la femme d'un autre, celui-ci consentant ; elle accoucha six ou sept mois après. Le premier mari réclame l'enfant, le second refuse en lui disant : « Quand tu achètes une vache dans un troupeau et que cette vache met bas chez toi, le vendeur vient-il te réclamer le petit et pourrait-il assurer qu'elle était pleine de son taureau? » Cet argument parut sans réplique. — Dans toutes les castes, la vie est animale, mais leur immoralité ne peut être comparée à celle des peuples civilisés ; elle est pour ainsi dire naïve, brutale. Dans nos villes, nous voyons les mêmes éléments de désordre, de dissolution. — Malheureusement pour eux, les maladies qui en sont la conséquence les envahissent et ils ne savent rien faire pour s'en préserver ou s'en guérir. — Presque tous ont le corps couvert d'une grosse gale pustuleuse avec laquelle ils vivent en paix. — Leur saleté habituelle et le manque de soin les laissent incurables et ces vices du sang donnent la mort à une quantité considérable de leur progéniture. — Je ne dois pas oublier un usage qui a une certaine grandeur et prouve en faveur de l'élévation de leurs sentiments de fraternité. — *Je veux parler du serment du sang ou fatidrah.* — Quand deux individus sont liés d'amitié ou se conviennent, même de caste et de sexe différents, ils conviennent d'être frères et peuvent l'être à deux degrés. Le premier est consacré par un simple serment, le second par le serment scellé du sang de l'un et l'autre. Une piqûre est faite au bras, une goutte du sang qui en coule est mise sur un morceau de gingembre et les deux frères, s'échangeant leur sang, le mangent en se jurant d'être tout entiers l'un à l'autre. — Cette fraternité née de la sympathie est sérieusement conservée : les souffrances, les joies de l'un sont toujours ressenties par l'autre. — On ne cite pas d'exemple de l'oubli des devoirs qu'impose ce lien du sang. — L'organisation physique de ces peuples permet-elle la vie régulière et morale qu'on peut établir dans d'autres régions? — C'est une question qu'on ne peut résoudre par le raisonnement et les appréciations seules de la morale. — Les Pères, dans le but de prendre le Malgache avant qu'il ait usé des principes de la vie de son pays, ont établi à la Réunion une maison d'éducation où ils reçoivent des enfants malgaches des deux sexes. Cet établissement, appelé la Ressource, est situé dans une région élevée, bien aérée et en contient un certain nombre depuis plusieurs années. — Ces Malgaches arrivent à l'âge de huit ans, dix ans. Quand ils ont atteint l'âge de vingt ans ou à peu près, on les retourne dans leur pays après leur avoir donné l'instruction religieuse et un métier. — Eh bien, on remarque que ces enfants supportent difficilement cette vie régulière. La femme, nubile à 12 ans, meurt souvent phthisique si, à cet âge, on la tient enfermée et si on ne lui permet pas les rapports sexuels. Ces rapports, qui sembleraient devoir être funestes par leur précocité, ne font au contraire que les développer. Les hommes ont aussi besoin de la vie libre et insouciante. Ceux que j'ai vus de retour à Madagascar m'ont paru amaigris, affaiblis, sans être moins vicieux au fond. Les races d'hommes avec leurs grandes dissemblances réclament des existences différentes et toutes ne sont pas nées pour la même civilisation, le même progrès. Du moins, la transition ne peut se faire brusquement et il faudrait sans doute plusieurs générations pour les rendre aptes à une organisation sociale nouvelle. Voilà pourquoi je crains que le peuple malgache ne soit, comme tous les peuples de race noire en général, en dehors de nos mœurs. En voulant les leur donner, nous forçons leur nature et l'altérons sans profit. Il y aurait cependant beaucoup à faire tout en les laissant à leur existence de nature et de climat pour diminuer le dévergondage qui aboutit aux maladies les plus invétérées.

Tananarivo est un hôpital de maladies de peau plus ou moins constitutionnelles, et je ne pense pas, si cela continue, que la population qui l'habite puisse s'accroître longtemps encore. Elle devra nécessairement, si on n'y porte remède, dégénérer et n'offrir que des êtres abâtardis. Les Pères m'ont souvent dit à Tamatave et à la capitale que, depuis leur présence, les mœurs s'étaient beaucoup modifiées et améliorées, mais je crois qu'ils s'illusionnent et prennent souvent les grimaces et les apparences pour la réalité.

La population d'Émirne a un caractère d'ensemble assez commun ; à part les esclaves qui viennent de la côte et qui sont plus ou moins noirs de peau, le reste est de race jaune avec les cheveux lisses, droits ou ondés et légèrement crépus. Le type primitif a souvent été altéré par les mélanges qui se font sans cesse de toutes les races. Les femmes donnent le nom, la lignée, comme du temps de Flacourt chez les populations du Sud. La plupart ont des relations avec plusieurs hommes et de caste et de couleur différentes. Telle femme hova mariée à un homme de sa caste, de son rang, fait des enfants avec des hommes de race différente. Les enfants, quoique très-dissemblables, font partie du rang de la mère. J'ai vu des officiers hovas noirs et à cheveux très-crépus. A Tananarivo, une princesse, proche parente de la reine, avait eu neuf enfants; elle est de race pure et même très-fine. Les deux premiers étaient évidemment du sang noble provenant du mari de même caste qu'elle. Leur physionomie générale est délicate, la peau claire, les cheveux lisses, la figure ovale; les autres, venus la plupart après la mort du mari, étaient de couleur très-mêlée et appartenaient à une race inférieure. Chez les derniers la différence était tellement marquée que la reine avait mis un terme à la légimité de ceux qui pourraient encore venir.

J'ai remarqué chez les Hovas deux types principaux qui ont des caractères communs et des différences. Leur trait commun, à part les mélanges évidents avec la race noire qui se traduisent toujours par la couleur noire et les cheveux, sont une peau jaune plus ou moins claire, des cheveux lisses, noirs et droits, l'œil vif, un peu bridé, la taille moyenne, la jambe assez forte et bien faite, les extrémités petites, les pieds en dehors, la bouche large, les lèvres épaisses et pendantes, les dents grandes, la démarche aisée, fière, sentant une domination prolongée. Chez les uns, le nez est aplati, évasé aux narines; le front, sans être fuyant, n'a pas une grande proéminence; la physionomie est dure, féline, sensuelle; c'est le type malais proprement dit. Chez d'autres et dans les classes élevées, les nobles, le type est plus fin. Le nez est droit ou légèrement courbe, saillant, largement ouvert; la figure est allongée, l'œil un peu oblique, chinois, avec une expression plus douce que dans les faces plates; la tête est ovale, présentant un plan oblique dont le point le plus élevé est au sommet pariéto-occipital; le front est bombé, saillant, mais il a subi un arrêt dans sa hauteur. Ce n'est pas un front fuyant, mais le frontal, aux deux tiers de sa racine nasale, se courbe brusquement pour se fondre dans la courbe antéro-postérieure.

L'ensemble est plus grêle, plus délical: c'est exactement ou à peu près le type chinois. — Certains rappellent le type juif ou arabe d'Asie; j'en ai rencontré d'un très-bel aspect, mais c'est l'exception. La plupart ont une démarche aisée, même noble, vous serrent la main avec un sourire amical qui, un peu analysé, trahit la sécheresse des sentiments. — Les physionomies sont intelligentes, mais surtout sensuelles, sans élévation. — Beaucoup de femmes, arrivées à l'âge moyen, prennent un embonpoint marqué : leurs hanches, leur poitrine acquièrent des proportions fortes. L'œil est dur généralement, la voix rauque, gutturale. — En somme, ce ne sont ni un beau type, ni des natures attrayantes.

Le Hova est avide d'argent; toutes ses pensées sont au gain, et pour gagner quelques morceaux d'argent, pour amasser, la peine ne lui coûte pas. Avare, il se prive de tout, marchandera un objet huit jours de suite pour l'avoir un peu meilleur marché. A Tamatave, les Hovas passent des heures entières chez les traitants, examinant les marchandises, s'informant des prix, les discutant pour leur compte et celui des autres, car ils sont presque tous courtiers. Ils n'aiment pas le luxe, acceptent volontiers les cadeaux et les appellent souvent par l'envoi d'une oie, d'une poule à peu près sans valeur chez eux. Aussi sauvages dans leurs goûts que les sauvages qui les entourent, ils s'affubleront, un jour d'apparat, de costumes les plus bizarres. Une cérémonie publique, une revue, sont quelque chose d'impossible à décrire : des costumes de tous les temps, de toutes les nations, de tous les emplois, depuis celui de concierge jusqu'à celui des grands seigneurs des siècles passés; toutes les épaulettes possibles; tous les chapeaux, toutes les épées, tous les sabres possibles sont appliqués sur eux de la façon la plus comique. On dirait qu'ils ont hérité de la défroque d'un vieux théâtre. Ils la portent avec eux et aussitôt qu'ils peuvent s'en défaire ils le font. J'en ai vu même au milieu d'un kabar confier leurs énormes chapeaux à claque à un esclave placé derrière; ils en avaient assez avant la fin de la cérémonie.

L'armée est exclusivement composée d'Hovas ou d'hommes libres d'Émirne. Depuis quelque temps cependant, la reine a créé une garde prise dans ses esclaves; cette garde a un commencement d'uniforme; elle est vêtue d'une chemise lilas, d'une ceinture portant giberne derrière et d'un chapeau de paille recouvert de la même étoffe lilas, les jambes et les pieds nus : chaque soldat est armé d'un fusil à pierre dont le bois est peint en jaune, en vert, en noir, et d'une sagaye qu'il plante devant lui quand il s'arrête. Les officiers ont une épée ou un sabre sans fourreau qu'ils portent à la main ou font porter par leurs esclaves. — Presque tous sont aussi jambes et pieds nus. — Ils commandent avec une voix de gorge déchirée, affreuse et se servent de termes anglais, français transformés en malgache. — Les officiers sont très-nombreux et beaucoup d'entre eux sont les aides de camp du premier ministre, auquel on en donne au moins deux mille. — Les grades sont désignés par des chiffres depuis 1 jusqu'à 16, le dernier est le plus grand honneur. — Tous ceux qui ont un peu d'aisance se font porter par leurs esclaves sur des filanzanes, composés le plus souvent d'une peau de bœuf placée entre deux brancards que quatre hommes portent sur leurs épaules. — Les uns et les autres ne reçoivent aucune solde et vivent comme ils peuvent, le plus souvent aux dépens des peuples soumis qui sont obligés de fournir le riz qui leur est nécessaire. — Le luxe, le bien-être, leur sont à charge et une fois les parades terminées, ils reprennent le lamba, la natte, dorment, mangent comme le commun des Malgaches et se passent du petit au grand, de l'esclave au prince, le tabac en poudre qu'ils mettent dans leurs bouches. — Grands discoureurs, ils aiment à parler d'une façon théâtrale sur la place publique, et l'éloquence a sur leurs assemblées une grande influence. — Dans tout Madagascar, mais surtout chez les Hovas, on fait usage d'un instrument de musique appelé *vallya*; c'est un bambou long d'un mètre environ dont on a soulevé l'écorce pour en faire des cordes; il y en a dix-sept tendues plus ou moins et donnant des sons aigus et graves. On les pince avec les deux mains, comme on ferait des cordes d'une lyre ou d'une harpe. Les sons, sans avoir un grand éclat, ne manquent pas de charme; quand plusieurs joueurs de vallya sont réunis, ils forment un concert original et harmonieux. On dit que les anciens rois du Sud ne prenaient leurs repas qu'aux sons de cent vallyas. — Ils jouent aussi du *bobre* et de *l'éravhou*, instruments à une corde tendue et sur laquelle ils frappent en chantant le plus souvent. — Ce sont les instruments de la côte principalement et des peuples noirs. — Ils ont quelques airs nationaux, dont l'un entre autres, celui des Hovas, est plein de rhythme et d'entrain, l'air de la reine. Beaucoup ne sont que des copies plus ou moins altérées d'airs français. Quant à leur musique instrumentale, elle est généralement détestable et, malgré les éloges qu'on m'en avait faits, je l'ai toujours trouvée fausse et rappelant celle des foires vulgaires. — Il m'est arrivé en route ou dans les villages, la nuit, d'entendre chanter en chœur des femmes, des hommes réunis. — Les voix étaient justes, harmonieuses, et les Malgaches passent des heures à jouir de cette musique peu variée. — Les chants essentiellement malgaches ne sont pas étendus; quelques notes suffisent pour la plupart. — Généralement, ils ne vont pas jusqu'à la quinte; ils s'arrêtent à la quarte pour finir par la tierce mineure à la tonique. Le ton est majeur, mais ce passage par la tierce mineure au-dessous donne à leurs chants un ton plaintif qui représente bien la passivité de leur vie.

Ils aiment beaucoup les protestations d'amitié et ne s'abordent qu'avec les mots les plus affectueux, les vœux les plus ardents. Quand on les aborde ou qu'on va les voir, c'est d'abord un étalage de mots signifiant la joie de vous voir, leur bonheur, leur amitié, des souhaits pour que vous viviez longtemps. Ceux qui ont l'expérience du pays, leur retournent les mêmes mots avec force rires et poignées de mains. Des deux côtés on sait qu'il n'y a rien au fond. C'est du reste un peu ainsi dans les pays civilisés. Ils aiment, dit-on, les Français, parce qu'ils sont plaisants et portés à rire. Ils rient en effet beaucoup aussi, mais sans gaîté. Les Malgaches n'ont rien d'écrit, mais ils ont conservé des contes, des légendes, des proverbes dont quelques-uns ont de l'intérêt et de la portée. Il y a d'abord l'interminable légende du géant Harifife, qui est la personnification de la grande île. Sa tête touche les nuages et quand il se promène en mer, il n'a pas de l'eau plus haut que la cheville. Après avoir bien dîné, il brisa un arbre pour s'en faire un cure-dents, il trouva dans ses dents de grandes herbes et une bête qui, revenue au dehors, faisait entendre un certain bruit; il reconnut un bœuf. Se promenant un jour dans la mer qui avoisine Madagascar, il voulut faire cuire son riz et installa trois touques (pierres qui supportent le pot-au-feu). Son repas fini, il jeta à l'eau le vase qui avait contenu son repas et laissa en place les touques, dont l'une a formé une île voisine de la côte Est, l'autre Maurice et la troisième l'île Bourbon ou Réunion. Un tison est resté allumé près de cette dernière et forma le volcan qui brûle encore. Il y en a bien long de cette sorte. Une légende hova établit leur origine au Nord : un prince, voulant savoir ce que font les morts, envoya un des siens les interroger. Celui-ci se dirigea d'abord vers le Sud ; arrivé au premier tombeau, on lui répondit : « Allez dans le Nord ; nous sommes d'hier, les anciens sont au Nord. » L'envoyé alla donc vers le Nord. Les plus proches le renvoyèrent encore plus au Nord et finirent par lui dire qu'il faudrait aller là où ses pieds ne pourraient le porter pour rencontrer leurs ancêtres. Ces légendes, ces pensées sont racontées par les gens du pays; quelques-unes ont été recueillies par les missionnaires, mais il n'y a rien d'écrit parmi eux et l'écriture avait complètement disparu quand s'établirent à Tananarivo les méthodistes, en 1820.

Ces peuples sont-ils aptes à se civiliser par eux-mêmes ou à recevoir la civilisation que les Européens leur offrent? Je ne le crois pas, du moins complètement. Leur nature me semble arrêtée et par l'organisation ethnologique, comme par l'expérience répétée du passé, ils me semblent avoir copié et copier encore certains usages, certaines croyances, certaines idées qui ne sont qu'à la surface et ne pénètrent pas dans les facultés intimes. Ce peuple a cru de tout temps à un Dieu qu'il invoque sans lui vouer aucun culte ; il croit aux amulettes, aux sorciers, aux devins. Les moindres actions sont dictées par le *Sikidi*, l'*Ombiane*, espèces d'augures qui interrogent le sort par des sacrifices, par les entrailles des bêtes, qui invoquent le bon et le mauvais esprit. Il n'a jamais eu de pensée élevée en religion ; il n'a jamais compris ni pratiqué la famille complètement. Il y a plus de trois cents ans, les Portugais, établis dans le Sud, leur avaient donné des notions de religion, de morale, des différentes connaissances humaines ; quelques-uns de leurs enfants furent même transportés à Goa pour être élevés et instruits chrétiennement. Ces enfants grandis dans un autre milieu, de retour dans leur pays, ne tardèrent pas à reprendre les mœurs de leurs ancêtres. Les Français, les Hollandais, n'ont pas laissé une trace, pas même un souvenir de leur passage sur cette terre. Les connaissances importées par les Européens ont disparu avec leurs ancêtres. Quand les missionnaires anglais pénétrèrent dans l'Émirne vers 1817, ils y apportèrent l'instruction sous toutes les formes et avant tout leur religion. Après leur expulsion en 1835, tout se perdit et quand, il y a dix ans environ, les missions protestantes commencèrent à se réorganiser à Madagascar, elles trouvèrent un terrain vierge presque de souvenirs. Les temples, les pratiques chrétiennes avaient complètement disparu. Quelques Hovas élevés en Angleterre de 1820 à 1828 avaient conservé l'usage de l'écriture et de la langue anglaise [1].

---

[1] D'après M. Ellis, le christianisme avait conservé quelque temps après le départ des missionnaires des adeptes passionnés, et il cite de nombreux martyrs, même vers la fin du règne de Ranavalo Ier. Je crois qu'il est dans l'exagération et les faits prouvent que la

Aujourd'hui, les temples, les églises sont reconstruits, les temples surtout avec un grand luxe d'architecture à la capitale ; les fidèles accourent, sont nombreux ; on voit dans beaucoup de cases malgaches, des bibles énormes, des livres de piété, des images, des chapelets. Au fond, y a-t-il des chrétiens ? J'en doute. Ces gens-là sont nés sceptiques. Ils croient à un Dieu, mais au delà ils n'ont qu'un culte, celui de l'argent, de la ruse, de la méfiance aidée de rires faux, de protestations calculées. Toujours en garde contre l'ennemi possible, ils prendront tout ce que les missionnaires leur donneront : livres, images, vêtements, constructions qui jettent de l'argent dans leur pays, salaire, mais au fond je crois qu'ils n'ont pas changé. Des Européens sont venus plusieurs fois se fixer dans la capitale depuis le commencement du siècle et y ont importé leurs idées, leur industrie perfectionnée. Les Malgaches ont imité parfaitement et avec un succès qui semblait faire présager l'implantation de l'idée dans leur esprit. Eh bien, ces hommes disparus par une cause quelconque ou ayant cessé de les diriger, leurs facultés ont repris bien vite leur pli naturel : les constructions sont tombées en ruine ; les industries, les idées créées et entretenues avec tant de peine se sont fondues après quelques années, comme si des siècles avaient passé sur elles. Témoin la magnifique création de M. Laborde à Soatsimanampiovana, dont les ruines majestueuses attestent l'intelligence du créateur et la nature peu progressive des Malgaches.

Aujourd'hui, les missionnaires sont à la capitale, sur la côte et usent largement et librement de leur droit apostolique. Les temples, les églises s'élèvent, l'instruction se répand, une imprimerie fonctionne. Les Malgaches semblent prendre une part intéressée à tout cela et, si les événements ne viennent pas comme par le passé détruire dans un moment de méfiance tout cet édifice en construction, il est probable que des modifications surviendront dans les mœurs, les institutions.

L'avenir nous dira le résultat, mais je crains que le passé ne se reproduise encore dans des circonstances données. — L'idée seule d'une prise de possession quelconque les épouvante et je ne comprends pas qu'avec l'expérience tant de fois acquise, les puissances euro-

---

vieille reine comme ses successeurs avait voulu atteindre surtout l'influence étrangère plus que la foi religieuse. Les croyances leur importent peu et ils en font bon marché ; mais ce qui excite leur défiance et leur cruauté, c'est l'apparence de l'invasion de la puissance étrangère. — (M. Ellis, *Madagascar revisited.*)

péennes aient pu se donner tant de mal pour arriver à des traités dont le sens n'est pas compris de la même manière des deux côtés. — Nous nous figurons que nous pouvons posséder, ou avoir des baux d'une *durée indéfinie, que nous pouvons élever des établissements*; les infortunés qui accepteraient la lettre des traités ne tarderaient pas à s'en repentir: les Hovas auront tant de moyens d'éluder leurs traités, qu'on ne pourra les trouver en défaut quand leur intérêt l'exigera. — La reine ou ses ministres entendent bien ne livrer aucune parcelle de *la terre malgache et leurs discours au couronnement récent* ne sont que trop explicites à cet endroit. — En tout cas, quel recours avons-nous contre eux? Des expéditions dont l'histoire n'est que trop lamentable et qui, renouvelées, reproduiraient inévitablement le passé. Quelles représailles contre un peuple sans commerce extérieur et qui n'offre aux boulets que des buttes de sable et des villages de paille? — Je doute qu'il existe un peuple que nous ayons tant choyé, tant caressé que le peuple malgache. L'Angleterre et la France ont à l'envi cherché à capter sa confiance, son amitié. Elles ont dépensé des sommes considérables en cadeaux, en expéditions; sans leur rivalité pour une terre à laquelle nous prétendons depuis longtemps, prétention que repousse l'Angleterre tacitement sinon ouvertement, il y a deux siècles que nous serions en paix sur cette question. Elle a toujours pris des proportions considérables et exagérées en raison de cette rivalité.

Il faut le dire cependant, jamais le peuple malgache n'avait accepté avec autant de laisser-aller et aussi profondément les lumières européennes. Les missionnaires français et anglais ont beaucoup fait depuis quelques années et, malgré la nature arrêtée ou passive des Malgaches, ils seront forcément pénétrés par les idées du dehors et avanceront. — L'instruction les gagne insensiblement. Ils lisent, écrivent, ont une imprimerie anglaise qui publie déjà un *Magazine*; les Pères auront aussi leurs publications, et leur imprimerie commence à fonctionner. — Un hôpital anglais avec école munie de tous les instruments d'instruction leur offre une nouvelle voie d'investigation. — Les traités faits récemment, leurs lois sommaires imprimées, le contact avec la vie civilisée, et les besoins qui en naîtront d'eux-mêmes leur feront sentir la nécessité de sortir de leur misère; la fréquentation des étrangers plus facile, plus répétée, toutes ces causes réunies tendront sans doute à faire marcher la civilisation malgache. — Une seule chose est à craindre, c'est que les missionnaires, qui sont les agents de ce mouvement, voulant aller trop vite, ne fassent naître une nouvelle explosion des ferments de méfiance, qui ne cessent d'exister chez le peuple hova. — Il ne faut pas surtout qu'ils cherchent à leur faire comprendre l'esthétique de la religion. C'est par les sens, c'est par les bénéfices matériels que les Malgaches entreront dans la civilisation. — Les écoles des Frères rendront de très-grands services. Il y en a une à Tananarivo qui excite déjà toutes les sympathies du gouvernement et la copie du traité avec la France faite par un jeune Malgache et écrite avec cette perfection calligraphique dont les Frères ont le privilége a valu à l'auteur des récompenses marquées. — Avec cette inquiétude, cette méfiance innée chez le peuple hova et, il faut le dire, souvent motivée, les puissances européennes doivent changer de manière de faire avec eux. Abandonnant toute idée de colonisation, elles ne doivent rechercher que des échanges et n'annoncer franchement et ouvertement que des idées commerciales sans désirs de conquête et d'établissement. Peu à peu le contact des étrangers, la vue de leur bien-être, le laisser-aller qui naîtra nécessairement à la suite de fréquents rapports, faciliteraient l'entrée et l'implantation de nos idées sur cette terre trop vantée et avant tout meurtrière. Nous le disons ailleurs et nous le répétons, toute la côte est envahie de lacs, de lagunes, de marais entourés d'une végétation luxuriante. La chaleur et l'humidité constantes y développent les plantes, mais leur détritus sans cesse en décomposition donnent naissance à des miasmes délétères et une fièvre tenace, souvent terrible, dont on se débarrasse difficilement. L'assainissement est difficile dans les conditions de terrain de toute l'île, et ceux qui l'ont pensé facile n'ont vu les choses qu'à la superficie. Du reste, l'expérience souvent répétée de colonisation à Madagascar n'a jamais abouti qu'à la ruine, à la mort. — La terre appartient à la reine, mais les particuliers possèdent par le fait et leurs droits s'établissent par l'usage, les traditions, les témoignages; une terre vient-elle à être prise par un étranger, il lui arrive ou peut lui arriver après des frais d'installation, d'être obligé de l'abandonner, parce que des témoins rapportent que cette terre a appartenu à des réclamants. C'est souvent un moyen commode qu'emploient les Hovas pour se débarrasser des positions influentes qui pourraient naître de cette propriété. — Les nouveaux traités n'ont rien changé à cette situation, malgré des articles en apparence plus précis et des droits mieux établis.

A quelle branche générale de l'humanité faut-il rattacher ces peuples? Nous avons trouvé d'abord de nombreuses agglomérations de race africaine, cafre; c'est le plus grand nombre. On ne sait à quel chiffre ils s'élèvent; comme pour les autres, leur nombre est tout approximatif. La race arabe est, je crois, la moins nombreuse; beaucoup sont venus comme esclaves à la capitale, d'autres voyagent autour de l'île faisant des échanges, marchant comme des nomades, sans bagages, sans frais; quand ils trouvent un bateau, ils prennent la mer. Leur plus grande agglomération est dans le Sud-Ouest et le Nord-Ouest. La race jaune ou rouge est évidemment malaise, indo-chinoise ou arabe d'Asie; elle a le caractère sémitique, arrêté, capable d'un certain progrès, mais fixe dans ses idées, inflexible et peu apte aux progrès. Leur nombre est aussi inconnu. Cependant on m'a dit à la capitale que la province d'Émirne comptait deux millions d'âmes sans compter les esclaves ; ce chiffre m'a paru exagéré.

En somme, ces peuples, par leur bonhomie apparente, le sans-façon, le laisser-aller de leurs manières, la vie facile et abondante qu'on trouve parmi eux communiquent aux étrangers un charme qui les attache. Aussi on dit à Madagascar que ceux qui ont habité la grande île ne peuvent se faire à vivre ailleurs. Les Malgaches aiment leur pays, en sortent difficilement, y reviennent toujours avec plaisir; encore dans l'enfance pour la plupart, ils sont l'objet de tant de sollicitude intéressée ou non, que forcément ils seront entraînés, tôt ou tard, dans un mouvement prononcé de civilisation. Mais avant tout, la France, éclairée par un passé qui n'a laissé que des désastres, devrait abandonner toute idée de colonisation à Madagascar. Elle n'en retirerait encore que les mêmes résultats. Mal renseignés ou renseignés par des hommes d'imagination, ou intéressés à voir les choses en beau, nous nous figurons que cette terre renferme tous les trésors de l'agriculture et de l'industrie. Voilà plus de deux cents ans que nos efforts ne nous ont fait recueillir que d'amers déboires et la dernière grande compagnie créée sous des auspices si brillants a été une aventure assez triste et assez pénible pour que nous soyons guéris, je pense, de notre enthousiasme et de notre ardeur à coloniser la grande île africaine.

II.

Influence européenne a Madagascar.

La présence des Européens sur la côte n'a laissé après leur départ aucune trace. — Missionnaires anglais s'éjournant dans l'Émirne depuis Radama Ier et y laissant des germes de civilisation, l'écriture et la langue anglaise chez les grands, les idées chrétiennes. — De 1835 à 1862, Madagascar reste sans missionnaires, quelques Européens autorisés continuent leur service sous la reine Ranavalo. — Constructions diverses. — Industrie. — Le retour des missionnaires à la mort de la reine Ranavalo. — Les Pères jésuites. — Les méthodistes, les anglicans. — Consuls, plénipotentiaires. — Commerce. — Jamais les Malgaches n'avaient accepté aussi complétement les idées du dehors; religion, écoles, temples, églises, imprimeries sont largement autorisés.

Depuis plus de deux siècles, la France, par des prises de possession successives a consacré, ses droits sur Madagascar; elle a semblé y renoncer par moments sans cependant cesser de se préoccuper plus ou moins activement d'un pays qui a toujours été un de ses rêves favoris de colonisation. L'établissement le plus considérable organisé par elle, et le premier de tous, a été Fort-Dauphin, en 1642. Depuis cette époque ses tentatives de colonisation ont été nombreuses et elle ne s'est abstenue qu'à de rares intervalles. Elle a cherché à y faire pénétrer ses idées, sa religion, son commerce, à y asseoir d'une manière quelconque sa domination. Avant elle, les Portugais, puis les Hollandais, s'y sont établis et ont fait des efforts plus ou moins prolongés pour y maintenir leur influence par les armes, les croyances religieuses. Les Anglais sont venus à leur tour et, concurremment avec la France depuis le commencement du siècle, ont pénétré à Madagascar plus profondément qu'aucune autre nation, sans s'y établir par la conquête. Je ne veux pas entrer ici dans l'historique de ces prises de possession et de ces essais de colonisation dont j'ai donné ailleurs un aperçu sommaire; mais seulement apprécier les résultats obtenus à différentes époques, les progrès qu'ont pu faire les Malgaches sous l'influence des nations européennes. Aucune d'elles ne possède aujourd'hui un seu point de la grande terre. La France seule domine dans trois îlots qui qui l'avoisinent. Sainte-Marie sur la côte Est, Nossi-Bé et Mayotte sur la côte Nord-Ouest lui appartiennent; ces petites îles, qui n'ont encore fait la fortune de personne, en revanche ont été les tombeaux de beaucoup d'Européens. Elles servent de points de ralliement aux missionnaires et entretiennent l'influence française dans le voisinage de Madagascar. Leurs relations commerciales ne s'étendent pas au delà des côtes qui les touchent.

Jusqu'à 1817 à peu près, l'influence européenne n'avait pas dépassé la côte. A cette époque, attirés par deux ou trois aventuriers qui avaient tenté d'arriver jusque dans l'Émirne, des missionnaires purent s'y établir patronnés par leur gouvernement et surtout par le gouverneur de Maurice qui, après 1815, voulait constituer à Madagascar la prépondérance anglaise, en ne reconnaissant pas les prétentions de la France.

Jusque-là l'Émirne devait être en pleine barbarie. Radama Ier, qui régnait à cette époque, ayant des idées de conquête, voulut organiser une armée d'expédition et employa des sous-officiers français et anglais pour former ses soldats à l'ordre et aux manœuvres des peuples civilisés. Sous son règne et depuis sous celui de Ranavalo Ier, les quelques Européens qui séjournèrent à Madagascar prirent une position assez importante et dirigèrent le peuple hova dans la voie du progrès. MM. Legros, Laborde, Cameron, construisirent des palais, des maisons de plaisances, des routes et donnèrent naissance à des industries perfectionnées. Des relations, des associations commerciales ou industrielles avec Maurice et Bourbon donnèrent un certain élan aux idées et aux aspirations de la population malgache. Mais le vieux parti hova, toujours méfiant et soupçonneux, vit dans les progrès de la religion et de l'industrie une menace pour son pouvoir oligarchique et finit par rejeter toute assistance étrangère. De 1835 à 1857, les ruines succèdent à toutes les édifications. Les premiers missionnaires méthodistes qui habitèrent l'Émirne y installèrent des écoles, des chapelles et firent un assez grand nombre de chrétiens fervents. Plusieurs jeunes Hovas appartenant aux principales familles furent envoyés en Angleterre pour y apprendre la langue, les usages, s'imprégner de la civilisation européenne et la rapporter dans leur pays. Quelques-uns furent embarqués sur des navires de guerre anglais et voyagèrent comme marins pendant quelques années. J'ai vu à Tamatave plusieurs hommes de cette génération parlant assez bien l'anglais et conservant encore quelques traces de leur séjour en Europe. Ces missionnaires avaient fanatisé une partie de leurs adeptes, et comme leur influence s'accroissait chaque jour par la force des choses, sous la reine Ranavalo Ire, poussée par le vieux parti malgache, ils furent expulsés et leurs disciples sommés de renoncer à la religion chrétienne. L'année 1835 est mémorable par le départ des méthodistes et la mort d'un certain nombre de chrétiens indigènes qui furent torturés et précipités de la roche tarpéienne, nommée Ampamarinana. Ils expirèrent en vrais martyrs. M. Ellis en parle avec détails et admiration dans son premier voyage à Madagascar. Quelques Européens cependant purent rester à Tananarivo, à la condition de ne s'occuper d'aucune propagande religieuse; ils furent employés à perfectionner l'armée, à créer certaines industries, à construire quelques édifices. De 1835 à 1857, aucun ministre anglais, aucun prêtre catholique ne peut ouvertement séjourner à Madagascar. Dès 1855 le prince Rakoto montrait déjà, sous l'influence de quelques Européens, ses idées libérales et le désir de soustraire le peuple malgache à la barbarie. Il n'était pas facile alors de pénétrer jusqu'à Émirne et encore moins d'y séjourner. Nous voyons à cette époque les ministres catholique faire des efforts, des tentatives : les Pères Wéber, Finasse et Jouan, sous des déguisements, arrivent jusqu'à Tananarivo. Ils préparent avec MM. Lambert et Laborde l'avénement du prince Rakoto au trône. La malheureuse conspiration, qui s'appuyait sur le fils de la reine Ranavalo et tendait à faire régner avant le temps ce jeune homme plein de sentiments élevés, échoua comme on le sait. Les Français établis à la capitale durent se retirer. Mme Ida Pfeffer raconte en témoin et en victime cette malheureuse conspiration qui se termina si vite et si tristement. M. Laborde, ancien ami et serviteur de la reine, dut lui-même quitter Madagascar. Les conjurés et les amis du progrès durent attendre jusqu'à l'avénement de Rakoto, sous le nom de Radama II, qui eut lieu en 1862.

Le vieux parti malgache perdit alors son influence, et Madagascar fut entièrement livrée aux idées européennes. Une ambassade anglaise et française assista au couronnement de Radama II; un traité fut conclu avec le nouveau roi, et la charte octroyée à M. Lambert ouvrit aux peuples civilisés l'exploitation complète de toute l'île. La grande compagnie qui se forma ensuite sur de grandes proportions n'eut même pas le temps de commencer son œuvre : ses agents arrivèrent pour apprendre la mort violente du roi Radama, l'avénement d'une nouvelle reine et l'annulation de la charte Lambert. Ce nouvel état des choses, qui semblait devoir tout détruire, ne compromit cependant pas la position des missionnaires européens et les nouveaux représentants du gouvernement malgache continuèrent à autoriser leur séjour à la capitale. Un moment on avait pu craindre un conflit avec la France, mais l'indemnité réclamée par l'empereur et payée par la reine, malgré toutes les difficultés, mit fin aux inquiétudes. Un plénipotentiaire fut envoyé pour faire un nouveau traité, les relations amicales recommencèrent et aujourd'hui trois grandes nations sont représentées à Madagascar. L'Angleterre et la France y ont des missionnaires, des écoles, des temples sur la côte et à la capitale, des consuls. Étudions maintenant l'action simultanée de ces deux puissances, les résultats obtenus et ceux qu'on peut prévoir. Quant à l'Amérique, elle n'a voulu jusqu'à présent représenter que ses intérêts commerciaux. Elle ne réclame ni concessions, ni propagande religieuse. Ses navires apportent des marchandises, les vendent contre de l'argent et continuent ailleurs leurs opérations. Son influence jusqu'à ce jour est exclusivement commerciale et n'a jamais aspiré à modifier l'état moral ou social des peuples malgaches. Un agent consulaire américain réside à Tamatave et vient aussi de conclure un traité.

Nous pouvons déjà constater un fait, c'est que, malgré la découverte de conspirations évidentes et de menées ayant pour but de dominer dans leur pays, les Malgaches sentent tellement le besoin de relations extérieures, que celles-ci n'en sont pas troublées. Aucune violence n'est commise contre les étrangers qu'on redoute ou qu'on renvoie. Les traités rompus sont repris avec instance, seulement avec l'idée arrêtée de ne pas déléguer le pouvoir en dehors de leur influence nationale. C'est déjà un progrès qui mérite d'être noté. Il faut reconnaître d'abord une chose, c'est que le premier ministre actuel Rainilaiarivony est un homme libéral, à la tête du parti progressif, et comprenant qu'un peuple n'avance qu'à la condition de se soustraire à la vie isolée et brutale. Il proclame la liberté de conscience, la prière dégagée de toute pression ; il punit sévèrement l'ivrognerie et l'usage des boissons excitantes. L'ivrognerie surtout était et est encore une des plaies de ce pays, et le frère du premier ministre, qui vit dans l'exil aujourd'hui, en était une des victimes. Elle est encore très-répandue dans les villages éloignés de la capitale, mais tous ceux qui tiennent au gouvernement actuel sont généralement sobres. Les repas auxquels j'ai assisté m'ont frappé sous ce rapport ; les gens de basse classe s'enivrent aisément, mais ceux qui tiennent aux emplois élevés sont en général tempérants. Du moins, il paraît qu'il y a un progrès sensible dans ce sens. L'exemple des chefs et des punitions sévères ont mis un frein à ce vice dégradant.

Les ministres catholiques et méthodistes sont en rivalité d'action et d'influence pour faire dominer leurs croyances religieuses, la morale et les connaissances qui sont du ressort de l'intelligence. Toute l'action civilisatrice est en eux ; ils se répandent de plus en plus et, sur la côte comme à la capitale, ne reculent devant aucun sacrifice pour augmenter le nombre de leurs disciples. Les uns et les autres jouissent d'une grande liberté, achètent, construisent, enseignent, impriment sans être le moins du monde tracassés. Jamais il n'y avait eu à Madagascar un mouvement intellectuel et religieux aussi complet. Aura-t-il le sort des autres tentatives de ce genre, ou devra-t-il nécessairement aboutir à un progrès définitif ? C'est ce que nous allons examiner. Nous allons observer les deux religions en présence et leur influence sur la population.

Le Malgache, et quand je dis Malgache, je veux surtout parler de ceux appelés Hovas dont l'intelligence et le caractère sont plus élevés, est généralement positif et n'a jamais eu de culte jusqu'à présent. Cependant il appartient à la nature humaine et a par conséquent besoin de croyances effectives. Les ombiasses, les sikidis, sortes d'augures, sont appelés à interroger les entrailles des animaux, à apprécier les bons, les mauvais jours, etc. Un arbre quelconque, une pierre, un débris de vase, représentent pour lui le besoin d'intermédiaire entre la vie réelle et le créateur. S'il n'a pas de culte dans l'acception élevée du mot, il s'entoure du moins de ce qui le remplace grossièrement. Il agit en général comme les peuples enfants primitifs ; mais à mesure que l'instruction et la civilisation se mettront en contact avec lui, il arrivera sans doute à adopter les idées et les usages qu'on lui donnera. Avant de présager l'avenir, voyons son attitude actuelle.

Quand les méthodistes arrivèrent à Émirne vers 1817, ils trouvèrent un pays vierge de toute idée arrêtée en religion et de civilisation. L'action des peuples qui avaient séjourné sur la côte n'avait jamais été durable. Cette race d'hommes avant tout contemplatifs, apathiques, avait supporté les invasions portugaises, hollandaises, françaises sans en rien retenir ; les races les plus intelligentes qui s'y trouvaient à cette époque et qui ont disparu ou émigré à l'intérieur n'avaient pas subi plus de modification du contact des Européens. De 1817 à 1835, les méthodistes et quelques Français purent habiter l'Émirne et y répandre leurs idées. Après leur expulsion, le centre de la domination hova leur fut complétement interdit. Quand ils reparurent après une absence de plus de vingt ans, ils avaient laissé à la capitale des traces de leur passage, et retrouvèrent encore l'usage de la langue anglaise dans les hautes classes et des souvenirs de christianisme. Leur route fut plus facilement tracée ; ils ont aussi des ressources considérables à leur disposition et ont pu construire des temples en pierre qui seraient admirés partout, des écoles, un hôpital où les soins sont donnés gratuitement. Ils ont une imprimerie bien organisée, faisant déjà des publications régulières. Au nombre déjà assez considérable de leurs ministres, ils joignent des agents indigènes qui remplissent les fonctions de ministres. Dans leur système, tout individu possédant une bible peut la méditer et prêcher ; ils ne s'inquiètent pas beaucoup du degré d'instruction de leurs ministres improvisés. Après avoir parcouru quelques villages, un ministre méthodiste a semé la parole biblique et la prière : il s'en va laissant des rejetons qui le remplacent tant bien que mal en imitant sa voix, ses gestes. J'en ai vu un exemple remarquable à Fénérife, où des Hovas à l'air humble et contrit prêchaient, priaient et donnaient le ton des cantiques. Si cette manière de faire peut engendrer les hérésies, des interprétations singulières, elle a au moins l'avantage de répandre plus facilement l'influence religieuse en multipliant ses agents. L'un d'eux, grand prédicateur, me disait un Père, lui demandait un jour si Jésus-Christ était né en France ou en Angleterre. Ceux que j'ai vus m'ont fait l'effet de singes imitateurs, mais leur auditoire n'en était pas moins absorbé et recueilli.

Les Pères jésuites, venus après les méthodistes, ont trouvé un terrain vierge pour le catholicisme et ne pouvaient comme leurs rivaux invoquer les souvenirs d'un premier apostolat. Les grands ignoraient et ignorent encore le français. Les ressources de la mission sont restreintes et elle n'a pu, jusqu'à ce jour, que construire des églises en bois ou en terre ; mais il y en a une qui se termine à Imahamasina, près du Champ de Mars, dont l'architecture intérieure est pleine de goût. Cette église, en terre ocreuse tassée et en bois, pourra rivaliser avec les temples en granit des méthodistes qui ont coûté jusqu'à 400,000 fr. ; sa nef, en beau bois du pays de différentes nuances et tourné avec art, présente un aspect très-gracieux. Les jésuites ont aussi des écoles, installent une imprimerie ; ils se sont adjoint des frères de la Doctrine chrétienne et des sœurs de Saint-Joseph qui leur prêtent une grande assistance et sont sans doute appelés à être leur levier le plus puissant. Les chœurs, les chants sont mieux dirigés par eux que par les méthodistes, et les Malgaches, aimant la musique passionnément, viennent volontiers dans les églises les écouter.

Ils n'ont pas comme leurs rivaux le privilége de créer des apôtres à volonté et là où ils ne peuvent mettre un des leurs, le culte catholique chôme, n'est pas représenté. Aussi les Pères m'ont souvent dit qu'ils trouveraient à employer un nombre beaucoup plus grand de missionnaires et que le champ à exploiter demanderait des ressources qu'ils n'ont pas. A Tananarivo comme sur la côte, il y a évidemment plus d'attraction vers les méthodistes, surtout de la part de la classe élevée. La plupart des hommes qui suivent les temples ne sont pas chrétiens de nom, mais ils viennent assister aux cérémonies des deux cultes, pensant en général qu'ils sont les mêmes et ne diffèrent que par la forme.

J'ai vu des Malgaches très-attachés aux méthodistes qui sortaient du temple pour venir à l'église tout naturellement : un spectacle fini, ils venaient jouir d'un autre. Le gouvernement, sans afficher des idées chrétiennes, penche évidemment pour les méthodistes. Le premier ministre, le secrétaire d'État et les grands officiers sont pour le culte anglais. Les catholiques ont les enfants, les femmes. Les Pères, par leur douceur, leurs petites attentions, les chapelets, les images, les attirent; les enfants et les femmes des grands vont au temple régulièrement, mais font assez souvent des visites aux Pères jésuites qui les comblent de caresses. J'ai visité avec le père Ailloud des familles princières proches parents de la reine et fréquentant les temples ; elles étaient par position sinon par devoir attachées au culte protestant, mais l'arrivée des Pères les enchantait et à chaque instant leurs bouches répétaient avec amour : « Mon Père. » A la salle d'entrée, au milieu de toutes choses, on aperçoit des bibles, mais dans les chambres réservées et de luxe, les images données par les Pères. Un ministre méthodiste à qui je demandais s'il avait beaucoup d'enfants à instruire, me répondit : « Les Pères en ont beaucoup plus que nous; ils ont les enfants et nous les hommes. *The Fathers have the children, we have the great people.* » C'est parfaitement vrai, et si on laissait les enfants libres, ils iraient tous aux missionnaires catholiques. Les hommes ont en général l'aspect grave, froid des Anglais ; ils se promènent dans les temples, enveloppés de leurs lambas blancs, avec dignité, causent avec les ministres, prennent parfois la parole. Ils ont l'air d'accepter plus facilement cette attitude qui les fait les égaux des ministres eux-mêmes que l'humble et soumise qu'ils auraient dans les églises.

La côte est occupée, à Tamatave et à Andévorante, par les Pères jésuites et deux ministres anglicans. Ceux-ci ont souvent changé leur résidence et ont essayé de s'établir dans le Nord, mais ils ne progressent pas au milieu de ces populations indifférentes, insouciantes et sentent qu'il faut être à la capitale où siége le gouvernement et où se trouve la population intelligente et dominante pour prendre de l'extension. Les Pères ne m'ont pas paru attirer beaucoup de fidèles à leur église de Tamatave. Il y a dans les habitudes de l'Hova la pratique et l'idée de domination arrêtée qui le porte à s'éloigner du culte de l'humilité. Les femmes suivent les hommes en général, mais au fond par leur nature tendre et passionnée, le catholicisme avec son langage et ses dehors sensuels leur sourit davantage. Une bible revêtue d'une peau noire, sans images, sans autre assistance que la pensée intérieure ne les exalte pas, ne les attire pas comme les splendeurs et le culte extérieur du catholicisme. Aussi, malgré leur religion officielle ou plutôt leur fréquentation officielle, car les uns et les autres n'ont pas encore réellement de religion, elles s'entourent volontiers d'images, de chapelets. Ce Père qui les entoure de tendresse, de soins personnels, qui se présente à elles avec l'éclat du costume et du culte, a un charme tout particulier. Quand il arrive dans leurs maisons, il est entouré et on n'entend plus que : « Mon Père, mon Père. »

J'ai assisté à la visite des malades du docteur anglais et à celle des Pères et des sœurs, et j'ai pu constater la différence profonde des deux manières. Chez l'un, c'est la science pure, plus éclairée, plus efficace, mais chez les autres, avec des soins moins rationnels, il y a les caresses, la sollicitude, les tendresses. Les malades sont reçus chez les sœurs, chez les Pères dans leurs demeures ; on les panse, on les console, on les traite en parents et amis. Les femmes y viennent avec bonheur et souvent pour causer, pour recevoir une image, un chapelet. Quand un père voit la possibilité d'un baptême, il donnerait de satisfaction tout ce qu'il a. Les missionnaires catholiques ont donc pour eux les femmes et les enfants en général, ici du reste comme partout ; les méthodistes ont les hommes, ceux surtout de rang et de fortune. Les uns ont l'avenir, les autres le présent si les enfants devenus grands ne prennent pas les idées de leurs pères. C'est une lutte d'influence, de flatterie, de services dont aucun peuple, je crois, n'a joui à ce degré. On prête à Rainimaharava, le secrétaire d'État, cousin du ministre, cette réflexion : « Le catholicisme est bon pour les enfants ; il représente ces petits espaces où l'on ensemence le riz qu'on soigne, qu'on surveille chaque jour jusqu'à ce qu'il ait germé. Mais une fois la semence arrivée à une certaine force, à une croissance convenable, on la transplante dans les grands terrains où elle se développe d'elle-même. Ce terrain où le riz arrive à maturité représente le protestantisme. » Cette idée ne manque pas de profondeur et je crois ces hommes capables de comprendre ainsi les deux religions.

A examiner ce peuple froid, calculateur, positif, économe, avide d'argent, on ne le croirait pas apte à l'exaltation. Cependant en 1835 et plus tard, il y eut à la capitale de nombreux exemples de chrétiens qui ont préféré mourir que de renier leur foi. Il y eut, à ce qu'il paraît, de vrais martyrs à cette époque et on rapporte de ces hommes marchant aux tortures et à la mort des paroles pleines de grandeur et de noblesse.

Il est étonnant, après de semblables exemples, que la religion se soit arrêtée brusquement après 1835 sans laisser de traces bien marquées. En observant les choses et les hommes sur place, on en trouve l'explication. Deux causes ont conduit à ce résultat : d'abord le gouvernement qui par principe opprime et laisse planer sur tous la suspicion et la mort dans la crainte de voir s'établir un pouvoir qui balance le sien ou le détruise, ensuite le caractère malgache qui est presque toujours imitateur et manque d'initiative. En religion, il s'est passé le même fait qu'en industrie. Tant qu'ils ont eu une direction, des mains étrangères pour les soutenir, les guider, les Malgaches ont semblé comprendre, agir, croire comme s'ils étaient identifiés aux idées nouvelles. Cette assistance étrangère disparue, ils sont retombés bien vite dans la barbarie.

Quand on a vu le magnifique établissement de Soatsimanampiovana[1] ne laisser que des ruines après quelques années d'abandon, on peut comprendre que ces fervents chrétiens de 1835 n'aient produit aucun germe fécond du moment que les ministres anglais se sont retirés. Ce

[1] Établissement industriel à 60 kilomètres environ de Tananarivo, où M. Laborde avait créé des fabriques de tout genre. Pendant qu'il était présent, la vie dominait dans toute cette région. A peine parti, les Malgaches ont tout abandonné, et aujourd'hui on n'y aperçoit que des ruines dans un pays désert.

n'est pas la première fois, du reste, qu'il se passe semblable chose à Madagascar. Sous la domination portugaise dans le Sud, hollandaise, française, des Malgaches de race supérieure, élevés en Europe, dans l'Inde dès leur enfance, à peine revenus dans leur pays, ont obéi à l'influence de leur milieu naturel et n'ont plus laissé de traces de leur éducation au bout de très-peu de temps. On dirait qu'il n'appartient pas à certains peuples de s'élever, de comprendre par eux-mêmes. Ils imitent et retombent dans leur nature propre quand ils ne sont plus soutenus. Voilà le passé ; l'avenir sera-t-il différent ? M. Ellis, dans l'ouvrage que j'ai déjà cité, rapporte qu'en 1849 il y eut encore des martyrs chrétiens à Tananarivo. Cinquante hommes et femmes furent précipités de l'énorme bloc de granit du haut duquel les criminels sont lancés dans l'abîme. Ces chrétiens montrèrent un grand courage et une exaltation qui se traduisait par des paroles tirées de la Bible. On en brûla quelques-uns dans un village voisin. Cette exaltation et ces croyances conservées à une certaine distance après le départ des missionnaires anglais m'ont paru extraordinaires et peu en rapport avec la nature des hommes que j'ai observés.

Généralement, ils ne montrent de l'ardeur que pour un intérêt politique et alors ils deviennent aisément féroces. Il y a dans toutes ces figures de la dureté, de la sécheresse, de la passion, mais rien qui indique la tendresse et des sentiments d'un ordre tout spéculatif. Les Pères les comprennent ainsi et sentent le besoin, pour lutter avantageusement avec leurs rivaux, d'avoir un médecin attaché à leurs travaux, un hospice. Les malades abondent à Tananarivo et beaucoup, en acceptant les soins donnés au corps, recevraient par surcroît les lumières de la religion. Au fond, ils sont indifférents pour l'un et l'autre culte et ne comprennent pas qu'on aille plutôt à l'un qu'à l'autre. Les Pères disent qu'ils ne sont pas assez nombreux pour les demandes qu'on leur fait dans les villages voisins.

Arrivés souvent là où ils étaient appelés avec instances depuis longtemps, ils ont trouvé un temple installé avec le service méthodiste. Vous arrivez trop tard ; nous vous avons attendus, mais un Anglais est venu et s'est installé. Peu leur importe la forme, ils acceptent ce qu'on leur donne sans s'inquiéter de l'origine et surtout sans la scruter profondément. Les Français croient tellement à la grande influence que leur donnerait un médecin que tous m'ont assuré que, s'ils en avaient un, l'influence anglaise serait totalement détruite. Je n'y crois pas d'une manière absolue et les Pères ont une trop facile tendance à croire ce qu'on leur dit. Pendant mon séjour à la capitale, j'étais assailli de malades; beaucoup abandonnaient leur fréquentation habituelle pour venir consulter et voir le médecin français. Les Pères me répétaient sans cesse combien j'étais préféré, que tous s'inquiétaient de savoir si je devais partir bientôt. Il y avait au fond de tout cela beaucoup de curiosité et, après quelque temps de séjour, je n'aurais pas inspiré le même empressement. Il n'est pas moins vrai que la médecine favoriserait l'entrée des Pères dans beaucoup de familles.

Les grands, plus portés pour les Anglais, ne reçoivent que rarement les Pères; ceux-ci emploient toutes leurs ressources spirituelles pour approcher de la cour, des hommes du gouvernement, y avoir une influence continue, mais ils ne sont pas encore en faveur dans cette région. Les malades y appelleraient le docteur qui serait bien vite suivi de ses compatriotes. Le Père Ailloud ayant fait savoir qu'un docteur français était à la capitale, on désira le consulter et nous allâmes ainsi visiter le voisinage du grand palais, quelques grands personnages, des princes qui ne cessaient de le remercier. C'était une relation établie. Ils ont tant besoin des secours de la médecine que ceux qui les leur apportent sont toujours les bienvenus; les secours spirituels ne sont que secondaires. On dit à Madagascar que les méthodistes achètent leurs prosélytes. Le secrétaire d'État aurait 25,000 à 30,000 fr. par an pour protéger leur mission et donner l'exemple à ceux qui lui obéissent. On cite d'autres exemples. Cela peut être, mais je ne crois pas absolument à cette assertion. Les Malgaches aiment à la vérité à tirer parti de ceux qui leur apportent la civilisation : missionnaires ou particuliers sont accablés par eux de demandes. Ils sont en général dans un dénûment complet, et l'avarice des grands pourrait bien les porter à tout accepter. Je crois, en effet, que la grande et prédominante influence des Anglais est dans l'argent qu'ils sèment à la capitale : les croyances sont secondaires.

L'imprimerie commençait à fonctionner régulièrement à mon arrivée à Tananarivo. Bientôt, beaucoup de Malgaches sauront lire, écrire; ils auront en main des grammaires, des livres d'histoire; un *magazine* bimensuel vient d'être publié et doit contenir surtout des sujets qui ont trait à Madagascar. Des jeunes gens malgaches deviennent imprimeurs, apprennent avec le docteur anglais un peu d'anatomie, de chimie, étudient les maladies au lit des malades. Il y en a encore peu, mais ceux que j'ai vus m'ont paru très-appliqués à l'étude. Les discours de la reine, du premier ministre, un rudiment de lois ont été imprimés en petits feuillets qui circulent et sont donnés pour rien ou à un prix très-minime. Ces idées répandues, commentées, changeront évidemment l'esprit public. En allant vers le sommet de la ville à l'endroit où se tiennent les ministres, les chefs, on rencontre beaucoup d'hommes portant à la main des papiers écrits. Les ordres peuvent se transmettre ainsi d'une façon plus exacte, plus explicite. Les écoles sont très-suivies et quand on aura multiplié les Frères de la Doctrine chrétienne, l'instruction élémentaire se répandra jusque dans les villages éloignés. Les Pères, les Frères, les ministres anglais m'ont tous répété que la grande faculté des Malgaches était l'imitation. Quand ils voient faire une chose, ils la reproduisent avec facilité et exactitude, mais leur esprit manque d'invention.

Au point de vue moral, les Malgaches ont-ils gagné par le contact des Européens? Si j'en crois ce qu'on m'a dit, il règne la même licence dans les mœurs; la polygamie est toujours en usage, même chez ceux qui fréquentent les temples, les églises. Ils nous accusent, il est vrai, d'agir comme eux, seulement moins ouvertement. Comme tous les peuples encore barbares et sans frein moral, ils sont livrés à un grand relâchement de mœurs, mais avec une certaine naïveté et tout naturellement, n'ayant pas conscience du mal[1]. On raconte cependant avec indignation les affreuses débauches de la cour de Radama II. Toujours entouré de ses favoris (*Ménamasse*), la table, les femmes, l'orgie ne discontinuaient pas dans ses différentes demeures; mais la réprobation publique pour de tels actes ne cessait de se manifester et sa conduite déréglée a été une des causes de sa chute. On montre encore aujourd'hui la maison de débauche de Radama II, appelée maison de pierre. En ruine, délaissée, elle semble vouée à la malédiction et à l'isolement. L'ivrognerie a, dit-on, beaucoup diminué à la capitale. On n'y rencontre pas, comme dans les villages éloignés, des femmes, des hommes à figure hébétée, aux yeux humides d'ivresse. Le gouvernement proscrit sous

---

[1] La polygamie est permise, mais elle est assez rare : elle a peu de raison d'être, du reste, dans un pays où les liens du mariage sont peu respectés et où les jeunes filles sont absolument libres de leur corps. La pudeur et la jalousie sont deux sentiments fort peu développés chez les Malgaches de tout sexe, de tout rang; ils poussent très-loin la licence des mœurs, mais naïvement et sans avoir en quelque sorte la conscience des devoirs qu'ils violent en se livrant à tous leurs instincts. Ce qui leur paraît prodigieux au contraire, c'est la continence dont les missionnaires leur donnent l'exemple et s'efforcent vainement de leur faire comprendre la nécessité. (J. Dupré, *Trois mois à Madagascar*, p. 153.)

des peines sévères l'usage des boissons alcooliques. L'Hova est par nature trop ami de l'ordre et de l'économie pour ne pas apprécier la sobriété. Les étrangers ne donnent pas souvent le bon exemple, surtout dans les villages de la côte; mais à Tananarivo, où il n'y a que les missionnaires, les consuls, l'exemple ne peut qu'être favorable aux vues actuels du gouvernement. Ce vice détruit ou diminué, la population sera délivrée de son plus grand obstacle au progrès [1]. Les blancs ou *vasa* sont très-respectés en général, admirés, considérés comme supérieurs. Les Malgaches les imitent dans leur costume, leur langage, leurs distractions, mais on sent que c'est par un effort pénible. Les vêtements bizarres, incorrects, luxueux, qu'ils s'appliquent dans les circonstances solennelles leur pèsent et aussitôt qu'ils le peuvent, ils s'en débarrassent. Cependant, les officiers élevés en grade, les gens riches, surtout à Tamatave où ils sont en contact avec les étrangers, portent généralement des souliers, le pantalon et la chemise, le tout enveloppé d'un lamba blanc avec le chapeau de paille, quelquefois le chapeau noir, mais dans les circonstances exceptionnelles. Dans leur vie intérieure et habituelle, ils ne prennent qu'avec peine les usages civilisés.

Ils ne se servent de table que lorsqu'ils ont des étrangers de distinction; ordinairement, ils mangent à terre sur des nattes, ayant pour plats et assiettes des feuilles; ils ne se servent pas de serviettes et emploient leurs doigts d'une manière très-preste et très-efficace pour nettoyer leur bouche. Le vin est une boisson d'exception, et leur boisson habituelle en mangeant est le ranampang, de l'eau qu'on verse sur les débris du riz dans le vase qui a servi à le faire cuire. Cela fait une boisson noirâtre, d'un goût un peu amer, qu'ils considèrent comme très-saine. L'eau est en général si mauvaise qu'elle a besoin de cette préparation pour être bue.

Le rhum et le besabèse sont encore leurs boissons excitante, préférées. L'ordonnance d'un repas est toujours sous la direction d'un étranger ou de créoles malgaches nés au milieu des blancs, ayant pris dès l'enfance leurs usages. Ces mulâtres anglais ou français remplissent le rôle de leurs premiers domestiques. Très-soumis vis-à-vis des chefs

---

[1] Les Pères de Tamatave m'ont assuré que depuis leur séjour on comptait une grande amélioration dans les mœurs, mais je n'ai pas rencontré beaucoup de leur avis, et là comme à la capitale ils sont faciles à croire ce qu'on leur dit sur cette question, mais au fond c'est la même licence.

hovas, ils paient souvent très-cher le peu d'honneur qu'on leur accorde. Les places de juge, d'intendant leur reviennent quelquefois; mais quand ils ont de l'aisance, ils doivent fournir dans un repas les vins, les liqueurs, les couverts : on les rançonne à l'amiable. Pendant tout le temps d'un repas officiel chez eux ou chez des étrangers, le gouverneur ou les grands officiers ont leurs soldats sous les armes dans la cour ou dans la rue et la musique se fait constamment entendre, une musique terrible et qui dure quelquefois une grande partie de la nuit. Les usages étrangers leur pèsent et ils ne les appliquent encore que par imitation et pour faire preuve de civilisation. Ils reviennent toujours avec bonheur à leur nature première, à leur vie simple, facile, sans complications gênantes.

Les arts, l'industrie, sont encore ce qu'ils ont toujours été, primitifs, sans grande modification. Leurs constructions ont un type particulier et ils ne s'en sont écartés que sous la direction d'Européens qui ont édifié les palais, les établissements industriels. Les habitations ordinaires sont encore ce qu'elles étaient de tout temps. Ils frabriquent des tissus avec du coton, des feuilles de moufla, des joncs de marais, et comme leurs ancêtres, n'ont pas encore imité l'industrie étrangère. La soie, abondante dans le pays, sert à fabriquer des lambas de soie, mais quand ils veulent en employer de belle et de fine, ils prennent celle qui vient du dehors. La leur est solide, durable, mais grossière. Leurs routes ne sont que d'affreux sentiers sans régularité.

M. Laborde, du temps de la vieille reine, avait fait tracer des voies assez larges autour de Tananarivo pour pouvoir les parcourir facilement à cheval. Il avait donné à la reine et à quelques princesses des leçons d'équitation et les accompagnait dans leurs promenades équestres. Aujourd'hui, les traces de routes ont disparu. Quelques ponts sur des ruisseaux au-dessous de la capitale avaient été construits. On les a abandonnés et le Malgache préfère passer dans l'eau. Le grand village industriel créé par M. Laborde et dont nous avons parlé n'est plus qu'une ruine dévastée et les peines, les sommes qui y ont été prodiguées n'ont encore produit aucun germe. On fabrique bien dans le pays un fer grossier, des poteries grossières et fragiles, mais les armes, les ustensiles un peu importants viennent du dehors. Les Amboalambes [1]

---

[1] Les hommes de la côte, les races soumises détestent profondément les Hovas et leur ont donné le nom d'Amboalambe, qui veut dire chien, cochon.

comme les appellent les Malgaches de la côte n'en excitent pas moins l'admiration pour leur industrie. Sur la côte, dans les villages éloignés, quand on demande d'où vient un plat, ou une marmite en fer, en tôle grossièrement travaillés, ils vous répondent avec un air d'étonnement : « Ce sont ces sorciers d'Amboalambes qui savent faire ces choses-là. » Ils emploient des teintures végétales variées qu'ils retirent des écorces d'arbres. Ces teintures sont assez solides ; mais ils en sont encore aux traditions de leurs ancêtres et n'ont subi en industrie aucune modification étrangère.

Bien organisés pour la musique et l'aimant beaucoup, ils chantent en chœur avec justesse et ensemble, mais ils n'ont appris que des Européens la musique régulière, instrumentale. Il faut avouer que la plupart ne sont pas très-forts et les différentes compagnies instrumentales que j'ai entendues à Madagascar m'ont toujours paru très-incomplètes et très-discordantes. J'aime mieux leur *valya*, sorte de harpe à 17 cordes fabriquées sur le corps d'un bambou. J'ai connu à Tananarivo un Père malgache, d'origine betsimsarak, qui avait été élevé à la Réunion ; outre l'instruction générale qu'il y avait acquise, il en était revenu bon musicien, jouant du piano, de l'orgue, du valya avec une certaine perfection.

Le langage malgache finira par devenir une langue avec les travaux des missionnaires européens. Le Père Weber, qui a longtemps vécu à Madagascar, a fait une grammaire malgache très-détaillée, très-savante ; un dictionnaire vient d'être imprimé par la mission des Pères ; les Anglais ont aussi fait de grandes recherches sur l'origine et la construction des mots. Ces différents travaux, que je ne suis pas apte à juger, m'ont souvent paru très-compliqués. Sans suivre leur langue aussi loin et remonter à ses racines les plus reculées, on y trouve des mots altérés plus ou moins, souvent sans modification, des peuples qui ont fréquenté ou habité la grande île. Flacourt avait déjà remarqué une certaine ressemblance avec le grec dans quelques-uns d'entre eux : *Andrian*, homme noble, rappelle assez l'*andros* des Grecs. Les noms arabes sont très-nombreux : *bé* est employé pour signifier tout ce qui est grand ; beaucoup de noms propres sont encore ceux de l'Arabie ancienne et moderne, *Rabé*, *Pharao*. *Rana*, eau, pluie, rappelle le latin. Certains endroits portent des noms d'origine portugaise : Enchantellou est le nom d'une délicieuse rivière ombragée de grands arbres, c'est enchanteur.

Assagaya, pagna sont encore employés et d'origine portugaise ou espagnole. En passant à Vavoni du côté de la mer, je demandai quel était le village situé de l'autre côté du lac où se trouvait le mât de la reine. C'est, me répondit-on, Vavoni out-side; de l'anglais pur, sans altération. Le premier ministre s'appelle primminister, et quand on nomme la reine, on ajoute toujours à son titre, etc., etc. Les commandements militaires ne sont guère composés que de mots français, anglais altérés plus ou moins. Primitivement très-simple comme toute langue qui représente peu de besoins, la fréquentation des Européens a ajouté aux mots ordinaires de la langue une infinité qu'on retrouve facilement au milieu de leur altération. Ordinairement ils n'ont qu'un mot simple pour signifier toutes les choses qui ont rapport à un être ou à une chose.

Tous les oiseaux sont *vorona*; *vorona-bé*, oie; *voronarano*, oiseau d'eau, sarcelle, etc. Lamba est le vêtement répandu le plus complet; il devient lambanene pour dire toile et on ajoute les épithètes pour les nuances les différents tissus. Les écoles se multiplient et si elles ne sont pas brusquement supprimées, comme cela est déjà arrivé, l'instruction se répandra et le langage malgache, qui est celui employé par tous les missionnaires, finira par devenir une langue régulière. Riche, imagée elle pourra se prêter à toutes les expressions. Ils emploient souvent dans leurs discours la forme interrogative et les missionnaires qui prêchent se servent aussi de cette forme. Quand un prédicateur s'adresse à une assemblée, ou un orateur dans un kabar sur la place publique, on entend la foule répondre de temps en temps comme un seul homme et avec un ensemble parfait : *Enizéne*, oui, c'est cela, ou : *Tsi-mis*, cela n'est pas. On dirait une leçon apprise et j'ai été plus d'une fois frappé de cet accord mathématique, musical entre l'orateur et son auditoire.

La discipline militaire est très-sévère chez les Hovas, mais l'armée n'a pas cette régularité que nous constatons chez les peuples civilisés. Les soldats une fois sans armes sont libres de leurs actions, vont, viennent et peuvent s'occuper à autre chose. Comme les officiers, ils ne reçoivent aucune solde régulière; ils vivent comme ils peuvent, s'habillent comme ils veulent, la garde royale exceptée, aux dépens de leurs ressources propres ou des peuples soumis. Les officiers sont agents commerciaux du premier ministre, font le courtage à Tamatave, achètent, revendent et cherchent avant tout à gagner de l'argent. Ils prennent une part proportionnelle dans les revenus douaniers. La plupart sont sans uniformes réguliers ; mais depuis quelque temps, des compagnies avec un commencement d'uniforme ont été créées ; les officiers seuls continuent à s'habiller et s'armer selon leur fantaisie. Ils ont eu parfois des officiers étrangers pour les guider, mais dans les temps ordinaires, ils ne sont commandés que par des Hovas. Leurs mouvements ne manquent pas d'un certain ensemble. Pour ne pas perdre le rhythme et la régularité de leur marche, ils ne cessent, même au repos de battre la mesure avec un pied. J'ai assisté à Tamatave à un salut rendu à la frégate l'*Armorique* et à bord on fut étonné de la précision et de la rapidité de leur tir.

C'est d'autant plus étonnant que leurs pièces ont toutes les formes et toutes les positions possibles : aucune n'est stable ni bien solidement fixée. Malgré ce désordre apparent, ces soldats ont, à ce qu'il paraît, une discipline sévère et se battent bien. Ils n'ont encore pris aucun des progrès des armées modernes. Les fusils sont à pierre ; quelques officiers, mais rares, ont des armes perfectionnées.

Leurs institutions politiques resteront sans doute longtemps à l'abri des idées du dehors ; avec l'esprit exclusif et méfiant qui les domine, ils ne modifieront pas de sitôt leur politique. Comprenant la civilisation et attirés vers elle jusqu'à un certain point, ils la redoutent cependant, car ils sentent leur infériorité et si jamais le *vasa* venait à dominer par son industrie, son intelligence supérieure, leur puissance ne subsisterait pas longtemps. Les exemples sont nombreux de leur arrêt brusque dans le mouvement qu'on cherche à leur donner. La dernière tentative de la France a été une rude leçon et en même temps bien caractéristique. Un Français qui leur avait rendu les plus grands services, qui avait vécu au milieu d'eux et dans leur intimité pendant des années, a été renvoyé impitoyablement, quand on a pu supposer qu'il tramait avec d'autres un changement dans les institutions, un appel plus considérable d'étrangers à l'exploitation de leur pays.

Je ne comprends pas qu'avec l'expérience si souvent répétée du passé on ait pu admettre un moment la réalisation d'un si beau rêve, d'une manière aussi prompte, aussi magnifique. Il faut bien le dire, la mort de cet infortuné et regrettable Radama II a été en grande partie causée par ses sympathies prononcées pour la France, pour les étrangers ; son immoralité, ses compagnons de débauche étaient un sujet de répulsion et de réprobation, mais ce qu'on lui reprochait surtout c'était d'avoir livré son pays à des étrangers. La mission envoyée en ambassade lors de son couronnement a été, je crois, bien impolitique. Voulant rivaliser d'influence avec les Anglais, elle s'est emparée du roi, l'a entouré même dans les cérémonies d'un caractère tout national, et les Malgaches n'ont pu que voir d'un œil jaloux et irrité ce roi qui abandonnait les siens, les usages de sa caste, pour imiter les Français, prendre leurs manières, ayant l'air de dédaigner son entourage national.

Ce traité, considéré comme une conquête admirable, exceptionnelle, n'a été qu'une énorme déception, et c'était bien lui qu'on visait dans la mort du prince ; à peine celui-ci *parti*, selon l'expression consacrée, le premier ministre fit appeler le consul de France pour lui annoncer que le roi n'étant plus là, lui qui avait fait le traité, celui-ci n'existait plus. Ç'a été son premier mouvement et une chose étonne de la part de ces hommes durs et arrêtés, c'est qu'après une action semblable ils aient continué à accepter les Français sans leur témoigner de l'antipathie, sans même ordonner leur expulsion complète.

Les Hovas acceptent donc l'assistance des nations civilisées, leurs produits, leur argent, les laissent libres de toute autre action, excepté de se mêler en quoi que ce soit de leur gouvernement ; ils tiennent surtout à ce qu'elles n'exploitent pas à leur profit la plus minime partie de leur sol.

Jusqu'à présent, c'est une idée bien arrêtée dont ils ne se sont jamais départis.

Les nouveaux traités n'ont pas modifié cet état de choses, quoi qu'on en dise. Ce n'est pas pour la première fois que le gouvernement malgache a l'air d'accepter aussi complétement l'étranger ; il a une manière de comprendre qui lui permet toujours, quand il le veut, des restrictions, des entraves. La reine du reste, et le premier ministre, dans leurs discours du couronnement, annoncent d'une manière éclatante qu'ils n'entendent pas céder la moindre portion de la terre de Madagascar, fût-ce même la valeur d'un grain de riz. L'industrie, les cultures nouvelles, l'exploitation des mines ne sont donc pas sur le point d'être réalisées. La terre est toujours à la reine ; elle peut la donner à bail pour un temps indéfini ; mais quand le gouvernement, mû par un sentiment de jalousie, de méfiance ou autre, voudra se débarrasser de ses hôtes, il ne manquera pas de moyens. Nous avons déjà vu que le traité avec Radama avait été déchiré par le *départ* de celui-ci. Quand il le faudra, ceux qui auront signé le dernier traité disparaîtront aussi s'ils ont besoin de ce procédé. Cette oligarchie ne recule devant aucun moyen pour atteindre son but principal, conserver sa toute-puissance : ils auront bien changé s'ils font autrement.

Voici ce que me racontait un traitant de Fénérife : une quantité de terre assez considérable lui avait été concédée par le gouvernement pour y faire une plantation de café et même un établissement de sucrerie. Il avait fait construire une ceinture protectrice à sa concession, planté beaucoup de café, bâti une maison. Cet établissement était près du rivage et de l'endroit d'embarquement. Les dépenses s'élevaient déjà au chiffre de deux mille piastres environ (10,000 fr.), quand une contestation s'élève entre le traitant et des Hovas qui se disent propriétaires du sol depuis longtemps. La question est incertaine, mais les chefs disent au traitant : « Tu es ici depuis longtemps et tu sais qu'on ne peut occuper une place qui a appartenu à d'autres, même dans des temps éloignés. Puisque ceux-ci réclament une partie de ce terrain, c'est que sans doute ils y ont droit. » De là *kabar* ou grand débat qui reste sans effet. Mais les Hovas ont des troupeaux de bœufs qui paissent tantôt d'un côté, tantôt d'un autre. Une nuit un troupeau est dirigé au milieu de la caféerie ; les barrières sont rompues, les arbres écrasés. Le traitant porte plainte et on lui répond que les Malgaches ont l'habitude de parquer leurs troupeaux en plein air et qu'on n'est pas maître de les diriger où l'on veut ; qu'il aurait dû construire des barrières plus solides. Désespéré, le malheureux traitant a tout abandonné et aujourd'hui il n'y a plus que de l'herbe, quelques tronçons d'arbres là où une création considérable avait commencé. Il me racontait cela en me faisant parcourir sa concession et en me répétant qu'on n'arriverait jamais à rien tant qu'un semblable gouvernement subsisterait. D'autres, il est vrai, m'ont dit le contraire tout en s'indignant contre les Hovas. A Foulpointe, un ancien habitant créole de Maurice me disait qu'il avait à une certaine distance une caféerie en très-beau rapport et qu'il n'était jamais inquiété. Madagascar est du reste le pays des contradictions et il n'est pas rare de voir le même individu soutenir des opinions différentes à une distance rapprochée. Je m'explique dans le cas actuel la divergence des appréciations. Qu'un traitant cultive un petit espace dans l'intérieur, y construise une case qu'habitent trois ou quatre Malgaches, qu'il y plante du café ou autre chose, on ne le tracasse pas. Quelle influence peut-il avoir dans une position aussi restreinte? Mais quand il s'établira sur la côte, dans un endroit où les navires peuvent aborder, qu'il y édifiera un établissement assez considérable ou qui peut le devenir, cela ressemble pour l'Hova à un commencement de prise de possession et aussitôt sa méfiance sera éveillée.

Par des moyens détournés qui ne lui manquent jamais, il trouvera le joint nécessaire pour faire déguerpir l'occupant étranger. On cite à ce sujet des faits incroyables et restés sans répression, sans justice.

Les consuls ne peuvent rien faire; désireux de rester en bons termes avec l'autorité hova, ils réclameront, mais presque toujours sans une grande énergie. L'action européenne est souvent entravée par la crainte de susciter à la métropole des embarras. Quelles représailles sont en effet possibles contre un peuple sans commerce extérieur, qui n'a qu'un rivage de sable, des villages de paille ne valant pas les boulets qu'on leur lancerait et dont le refuge est à l'intérieur? Une expédition sur terre serait la seule chose efficace, mais combien elle coûterait d'argent et d'hommes, et pourquoi? Nous en parlerons dans un autre chapitre.

Les Malgaches n'ont pas encore de monnaie régulière. La piastre d'Espagne et la pièce de cinq francs française sont les seules monnaies qu'ils acceptent de l'extérieur. Ces piastres sont divisées en plus de huit cents parties, irrégulières, coupées à la hache et dont la valeur est appréciée à la balance.

C'est un des continuels désagréments du voyage à Madagascar. Quand on veut acheter la moindre chose, il faut se servir de la petite balance et peser les petits morceaux d'argent. Le kirobou vaut 1 fr. 25, puis vient le sikasi qui vaut 60 c. à peu près, le wouemène 20 c., etc. Mais ces morceaux d'argent ne sont pas réguliers et ont toujours besoin d'appoint. On voudrait leur donner une monnaie régulière et modifier leurs droits de douane à l'instar des pays civilisés, mais ils hésitent, ont toujours peur de quelque embûche.

Parmi les nations qui agissent d'une manière permanente à Madagascar, nous ne devons citer que l'Angleterre et la France. L'action portugaise, hollandaise, arabe, a depuis longtemps disparu sans laisser de trace sensible ou s'est perdue dans un désordre, un mélange obscur de traditions. Les Américains n'y viennent qu'en marchands et n'ont aucune idée de civilisation ou de moralisation. Leur traité, qui n'a que huit articles, est tout ce qu'il leur faut. L'Angleterre n'a aucune pensée de conquête, mais elle a ses missions à Tananarivo depuis cinquante ans; elles en sont parties en 1835 jusqu'en 1867 environ, mais elles n'ont jamais cessé d'y avoir une certaine influence. Son langage, ses manières sont ceux d'une partie de la classe élevée qui semble avoir une prédilection pour le peuple qui a le premier porté la civilisation dans l'Émirne. Quoique les Hovas n'aient pas une entière confiance en son désintéressement, l'Angleterre n'accuse, du moins ouvertement, aucune idée de conquête.

Elle y apporte beaucoup d'argent et un plus grand nombre de consommateurs que la France. Celle-ci a beau se faire amie ; sa politique séculaire, ses tentatives fréquentes, les positions qu'elle prend autour de la grande île, tout doit la rendre suspecte. Ses missions, ses nationaux habitent et agissent à Madagascar avec les mêmes droits, les mêmes facilités, la même protection que les missions anglaises. Les Malgaches ne demanderaient même pas mieux que d'étendre cette protection à d'autres nations et ils proposent aux Américains de leur donner aussi le droit d'envoyer leurs missionnaires.

Avec l'habituelle prétention que nous avons de croire que nous sommes adorés partout où nous allons, j'ai entendu dire que les Hovas nous préféraient, que notre gaîté, nos manières faciles, aisées leur allaient mieux que la morgue anglaise.

Je n'en crois rien. Les Hovas riront, boiront avec nos nationaux, leur permettront même des licences de gestes, de langage, mais au fond ce n'est que grimaces des deux parts, et tel individu qui croira par ses allures bon enfant avoir capté, amusé des personnages élevés, n'en retirera en somme que ce rire aigre, guttural que l'Hova a toujours à sa disposition sans se laisser entamer davantage. En somme, je crois qu'ils n'aiment pas plus l'anglais que le français ; armés de leur petite balance, ils pèsent l'argent apporté par Maurice, beaucoup plus considérable que celui venu de la Réunion et les missions anglaises plus riches que les missions françaises, et ils penchent du côté de la balance. Ils sont disposés à favoriser tous ceux qui viendront chez eux et à en tirer un bénéfice, mais leur sympathie ne va pas au delà.

L'esclavage subsiste dans toute l'île ; non-seulement les Hovas, mais les autres peuplades peuvent avoir et ont des esclaves. Cette institution sociale est loin d'être en déchéance à Madagascar. C'est la fortune de beaucoup d'entre eux et, malgré le peu de profit qu'ils en tirent, les riches tiennent à avoir beaucoup d'esclaves. Les guerres qui ont lieu de temps en temps avec les peuplades non soumises en procurent un certain nombre ; mais la principale source est dans la traite que font les Arabes sur la côte ouest et dans certains ports. Les traités proscrivent la traite d'une manière formelle, le gouvernement malgache paraît partager la répulsion des peuples européens pour cet affreux trafic, mais il ferme les yeux si même il ne le favorise pas.

Quand un boutre arabe se présente avec des hommes à vendre, il est bien difficile de ne pas les accepter contre des bœufs, du riz, des rabanes et de trouver ainsi l'écoulement des produits du pays. J'ai souvent entendu le consul anglais s'indigner contre la transgression de cette promesse et menacer le gouvernement hova.

Celui-ci répond sans doute par des moyens dilatoires, mais n'en continue pas moins à agir à sa guise. Les deux puissances rivales qui se disputent l'honneur de plaire aux Hovas et les faveurs du premier ministre se contrarient par leur présence et leurs prétentions. Je crois les Malgaches encore loin de comprendre assez la dignité de l'homme pour repousser l'esclavage comme une institution mauvaise à faire disparaître. Les missions auront encore beaucoup à faire avant de faire pénétrer la morale pure de l'Évangile dans ces natures peu accessibles aux sentiments tendres et désintéressés. Les assertions et les désirs des gouvernements anglais et français ne sont pas acceptés, ni compris par eux autrement que comme vides de sens. La religion, les lumières de la raison et peut-être un jour leur intérêt surtout les guideront dans une voie meilleure. Pour le moment, l'esclavage ne me paraît pas leur être le moins du monde répugnant. Du reste, la traite à part, puisqu'ils ignorent la manière dont elle se fait, qu'ils ne sortent jamais de leur pays, l'esclavage n'a rien de bien cruel à Madagascar. L'esclave y est presque libre ; son maître en retire peu de profit et le laisse aller où il veut, pourvu qu'il se nourrisse et lui rapporte de temps en temps un morceau d'argent.

Quand il le garde avec lui, il en fait son compagnon de travail, va aux champs avec lui, demeure dans la même case, dans la même chambre le plus souvent, mange la même nourriture, chique le même tabac et a presque le même vêtement. On me rapportait à Tananarivo qu'un vieux Malgache émancipé de Maurice, ayant acquis quelque fortune, était revenu dans son pays, où il trouva encore des membres de sa famille dans l'esclavage. Il leur offrit de les racheter et de les faire libres. Ceux-ci n'acceptèrent pas, prétextant qu'une fois libres, il leur faudrait chercher à se loger, à se nourrir, et que maintenant ce n'était pas leur affaire. Quant à leurs maîtres, ils étaient des égaux presque qui ne leur rendaient pas l'existence pénible.

Ce qui rendait l'esclavage dur dans les colonies, c'était surtout le travail forcé et cette ligne de démarcation si tranchée qui faisait de l'esclave moins qu'une bête. Ici c'est souvent la même race. L'Hova seul de position élevée, de grande famille, peut faire sentir la différence de son rang, de sa caste; encore c'est dans une proportion bien moindre que cela n'existait entre le blanc et le nègre dans nos colonies.

Des associations ont eu lieu entre la reine ou le premier ministre et des étrangers. Elle n'ont porté aucun fruit et ont toujours endetté jusqu'à la fin de leurs jours ceux qui s'y sont laissés prendre. La reine fournit la terre et les hommes, mais l'étranger apporte les machines, l'industrie, fait toutes les dépenses, puis on partage les revenus. Il y a sur ces établissements un surveillant hova qui prend presque toujours la part du lion. On cite M. Delastelle, qui était parvenu à une grande position à Madagascar; il avait créé sucrerie et guldiverie sur un grand pied, à l'aide d'une maison de commerce de Bourbon associée aussi à la reine. Il a passé sa vie à Madagascar, ayant une large existence, des esclaves nombreux, une table somptueuse, de nombreux établissements, mais il est mort jeune encore, rivé à ce sol terrible, épuisé de fièvre et très-endetté. La maison de commerce de Bourbon, par ses échanges, a pu s'en tirer et faire des bénéfices.

Mlle Juliette Fiche, associée de M. Delastelle, a hérité de sa position, mais comme elle n'a plus l'assistance des fonds du dehors, tous les établissements créés tombent en ruine. Avec ses nombreuses habitations, ses esclaves, elle vit dans la gêne. Le premier ministre palpe presque tout et ce serait à elle à édifier, réparer, etc. On parle de la réédification de la sucrerie de Massoua appartenant à Mlle Juliette. Celle-ci serait évincée sans grande façon, et le premier ministre s'associerait avec des Anglais qui fourniraient les machines et la faisance-valoir, comme M. Delastelle et Cie. Cette position près d'Ivondrou est magnifique, une des plus appropriées de Madagascar pour la culture de la canne. On peut prédire le même résultat.

Il se passe depuis quelque temps un fait nouveau et qui pourrait avoir une grande portée dans l'avenir. L'appât du gain a poussé le premier ministre dans l'arène commerciale; il a un représentant à Maurice à qui il expédie du riz. Des relations d'intérêt réciproque en résulteront et, comme toujours sans doute, des contestations, l'obligation de se rendre sur les lieux du marché ou d'y avoir des agents de confiance. C'est un commencement d'engrenage avec la société du dehors. Maurice tend à déplacer sa population : les blancs, les Français surtout, s'y amoindrissent chaque jour davantage. L'Indien, l'Arabe, le Chinois, s'emparent peu à peu du commerce de détail, de demi-gros et souvent même des consignations de navires. Le gouvernement anglais ne demandera pas mieux que de favoriser un nouvel élément tendant à supplanter l'ancienne population. La religion est un moyen puissant de civilisation et de progrès, mais le commerce, l'amour du gain, le luxe, les besoins qui naissent du frottement avec les étrangers surtout pour ce peuple positif auront, je crois, une action bien plus grande, plus efficace. Je le répète, le meilleur moyen de rester facilement à Madagascar, c'est de faire avancer et de ne pas effaroucher les Malgaches par des menaces de prise de possession. Il faut les attendre plutôt que d'aller trop à eux et ils viendront attirés par le bien-être, l'appât du gain et l'écoulement de leurs produits qui restent souvent sans débouchés. Il ne faut pas leur faire voir des armes, mais des marchandises qui excitent leurs désirs et l'idée bien arrêtée de n'envier que leurs produits. Alors peut-être, et encore avec bien du temps, ils ouvriront franchement leur pays, leurs idées à la civilisation européenne. Ce peuple est bagnan, commerçant avant tout par son origine et sa vie actuelle. Avant de chercher à se moraliser, il cherchera à gagner. C'est donc par cette voie qu'il est nécessaire d'arriver jusqu'à eux.

Après tant d'efforts, tant de sacrifices, nous voyons en somme que l'Angleterre et la France n'ont pas fait un grand pas à Madagascar. Jusqu'à présent, les progrès qu'elles avaient suscités ont été arrêtés brusquement par des circonstances inhérentes au peuple malgache et aussi par l'imprudence des étrangers.

La position actuelle est-elle la même que le passé? Évidemment non. Jamais les nations européennes n'avaient obtenu une aussi large part d'action, à la capitale surtout. Les conséquences ne peuvent encore se faire sentir, mais il est probable que si les missions, le commerce continuent à prospérer à Madagascar, le peuple malgache et surtout le peuple dominateur et intelligent subira des changements d'abord insensibles, mais qui ne tarderont pas à être profonds. Ces progrès auront une limite, car je ne crois pas ce peuple faisant partie de ceux qui peuvent aller loin dans les arts, les sciences, la morale, la civilisation en général. Ce serait déjà beaucoup qu'il laissât l'agriculture, l'industrie, exploiter les richesses et l'étendue du pays qu'il occupe et qu'il entrât sans entraves, sans restriction dans le mouvement commercial et moral qui entraîne tous les peuples.

SENTENCES ET CHANTS MALGACHES

Voici quelques sentences ou proverbes qui ont été recueillies par les Pères et dont j'ai pu me procurer une traduction; elles sont suivies d'une sorte de récit chanté avec accompagnement de wallya ou d'un instrument plus simple, souvent en frappant une main dans l'autre.

SENTENCES.

Riches, ne soyez pas orgueilleux; pauvres, ne vous découragez pas; il est difficile de trouver la fortune et on pleure pour l'avoir.

Ne charpentez pas un arbre encore debout. Beaucoup veulent être de Rasalama, mais la maladie ne permet pas d'y arriver. Beaucoup veulent avoir qui ne sont pas favorisés. Ne regrettez pas ce qui n'est pas; chacun a son lot.

Veillez à votre bouche (langue), les taches faites avec la boue se lavent avec de l'eau; celles faites avec la bouche amènent des dépenses et des procès.

La pluie (*orana*) — veut dire aussi chevrette — connaît la nouvelle lune, et moi, enfant des hommes, je ne connaîtrais pas les bons procédés dont on doit user réciproquement!

La foudre qui tombe n'a pas deux éclairs, — suivre la voie de la justice est nuisible.

RÉCITATIFS.

Aimez-vous, ô vivants: les étrangers (ceux qui ne sont pas parents) ne viendront pas à vous, ne seront pas sincères.

Aimez-vous, ô vivants: les morts ne sont pas des compagnons; les morts avec les morts, les vivants avec les vivants; il n'y a rien à espérer des morts, on ne doit compter que sur les vivants.

Aimez-vous, ô vivants: les bons (les doux) arriveront au terme; comprimez vos élans pour conquérir la bienveillance des autres; les regrets ne viennent pas avant, ils ne viennent qu'après. Ceux-là ont de grands regrets qui se laissent aller à la colère; ceux-là qui savent la dompter n'en ont jamais.

Aimez-vous, ô vivants; ne faites pas deux maisons d'une seule; on ne peut recourir à ceux qui sont loin, mais on aime les voisins. Heureux ceux qui sont nombreux! car ceux qui sont en petit nombre sont dévorés par les fourmis.

Aimez-vous, ô vivants; imitez les sauterelles : elles voyagent quand elles sont fortes.

Aimez-vous, ô vivants; voyez le coton dévidé, quoique mince il résiste, comme un léger filet d'eau interrompu et l'eau du sable qu'on dirait desséchée; il y en a pourtant.

Aimez-vous, ô vivants; imitez le bazar qui sans appel réunit tout le monde. On y va pour apprendre ce qu'on ignore, pour voir ce qu'on ne connaît pas.

Aimez-vous, ô vivants, comme la peau du volatile qui à la naissance se garnit de plumes et ne se sépare du corps qu'à la mort.

Aimez-vous, ô vivants; n'imitez pas les bœufs : les gros attaquent les petits, les gras écrasent les maigres.

Aimez-vous, ô vivants, mais non à *la manière des pierres, car on* ne peut leur demander pardon dans leur colère; si elles se brisent, on ne peut les rajuster. Les grandes ne parlent pas; les petites n'augmentent pas de volume.

Aimez-vous, ô vivants, mais n'imitez pas les joncs qui, unis à l'extérieur, renferment intérieurement bien des nœuds.

Aimez-vous, ô vivants; ne faites pas comme les eaux qui se troublent en se mêlant (dans les pluies). La première ne dit pas à celle qui vient après : Dépêchez-vous; celle qui vient après ne dit pas : Attendez-moi, mais elles se mêlent et se troublent.

BIBLIOTHÈQUE NATIONALE R.F. IMPRIMÉS.

AIRS ET CHANTS MALGACHES

L'air de la Reine dont les paroles se trouvent dans le récit du voyage est chanté par les hommes et les femmes qui suivent la reine dans les grandes cérémonies. Les fanfares d'instruments à vent le jouent aussi.

L'air des guerriers et le Lâlo-fatra sont joués par les fanfares dans les occasions officielles ; quand les soldats se mettent sous les armes, aux réceptions des gouverneurs, dans les forts ou batteries, lorsqu'il y a fête. Ce sont les airs nationaux que jouent aussi les wallyas dans les réunions particulières. Ils ont évidemment une facture anglaise.

Le dernier air est, comme le premier, indigène. Je l'ai entendu chanter en chœur par un assez grand nombre de Malgaches Betsimsarak qui traversaient une forêt. Cet air simple et d'un ton plaintif dans la solitude d'une forêt vierge produisait un effet remarquable et plein de charme.

TABLE DES MATIÈRES

BIBLIOTHÈQUE NATIONALE R.F. IMPRIMÉS

Nancy. — Imprimerie Berger Levrault et Cie.

www.ingramcontent.com/pod-product-compliance
Ingram Content Group UK Ltd.
Pitfield, Milton Keynes, MK11 3LW, UK
UKHW012217240726
13966UKWH00003B/805